Beck'sche Reihe
BsR 158

MICHAEL MITTERAUER
REINHARD SIEDER

Vom Patriarchat zur Partnerschaft

Zum Strukturwandel der Familie

VERLAG C.H.BECK MÜNCHEN

CIP-Titelaufnahme der Deutschen Bibliothek

Mitterauer, Michael:
Vom Patriarchat zur Partnerschaft : zum Strukturwandel d. Familie / Michael Mitterauer ; Reinhard Sieder. – 4. Aufl. – München : Beck, 1991
(Beck'sche Reihe ; Bd. 158)
ISBN 3 406 35575 7
NE: Sieder, Reinhard:; GT

ISBN 3 406 35575 7

4. Auflage. 1991
Einbandentwurf: Uwe Göbel, München
Umschlagbild: Begrüßung des Vaters,
von Daniel Chodowiecki (1726–1801)

Gesamtherstellung: C. H. Beck'sche Buchdruckerei, Nördlingen
Gedruckt auf alterungsbeständigem (säurefreiem) Papier
gemäß der ANSI-Norm für Bibliotheken
Printed in Germany

Inhaltsverzeichnis

Vorwort zur vierten Auflage

Achtzehn Jahre sind vergangen seit der älteste der in diesem Band veröffentlichten Beiträge erstmals publiziert wurde. 1973 erschien „Der Mythos von der vorindustriellen Großfamilie" in den „Beiträgen zur historischen Sozialkunde". Die in den folgenden Jahren verfaßten Studien der beiden Autoren wurden 1977 zu dem nun in vierter Auflage vorgelegten Taschenbuch vereinigt. Einige kleinere Änderungen und Ergänzungen erfolgten für die zweite Auflage von 1979. In der dritten Auflage von 1984 wie in der englischen Übersetzung, die 1982 unter dem Titel „The European Family. Patriarchy to partnership from the Middle Ages to the Present" erschien und inzwischen auch schon dreimal nachgedruckt wurde, blieb der Text unverändert. Der englischsprachigen Fassung ist eine Auswahlbibliographie zur historischen Familienforschung beigegeben, die bereits zum Zeitpunkt der ersten Publikation nicht weniger als 38 Seiten umfaßte. Auch sie konnte in Hinblick auf den enormen Zuwachs einschlägiger Publikationen in den folgenden Auflagen nicht mehr in sinnvoller Weise ergänzt werden. Um so weniger erscheint es zu Beginn der neunziger Jahre möglich, die Vielfalt neuer wissenschaftlicher Erkenntnisse auf dem Gebiet der Sozialgeschichte der Familie in die Neuauflage eines Buches einzuarbeiten, das Mitte der siebziger Jahre entstanden ist. „Vom Patriarchat zur Partnerschaft" gehört zu den Publikationen aus der Frühzeit der historischen Familienforschung im deutschsprachigen Raum. Hier wie auch anderwärts in aller Welt hat diese Forschungsrichtung inzwischen in einem Ausmaß öffentliches Interesse gefunden wie kaum ein anderes Arbeitsgebiet der Sozialgeschichte. Aber nicht nur die Forschung auf dem Gebiet der Sozialgeschichte der Familie hat sich sehr dynamisch entwickelt, sondern auch deren Gegenstand. Prozesse des Wandels von Familie und Gesellschaft, wie sie aus dem Zeithorizont der siebziger Jahre dargestellt wurden, sind in den Jahren seither weitergegangen – in manchen Belangen sogar in beschleunigtem Tempo. Wenn im Text von „heute" und von „jüngerer Vergangenheit" die Rede ist, so ist das „heute" von damals inzwischen zur „jüngeren Vergangenheit" von heute geworden.

Mag es in Hinblick auf das anhaltende Interesse an der Sozialgeschichte der Familie gerechtfertigt sein, diesen Überblicksband nach so vielen Jahren neu aufzulegen, so erscheint es in Hinblick auf die dynamische Entwicklung der historischen Familienforschung doch angebracht, den Standort des Bandes in dieser Forschungsentwicklung zu reflektieren. Wir haben einschlägig weitergearbeitet und so unsere Auffassungen in diesem Prozeß selbst weiterentwickelt. Unsere späteren Veröffentlichungen zeigen, in welcher Weise sich für uns Problemstellungen und Zugangsweisen gegenüber diesem frühen Text verändert haben. Eine gemeinsame Beurteilung von Forschungsstand und Forschungsaufgaben haben wir 1979 in der Einleitung des von uns herausgegebenen Sammelbands „Historische Familienforschung" vorgelegt. Reinhard Sieder hat 1987 in seinem Band „Sozialgeschichte der Familie" einen zusammenfassenden Überblick über die Entwicklung der mitteleuropäischen Familie in den letzten zweihundert Jahren unternommen und dabei säkulare Trends, Brüche und Kontinuitäten bis in die Gegenwart verfolgt, Michael Mitterauer hat in der Einleitung zu seiner Aufsatzsammlung „Historisch-anthropologische Familienforschung" im Vorjahr neuerlich zur Entwicklung des Arbeitsgebiets Stellung bezogen. An solche Überlegungen sei hier angeschlossen, wenn einige Reflexionen über den Standort dieser in unveränderter Fassung publizierten Texte vorangestellt werden: Was erscheint im Lichte der neueren Forschungsentwicklung revisionsbedürftig? Für welche grundsätzlichen Positionen glauben wir weiterhin Geltung beanspruchen zu dürfen? Welche Perspektiven ergeben sich daraus für zukünftige Arbeiten?

Der Ergänzung bzw. Differenzierung bedürften die hier versammelten Studien vor allem in regionaler Hinsicht. Peter Laslett hat in seinem Vorwort zur englischen Ausgabe sieben Punkte herausgearbeitet, hinsichtlich derer sich seiner Meinung nach die Familienentwicklung in England von den hier dargestellten Strukturen und Tendenzen unterscheidet. Wesentlich erscheint ihm die unterschiedliche Bedeutung familienwirtschaftlicher Verhältnisse bis zurück ins Mittelalter. In Hinblick auf neuere englische Untersuchungen wird man diesen Gegensatz vielleicht nicht mehr in gleicher Weise akzentuieren. Tatsache bleibt jedoch, daß das reiche Material an Zensuslisten, das von der „Cambridge Group for the History of Population and Social Structure" für England gesammelt und ausgewertet wurde, jedenfalls im Bereich der Haushaltsstrukturen schon früh regionale Differenzierungsmöglichkeiten bot und von mitteleuropäischen Verhältnissen abweichende Familienformen erkennen ließ. Inzwischen wurden für zahlreiche europäische Regionen detaillierte Analysen der Haushalts- und Familienzusammensetzung durchgeführt. Sie haben viele Gemeinsamkeiten ergeben, die das von uns seinerzeit auf weit schmälerer Datengrundlage erstellte Bild bestätigen, jedoch auch viele regionale Besonderheiten erkennen lassen, die heute in eine Überblicksdarstellung einbezogen werden müßten. Insbesondere die Untersuchungen in den Ländern des Mittelmeerraums legen eine stärker differenzierte Sicht von europäischen Familienverhältnissen nahe.

Obwohl die Beiträge dieses Bandes nie den Anspruch erhoben haben, die Entwicklung außereuropäischer Familienverhältnisse einzubeziehen, wäre eine stärkere Berücksichtigung solcher Verhältnisse aus heutiger Perspektive und beim heutigen Erkenntnisstand der Forschung durchaus wünschenswert. Erst aus dem Kontrast kommen europäische Besonderheiten voll in den Blick. Die Frage nach den Wurzeln solcher Spezifika wie des „European marriage pattern" oder der „life-cycle-servants" beschäftigt zunehmend die Forschung. Solche Interessen führen einerseits zurück ins Mittelalter und in die Antike, andererseits in den interkulturellen Vergleich. Beide Dimensionen kommen in diesem Band zu kurz. Für den interkulturellen Vergleich hätte es stärkerer Interdisziplinarität mit der Sozialanthropologie, mit der Ethnologie sowie mit außereuropäischen „area-studies" bedurft. Dazu fehlte es Mitte der siebziger Jahre noch weitgehend an Voraussetzungen. Soweit Interdisziplinarität für die Geschichtswissenschaft zu dieser Zeit überhaupt in Frage kam, stand das Gespräch mit der Soziologie im Vordergrund. An Fragestellungen und Interpretationsmodellen der damals dominierenden strukturfunktionalistischen Familiensoziologie ist daher dieser Band orientiert, nicht an sozialanthropologischen Zugangsweisen. Dies kommt auch in der Bedeutung zum Ausdruck, die wir der Typisierung von Familienformen und deren quantitativer Erfassung beigemessen haben. Wie in der neueren historischen Familienforschung insgesamt hat sich auch für uns das Spektrum an Fragestellungen und damit an Quellen und Methoden wesentlich erweitert, insbesondere im Umgang mit lebensgeschichtlichen Zugangsweisen, sei es über das Narrativinterview oder die populare Autobiographik.

Ergänzungs- und revisionsbedürftig erscheint uns der Band aus heutiger Perspektive schließlich auch in der vereinfachenden Linearität seiner Entwicklungs- und Erklärungsmodelle. Brüche und Verwerfungen, die „Gleichzeitigkeit des Ungleichzeitigen" sowie die Vielfalt von Möglichkeiten ganz unterschiedlicher Entwicklungsverläufe bei gleicher Ausgangssituation sind uns heute deutlicher bewußt als damals. Auch die Bedingungen von Veränderungsprozessen sehen wir heute differenzierter. Sicher war mit der Gegenüberstellung familienwirtschaftlicher und außerhäuslicher Produktion ein wesentliches Moment des Wandels erfaßt, ebenso mit der zunehmenden Vergesellschaftung ehemals familiarer Funktionen. Als Erklärungsmodell wurden solche Ansätze aber mitunter zu stark vereinfachend und zu sehr monokausal erklärend verwendet. Auch der Rekurs auf Urbanisierung und Industrialisierung als Basisprozesse des Wandels der Familie greift vielfach zu kurz. Über die Adaption familiensoziologischer Modelle hinaus stehen solche Verkürzungen auch mit dem Bestreben in Zusammenhang, Verhältnisse der Gegenwart aus dem Kontrast zur Vergangenheit bewußt zu machen – ein Anliegen, das uns im Prinzip immer noch legitim erscheint, jedoch nicht auf Kosten der Komplexität der historischen Entwicklung gehen darf.

Die Defizite machen so zugleich auch einige Aspekte bewußt, in denen der Band trotz des enormen Fortschritts der historischen Familienforschung seit der Erstveröffentlichung seine Aktualität erhalten hat. Das Bemühen um eine Zugangsweise zur Sozialgeschichte der Familie, die Orientierungshilfe in der Gegenwart ermöglicht, gehört sicher dazu. Vielleicht war diese in der Entstehungszeit des Buches, in der ein Umgang mit Geschichte „in emanzipatorischer Absicht“ für viele mit Hoffnung verbunden war, leichter als heute: Das Klima des Wissenschaftsbetriebs hat sich verändert, Gegenwartsrelevanz ist nicht unbedingt gefragt, auch nicht in der historischen Familienforschung. Diese ist inzwischen selbst zur etablierten Zunft geworden. Die Beschäftigung mit Familie als Thema der Geschichtswissenschaft ist anerkannt und braucht nicht mehr besonders legitimiert zu werden. Die Sozialgeschichte der Familie ist ein Arbeitsgebiet geworden, das denselben Tendenzen der Routinisierung unterliegt wie andere auch. Die Spezialisierung nimmt zu. Einstmals innovative Methoden und Formen der Quellenauswertung werden weiter praktiziert, ohne daß dabei ein neuer Ertrag der Forschung abzusehen wäre. Ähnliches gilt für den Umgang mit einigen nahezu schon „klassisch“ gewordenen Kontroversen wie der „Ariès-These“ oder der Laslett-Berkner-Debatte. Vor allem zeigt sich – wie so häufig in etablierten Feldern geschichtswissenschaftlicher Arbeit –, daß einmal „kanonisierte“ Quellentypen immer mehr die Themenstellungen bestimmen. Der Weg vom Problem zur Quelle ist auch in der historischen Familienforschung längst nicht mehr selbstverständlich. So mag die Neuauflage eines Buchs aus den Anfängen dieser Forschungsrichtung ein Anliegen in Erinnerung rufen, das mit der zunehmenden Etablierung zurückzutreten droht. So viel läßt sich sicher heute im wissenschaftshistorischen Rückblick schon sagen: Die Anfänge der historischen Familienforschung waren von Fragen der Gegenwart bestimmt. Diese Fragen sind heute nicht mehr dieselben. Aber der Anspruch, daß die sozialhistorische Forschung letztlich von solchen aktuellen Problemen auszugehen hätte, ist nach wie vor aufrechtzuerhalten.

Mit Gegenwartsproblemen als Ausgangspunkt der Forschung sind wohl auch bestimmte Zugangsweisen des Bandes aktuell geblieben: epochenübergreifende historische Längsschnitte, der Versuch, langfristige Tendenzen und Trends herauszuarbeiten, oder das Bemühen um Erklärungszusammenhänge zwischen gesellschaftlichen Makro- und Mikrostrukturen. Wenn auch die Interpretation von Familienverhältnissen aus den Bedingungen der gesellschaftlichen Arbeitsorganisation manchmal überstrapaziert worden sein mag, so war diese Zugangsweise doch ergiebig und läßt sich analog in anderen Kontexten wie Herrschaftsordnungen oder religiösen Zusammenhängen nachvollziehen. In vielen der hochspezialisierten Detailuntersuchungen der neueren historischen Familienforschung wäre es sicher wünschenswert, wenn solche gesellschaftliche Bedingungen stärker berücksichtigt würden. Auch auf der Mikroebene erscheint der in den einzelnen Beiträgen vertretene Ansatz, Familie im Zusammenhang mit anderen Primärgruppen wie Schule, Jugendgruppe oder Gemeinde zu sehen, durchaus als ein noch nicht voll ausgeschöpftes Konzept. Aktualität hat sich schließlich wohl auch die Systematik bewahrt, nach der die in ihrer historischen Dimension behandelten Familienthemen geordnet wurden. Das wichtigste Strukturprinzip bildeten dabei die Lebenszyklusphasen. Geschichte der Kindheit, Geschichte der Jugend, Geschichte von Ehe, Fortpflanzung, Sexualität, Geschichte des Alters haben sich in der neueren Sozialgeschichte im Zusammenhang mit der Geschichte der Familie zu wichtigen Themenfeldern entwickelt. Wahrscheinlich ist es das an allgemeinen phasenspezifischen Problemen des Lebenslaufs orientierte Interesse an Geschichte, das – ausgehend von der Reflexion der eigenen Lebensgeschichte – das wachsende Interesse an Familiengeschichte mitbewirkt.

Orientierung an Gegenwartsproblemen, Interdisziplinarität, historische Tiefe im epochenübergreifenden Längsschnitt, Verbindung von Makro- und Mikrostrukturen – mit solchen Stichworten sind einige grundsätzliche Anliegen umrissen, um die wir uns in den hier neuerlich veröffentlichten Studien bemüht haben. Was eine Einlösung dieses Anspruchs heute bedeuten würde, läßt sich mit einer inhaltlichen Überarbeitung der Texte nicht leisten. Aber es mag Sinn haben, den Anspruch von damals heute erneut zu stellen: Heute wie damals geht es um neue Formen der Synthese über trennende Grenzen der fachlichen Arbeitsteilung und Spezialisierung hinweg. Als Synthese, die vor mehr als eineinhalb Jahrzehnten versucht wurde, ist das Buch in vieler Hinsicht überholt. Als Herausforderung, immer wieder von neuem Synthesen zu versuchen, mag es weiterhin wirksam sein.

Wien, im Februar 1991

Michael Mitterauer
Reinhard Sieder

Vorwort zur zweiten Auflage

Die Forschungen zur Geschichte der Familie wurden in den letzten Jahren enorm intensiviert. Die Auswahlbibliographie am Ende dieses Bandes spiegelt diese Entwicklung. Sie wurde gegenüber der ersten Auflage auf mehr als den doppelten Umfang erweitert.

Trotz dieser Expansion der Familienforschung schien es den Autoren nicht erforderlich, die einzelnen Beiträge über einige Korrekturen und Ergänzungen hinaus wesentlich zu ändern. Von seiten der Sozialgeschichte sind nur wenige Publikationen erschienen, die jenen Nahbereich zur sozialwissenschaftlichen Theorie betreffen, welchen dieses Buch zu erfassen versucht. Von seiten der Soziologie wieder ist bisher eine gründliche Rezeption der Ergebnisse historischer Familienforschung nicht erfolgt. Ebenso wurden kaum eigenständige Beiträge zu einer historisch-soziologischen Theoriebildung versucht. Es schien den Autoren deshalb berechtigt, die ursprüngliche Konzeption des Bandes beizubehalten.

Kritik wurde am Titel des Bandes geübt. Er greift bloß einen Teilaspekt der skizzierten Entwicklungen auf, noch dazu einen, der nicht als linearer Trend aufgefaßt werden darf und sich auch nicht ohne weiteres in die Zukunft extrapolieren läßt. Die Autoren wollen ihn deshalb eher als Fragestellung aufgefaßt wissen.

Wien, im September 1979

Michael Mitterauer
Reinhard Sieder

Zur Einführung

Familie ist für jeden etwas unmittelbar Erlebtes. Es ist nicht möglich, Familie als Gegenstand fachlicher Beschäftigung zu wählen, ohne dabei von Eindrücken und Vorstellungen aus dem eigenen Erfahrungshorizont beeinflußt zu sein. Und es ist auch nicht möglich, über Familie zu schreiben, ohne damit beim Leser persönliche Erlebnisse und Probleme anzusprechen. Mit Familie kann man sich nicht als quasi Unbeteiligter beschäftigen – weder als Autor noch als Leser.

Die persönliche Betroffenheit vom Thema ist Chance und Risiko zugleich. Einerseits wird sie ein verstärktes Interesse bewirken. Anderseits sind Probleme der Familie für den einzelnen meist stark emotionalisiert. Auffassungen über Familien-, Ehe- und Erziehungsprobleme hängen mit weltanschaulichen und politischen Positionen zusammen. Die spezifische Aufgabe des Historikers, das Geworden-Sein und damit die Veränderbarkeit scheinbar „natürlicher" und überzeitlicher Formen des familiären Zusammenlebens darzustellen, kann hier mitunter besonders verletzliche Bereiche persönlicher Anschauungen betreffen.

Den Autoren dieses Bandes geht es aber nicht um Verunsicherung und Infragestellen als Selbstzweck, sondern darum, ob aus der Kenntnis funktionaler Zusammenhänge in der Vergangenheit Gegenwartsprobleme besser beurteilt werden können. Konkret gesprochen: Läßt sich etwa zu Fragen der geschlechtsspezifischen Rollenleitbilder, der Altersversorgung, der Stellung der Frau in Haushalt und Beruf usw. aufgrund der historischen Genese dieser Probleme in bestimmter Weise Stellung nehmen? Kann die Einbeziehung der historischen Dimension dabei helfen, im Problembereich des Sexualverhaltens oder der Kindererziehung zu besser fundierten Einstellungen zu gelangen? Vermag der Historiker aus seiner Sicht auf notwendige Veränderungen in den Formen familialen

Zusammenlebens aufmerksam zu machen oder vielleicht sogar Alternativformen zur Familie aus historischer Sicht zu beurteilen?

Die Autoren sind der Auffassung, daß eine gegenwartsbezogene Sozialgeschichte der Familie letztlich dazu imstande sein müßte. Um erste Ansätze in dieser Richtung bemühen sich die hier zusammengestellten Aufsätze.

Auf sich allein gestellt wäre der Historiker sicher nicht imstande, einen Beitrag zur besseren Orientierung in den genannten Gegenwartsfragen zu leisten. Die Sozialgeschichte ist hier notwendig auf Zusammenarbeit mit anderen Sozialwissenschaften angewiesen. Sowohl die Aufbereitung aktueller Problemfelder als auch systematische Ansätze in Theorie- und Modellbildung kommen weitgehend von sozialwissenschaftlicher Seite.

Jeder Versuch einer gegenwartsbezogenen Beschäftigung mit der Geschichte der Familie steht damit aber mitten in der völlig unausgetragenen Spannung zwischen der Geschichte und den übrigen Sozialwissenschaften. Viele der allgemeinen Probleme dieser Auseinandersetzung belasten auch die in diesem Band vorgelegten Studien: Die mitunter vereinfachende Darstellung von Typen und Ablaufstendenzen unter weitgehendem Verzicht auf Varianten und Abweichungen mag dem Historiker manchmal zu undifferenziert, dem Soziologen wieder zu unübersichtlich erscheinen. Der mitunter hohe Abstraktionsgrad der Darstellung wird immer wieder durch exemplarische Einzelheiten durchbrochen. Die Terminologie der Sozialwissenschaften ist einerseits notwendig, anderseits nicht immer auf historische Verhältnisse voll anwendbar. Für den Historiker ist sie wohl ungewohnt stark formalisiert.

Sicher ist es den Autoren nur unzureichend gelungen, sich einen Überblick über die gesamte sozialwissenschaftliche Literatur zu den behandelten Themen zu verschaffen. Wenn trotzdem mitunter eine kritische Auseinandersetzung mit sozialwissenschaftlichen Theorien erfolgt, ist sie als Anregung zur interdisziplinären Diskussion gedacht, die gerade im Problembereich Familie dringend notwendig erscheint.

Die Geschichtswissenschaft hat sich bisher nur unzureichend mit den strukturellen Veränderungen der Familie und ihrer Funktionen befaßt. Die vorhandene Literatur ist entweder zu stark auf regionale Besonderheiten orientiert und deshalb nur schwer zu gültigen Überblicksdarstellungen zu gebrauchen, oder sie begnügt sich mit der Darstellung von Veränderungen der Geburten- Heirats- und Sterbedaten, bzw. der durchschnittlichen Haushalts- und Familiengrößen, ohne nach deren sozialstrukturellen Voraussetzungen einerseits und ihren Folgen für die Qualität des Familienlebens andererseits zu fragen.

Teilweise gründen die vorgelegten Aufsätze auf Forschungen der Autoren, die diese seit drei Jahren im Rahmen eines Forschungsprojekts des „Fonds zur Förderung der wissenschaftlichen Forschung in Österreich" gemeinsam unternommen haben.

Das Darstellungsprinzip der zusammengestellten Aufsätze ist der epochenübergreifende Längsschnitt, der an den Problemen der Gegenwart orientiert ist – nicht eine chronologische Beschreibung. Dies ergibt sich aus der inhaltlichen Zielsetzung: Will man aus der Analyse der Vergangenheit Orientierungshilfen für Gegenwart und Zukunft erhalten, ist es notwendig, spezielle Entwicklungsstränge herauszuarbeiten, die in gegenwärtigen Problemfeldern münden.

Die Längsschnittdarstellungen des vorliegenden Bandes sind zeitlich und räumlich beschränkt. Mit Absicht wurde im wesentlichen nur auf Entwicklungen in der mitteleuropäischen Geschichte des Mittelalters und der Neuzeit als der unmittelbaren Vorgeschichte unserer heutigen Verhältnisse eingegangen. Bewußt grenzen sich die Autoren dabei von jenen Darstellungen ab, die urgeschichtliche Familienverhältnisse und solche antiker Mittelmeerkulturen unmittelbar auf unsere Gegenwart und Zukunft hin interpretieren. Das gilt vor allem für die auf der Annahme frühgeschichtlicher „matriarchalischer" oder „matristischer" Kulturen aufbauenden Globalmodelle. Sie erscheinen methodisch fragwürdig und für die Orientierung in der Gegenwart wenig ergiebig.

Die vorliegenden Studien befassen sich hauptsächlich mit Veränderungen im Übergang von der primär familienwirtschaftlich fundierten Gesellschaftsordnung in vorindustrieller Zeit zur Industriegesellschaft, in der die Familie meist nicht mehr die Grundlage der Arbeitsorganisation bildet. Im Rahmen dieser makro-historischen

Strukturanalyse werden verschiedene Entwicklungstendenzen sichtbar gemacht. Die wichtigste ist sicher in der Veränderung der familialen Autoritätsstruktur zu sehen. Sie betrifft die Beziehung zwischen den Ehepartnern ebenso wie jene zwischen Eltern und Kindern. Hier liegt auch der wichtigste Zusammenhang von innerfamilialen und gesellschaftlichen Veränderungen im Rahmen allgemeiner Demokratisierungstendenzen. Dementsprechend wurde auch der Titel dieses Bandes gewählt: ,,Vom Patriarchat zur Partnerschaft".

Die Einzelbeiträge gehen vom Problem der Abgrenzung des Begriffs der Familie sowie einer Typologie europäischer Familienformen aus. Veränderungen in der Zusammensetzung der Familie, der Familiengröße und des Familienzyklus leiten zum Wandel der Familienfunktionen über. Die patriarchalische Familienstruktur wird unter dem Aspekt ihrer Bedingtheit durch die gesellschaftlichen Verhältnisse behandelt. Der zweite Hauptteil beschäftigt sich in Fortführung dieser Überlegungen mit Fragen der innerfamilialen Verhältnisse. Zunächst geht es um die Stellung des Jugendlichen in der Familie, dann um die Beziehung der Ehegatten und schließlich um die Lage des alternden Menschen im historischen Wandel.

Die einzelnen in diesem Band zusammengestellten Aufsätze sind ursprünglich als gesonderte Artikel in der Zeitschrift ,,Beiträge zur historischen Sozialkunde" erschienen, die am Wiener Institut für Wirtschafts- und Sozialgeschichte von der Arbeitsgemeinschaft für historische Sozialkunde herausgegeben wird. Sie wurden für den Wiederabdruck stark überarbeitet und um einen Artikel ergänzt. Die ursprüngliche Form von Überblicksdarstellungen ohne Anmerkungsapparat, aber mit weiterführender Literatur im Anhang, wurde beibehalten. Die Autoren hoffen, damit einen möglichst großen Leserkreis ansprechen zu können, und messen den Erfolg dieses Buches daran, in welchem Maße es auch von Nicht-Fachleuten gelesen wird.

Wien, im September 1976

Michael Mitterauer
Reinhard Sieder

Michael Mitterauer

Die Familie als historische Sozialform

Die Familie: eine „natürliche" Gemeinschaft?

Auf den ersten Blick mag es vielleicht verwundern, daß die Familie überhaupt zum Gegenstand historischer Untersuchung gemacht werden kann. Dem allgemeinen Verständnis nach ist sie ein statisches Gebilde, bei dem eine wesentliche Veränderung gar nicht recht möglich erscheint. Man sieht in ihr eine überzeitlich gleichbleibende Konstante menschlichen Lebens, eine natürlich vorgegebene Einheit. Die Bedeutung biologischer Faktoren für die Familie ist so evident, daß es naheliegt, sie primär im Rahmen naturwissenschaftlicher Disziplinen zu behandeln, in der Humanbiologie etwa oder in einer naturwissenschaftlich verstandenen Anthropologie. Selbst dort, wo die soziale Komponente gesehen wird, bringt man vielfach sofort das Naturrecht ins Spiel. Und auch aus dieser naturrechtlichen Perspektive erscheint die Familie als ein gleichbleibendes, im Wandel der Zeiten unverändertes Gebilde, oder jedenfalls als eines, das nicht verändert werden soll. Wir kennen diese Haltung aus vielfachen Stellungnahmen in der Öffentlichkeit. Überall, wo es um Modifikationen der Familienstruktur geht, sei es durch gesellschaftspolitische Maßnahmen des Staates, sei es durch verändertes gesellschaftliches Verhalten, wird sehr rasch ein Eingriff in die „natürliche" Ordnung gesehen. Diese Auffassung der Familie hat auch die historische Forschung stark bestimmt. Eine Beschäftigung der Historiker mit dem Thema Familie gibt es – jedenfalls im deutschsprachigen Raum – erst seit wenigen Jahren. Von einer einschlägigen sozialhistorischen Forschungstradition läßt sich hier gewiß nicht sprechen. Wenn man sich seitens der Historiker diesem Themenkomplex näherte, so beschränkt auf angeblich „rein biologische" Daten, wie etwa Kinderzahl, Heiratsalter usw.; deren soziokulturelle Voraussetzungen blieben ausgespart.

Gegenüber einem solchen biologischen Standpunkt ist festzuhalten: Die Familie ist zwar in besonderem Maße von biologischen Faktoren beeinflußt, und sie ist auf Grund dieser naturhaften Bezüge ein relativ stabiles Gebilde, sie begegnet jedoch im Laufe der historischen Entwicklung in einer solchen Formenvielfalt, daß man von einer überzeitlich gleichbleibenden, natürlich vorgegebenen Einheit menschlichen Zusammenlebens keineswegs sprechen kann. Selbstverständlich darf der Einfluß biologischer Voraussetzungen bei der Entwicklung der Familie nicht vernachlässigt werden. Ihrem Wesen nach ist jedoch die Familie ein soziales Gebilde, und als solches ein legitimer Gegenstand der historischen Forschung, genauso wie sie schon lange ein zentrales Thema der Soziologie oder der Ethnologie ist. Soll die wissenschaftliche Beschäftigung mit der Familie einen Beitrag zum besseren Verständnis der Gegenwartssituation leisten, so stehen gerade nicht die gleichbleibenden naturhaften Bedingungen im Vordergrund des Interesses, sondern die vielfältigen Formen der Einordnung dieser Konstanten in eine sich ständig wandelnde gesellschaftliche Umwelt.

Die Familie als soziales Ordnungsmodell

Eine Sozialgeschichte der Familie ist freilich nicht nur als unmittelbare Vorgeschichte der gegenwärtigen Familienverfassung interessant; sie führt notwendig auch zur Behandlung von zahlreichen Sozialformen, die wir aus heutiger Perspektive nicht unmittelbar als familiale verstehen, und öffnet so den Blick für umfassendere sozialhistorische Zusammenhänge.

Die Familie gehört zu den ursprünglichsten Formen sozialer Zusammengehörigkeit. Deswegen haben sich zu allen Zeiten Prozesse menschlicher Vergesellschaftung immer wieder am Modell familialen Zusammenhangs ausgerichtet. Deutlich kommt das in der Erscheinung zum Ausdruck, daß von Verwandtschaftsbegriffen abgeleitete Termini auch auf Sozialgebilde übertragen werden, die durchaus nicht auf Blutsbindungen beruhen; man denke etwa an die

Verwendung von Vater- und Bruderbezeichnungen in klösterlichen Gemeinschaften. Auf urtümlichen Kulturstufen erscheint soziale Zusammengehörigkeit vielfach überhaupt nur im Rahmen familialer Kategorien vorstellbar. Die Herstellung künstlicher Verwandtschaft wird hier zu einem entscheidenden Mittel der Vergesellschaftung. Die wichtige Rolle der Adoption oder der Bluts- und Schwurbrüderschaft wäre in diesem Zusammenhang zu nennen.

Orientierung an der Sozialform Familie, wie sie in der Übernahme familialer Terminologie zum Ausdruck kommt, findet sich in frühen historischen Zeiten gerade bei den grundlegenden sozialen Organisationsformen, die dann in vielfältigen Differenzierungen und Modifikationen weiterwirken. Beim Grundtypus genossenschaftlicher Zusammenschlüsse etwa begegnet man immer wieder dem Bruderschafts-Modell, wie wir es von frühmittelalterlichen Kaufleute- und Handwerkergilden bis herauf zu Arbeiterverbrüderungen des 19. Jahrhunderts verfolgen können. Obwohl die Autoritätsstruktur der Familie primär für herrschaftlich akzentuierte Sozialgebilde das Vorbild abgegeben hat, leiten sich also durchaus auch egalitär-genossenschaftliche Verbände von ihr ab. Überall, wo erwachsene Söhne im Familienverband verbleiben und auch nach dem Tode des Vaters als Erbengemeinschaft zusammenleben, nimmt die Familie selbst gemeindlich-genossenschaftliche Züge an. Die Gemeinschaft der großjährigen Brüder innerhalb der Familie ist so vielfach Vorbild und mitunter sogar direkte Wurzel von Gemeinde- und Einungsformen.

In Anschluß an die hausväterliche Gewalt stärker herrschaftlich orientiert sind Personenverbände vom Typus der Grundherrschaft. Die Abschichtung hausrechtlich abhängiger Personen, die nun selbst als Hausväter eine eigene bäuerliche Wirtschaft übernehmen, ist hier als Wurzel anzusehen. In der Bezeichnung „familia" für den Gesamtverband der vom Grundherren abhängigen Leute läßt sich der Ursprung dieser Sozialform noch deutlich erkennen.

Die Vorstellung gemeinsamer Abstammung bildet die bewußtseinsmäßige Basis für soziale Bindung in ethnischen Einheiten. Begriffe wie „Stamm", „gens", „natio" usw. bringen das genealogische Selbstverständnis von Großgruppen dieses Typus zum Ausdruck. Ein realer Blutszusammenhang ist im Regelfall hier nicht gegeben. Die Abstammungsgemeinschaft ist Fiktion, freilich eine Fiktion von größter sozialer Relevanz. Sehr umfassende und hochrangige Sozialgebilde schließen an solche als großer Verwandtschaftszusammenhang gedachte Personenverbände an. Geschlechter, Clane, Kleinstämme stehen am Anfang. Über Großstammbildungen bzw. ethnisch-herrschaftliche Einheiten verschiedenster Stufen führt die Entwicklungslinie dann bis zu neuzeitlicher Nationalität und Staatlichkeit.

Rückwirkungen übergeordneter Sozialformen auf die Familie

Solche vereinfachend und schematisch dargestellte Ableitungen verschiedener übergeordneter Sozialformen aus familialen Strukturen sind im einzelnen räumlich, zeitlich und typologisch äußerst differenziert zu denken. Vor allem muß dabei bedacht werden, daß die jeweils wechselnden Familienformen nicht nur für andere Vergesellschaftungsformen bestimmend sind, sondern auch selbst wiederum von diesen sehr stark beeinfluß werden. Solche Rückwirkungen seien in Hinblick auf die drei eben geschilderten Grundtypen von Sozialformen exemplarisch erörtert.

Als sich seit dem ausgehenden Mittelalter die genossenschaftlichen Organisationen der Handwerksmeister, die Zünfte, immer stärker abschlossen, konnten vielfach Gesellen nur durch Heirat mit einer Meisterswitwe die Selbständigkeit in ihrem Gewerbe erreichen. Es entstand dadurch eine für das handwerkliche Kleinbürgermilieu charakteristische Familienkonstellation, in der die Hausfrau oft um vieles älter war als ihr Ehemann.

Um eine Zersplitterung des bäuerlichen Besitzes zu verhindern und die Wirtschaftskraft der Höfe im Interesse der Abgabenleistung zu erhalten, haben Grundherrschaften meist geschlossene Güterverebung begünstigt. Dadurch waren die nicht erbenden Söhne gezwungen, abzuwandern oder unverheiratet als Knechte am Hof zu bleiben, ein für die Struktur der bäuerlichen Familie sehr maßgeblicher Faktor. Je nachdem, ob das Erbrecht den ältesten oder den jüngsten Sohn begünstigte, kam es dabei zu mehr oder minder hohem Heiratsalter.

Auch gesamtgesellschaftliche Machtumschichtungen machen sich in Strukturwandlungen der Familie bemerkbar. So hat sich etwa in Rußland die Zeit der Unterdrückung unter der Tatarenherrschaft in Richtung auf eine Unterdrückung der Frau in der Familie ausgewirkt. Ganz evident sind die Zusammenhänge zwischen dem entstehenden fürstlichen Absolutismus („Landesvater"!) und der Zunahme der väterlichen Autorität in der frühen Neuzeit. Die Familie ist also stets in einer Vielfalt von verschiedenen Sozialgebilden eingeordnet zu sehen, die sie selbst beeinflußt und die umgekehrt zu ihrer Umformung beitragen.

Familie und Staat

In diesem Sinne hat auch das vielverwendete Bild von der Familie als der Keimzelle des Staates historisch gesehen eine beschränkte Berechtigung; freilich gewiß nicht in der platten, kurzschlüssigen Weise, wie das meistens gesehen wird. Der Staat ist keineswegs eine Summe von Familienhaushalten, gleichsam wie ein Bienenstock aus Einzelfamilien als Zellen zusammengesetzt. Die Wechselwirkung Familie–Staat ist auch nicht so direkt zu sehen, wie es etwa das Schlagwort vorgibt: „Wenn die Familie gesund ist, dann ist auch der Staat gesund", wobei zu fragen wäre, was denn hier „gesund" überhaupt heißt. Eine gegenseitige Beeinflussung besteht jedoch, so daß gewisse familiale Herrschafts- und Abhängigkeitsstrukturen im öffentlichen Leben ihre Entsprechung haben und umgekehrt. Vor allem aber sind in vielfach vermittelter Weise ursprünglich im Rahmen von Haus und Familie wahrgenommene Funktionen auf übergeordnete Sozialgebilde, im besonderen auf den Staat übergegangen. Über Jahrhunderte und Jahrtausende hin betrachtet kann eine solche Abgabe von Funktionen an höherrangige Sozialgebilde praktisch in allen Lebensbereichen festgestellt werden, im Kult genauso wie im Rechtswesen, im Wirtschaftlichen genauso wie in der Erziehung. Dieser Prozeß der Funktionsentlastung, wie er auch ganz augenfällig in unserer Gegenwart abläuft, ist eine der Grundtendenzen in der historischen Entwicklung der Familie. Durch ihn können ebenso neue Sozialformen entstehen, die ihrerseits an familialen Mustern orientiert sind. Man denke etwa an den Übergang von Elternrechten an den Lehrer durch die Übernahme familialer Sozialisationsfunktionen durch die Schule.

Betrachtet man die Wechselwirkungen zwischen der Familie und umgreifenden Sozialgebilden im historischen Ablauf, so läßt sich verallgemeinernd feststellen, daß die Dynamik der Entwicklung mehr von den letzteren ausgeht. Veränderungen der Familienverfassung erfolgen eher als Reaktion auf gesellschaftliche Wandlungsprozesse, als daß sie diese initiieren und stimulieren. Auch daraus ergibt sich für die Familienstruktur eine gewisse Statik. Es kommt vielfach zu Anpassungsverzögerungen und Verspätungserscheinungen. Solche Phänomene relativer Rückständigkeit zu beobachten, kann der Arbeit des Historikers in besonderer Weise Gegenwartsrelevanz verleihen. Auf dem Hintergrund derartiger Analysen läßt sich besser beurteilen, in welchen Belangen und in welcher Richtung Veränderungen gesellschaftlich notwendig sind.

Der Zusammenhang des Sozialgebildes Familie mit verschiedenen anderen sozialen Organisationsformen sollte hier einleitend exemplarisch behandelt werden, um die Bedeutung einer sozialhistorischen Beschäftigung mit diesem Thema verständlich zu machen. Die Vielfalt fließender Übergänge zu anderen Sozialformen, die aus der Familie erwachsen oder an ihrem Vorbild orientiert sind bzw. von ihr Funktionen übernommen haben, wirft die Frage auf, unter welchen Gegebenheiten denn in der historischen Dimension überhaupt von Familie gesprochen werden kann.

Der Bedeutungswandel von „Familie“

Eine solche Abgrenzung ist auch in Hinblick auf die Vielschichtigkeit des Begriffs Familie in Vergangenheit und Gegenwart notwendig. Um das klar zu machen, müssen wir uns ein wenig mit der historischen wie mit der heutigen Bedeutung des Wortes „Familie“ beschäftigen. Die Geschichte des Begriffs „Familie“ spiegelt interessante Tendenzen in der Entwicklung dieses Sozialgebildes selbst;

solche Hinweise auf inhaltliche Veränderungen stellen überhaupt den besonderen Wert begriffsgeschichtlicher Analysen dar. Gehen wir von unserem heutigen Verständnis des Wortes „Familie" aus. Eine Legaldefinition des Begriffs gibt es nicht. Das Privatrecht kennt nur Verwandtschaft, etwa bei der Unterhaltspflicht oder im Erbrecht. Diese Verwandtschaft in auf- oder absteigender Linie ist in unserem heutigen Wortgebrauch von Familie durchaus mitgemeint. Im wesentlichen bezieht sich jedoch der Terminus auf die in einem Haushalt zusammenwohnenden, miteinander verwandten Personen, heute also fast durchwegs nur Eltern oder Elternteile mit ihren noch nicht verheirateten oder nicht selbständigen Kindern. Die Haushaltsfamilie ist exakt abgrenzbar, zum Unterschied von der Verwandtschaftsfamilie, die einen unbestimmten Kreis von Blutsverwandten und Verschwägerten umfaßt. Gehen wir nun historisch zurück, so ergibt sich der interessante Sachverhalt, daß die deutsche Sprache etwa im Spätmittelalter, aber auch noch in der frühen Neuzeit gar keine eigene Bezeichnung für jene Eltern-Kinder-Gruppe hat, die wir heute unter der Perspektive der Haushaltsgemeinschaft als Familie verstehen und die von den Soziologen zur besseren Charakteristik als Kern- oder Kleinfamilie bezeichnet wird. Die komplizierte Umschreibung „mit Weib und Kind" mußte hier aushelfen. Aus dem Fehlen einer Bezeichnung darf freilich nicht geschlossen werden, daß unserer heutigen Kleinfamilie entsprechende soziale Beziehungen nicht bestanden hätten. Sie waren natürlich in ähnlicher Weise gegeben, erstreckten sich jedoch auf einen weiteren Personenkreis, der als die entscheidende soziale Kleingruppe anzusehen ist, nicht nur auf Eltern und Kinder. Unser heutiges Wort Familie hat sich erst im 18. Jahrhundert im allgemeinen Sprachgebrauch durchgesetzt und schließt an das französische „famille" an, das seinerseits von dem lateinischen „familia" herzuleiten ist. Es meinte in Westeuropa damals bereits in erster Linie jene Kleingruppe der Kernfamilie, die hier schon deutlicher ausgeprägt gegeben war, im mitteleuropäischen Raum sich als eine besondere Einheit jedoch erst langsam herauskristallisierte. Weil für sie hier ein eigener Terminus fehlte, konnte sich das französische Lehnwort verbreiten. Sein Bedeutungsfeld war freilich zunächst auch nicht einheitlich. Das französische ,,famille" und seine lateinische Wurzel hatten auch ursprünglich etwas anderes gemeint als die Kernfamilie.

Das lateinische Wort ,,familia" ist sehr alt und geht über das oskische ,,famel" auf eine gemeinsame indogermanische Wurzel zurück. Die Grundbedeutung dieses Wortes ist ,Haus'. Gemeint ist damit die Gesamtheit der in einem Haus lebenden Personen, einschließlich des Gesindes bzw. der Haussklaven. Die Kinder sind von den Sklaven hinsichtlich ihrer Stellung im Prinzip nicht geschieden; ihre Bezeichnung ,,liberi" weist nur darauf hin, daß sie von Geburt her rechtlich als Freie angesehen werden. Ebenso sind ,,pater" und ,,mater" Begriffe, die nicht einen genealogischen Zusammenhang, sondern herrschaftliche Abhängigkeit zum Ausdruck bringen. Genealogische Elternschaft wird mit ,,genitor" bzw. ,,genetrix" charakterisiert. ,,Pater autem familias appelletur, qui in domo dominium habet . . . quamvis filium non habeat", heißt es bei Ulpian. Die Stellung des pater familias hat mit leiblicher Vaterschaft überhaupt nichts zu tun. Sie leitet sich vielmehr von einer spezifischen Herrschaftsposition ab. Der ,,pater" ist ursprünglich der Herr des Hauses, der ,,des-potes" (,,domus" – ,,potis"), derjenige, der über Frau, Kinder, Sklaven und sonstige Hausangehörige Gewalt hat. Die Gesamtheit dieser Personen bildet die ,,familia". In diesem Sinne wird das Wort ,,familia" das ganze Mittelalter bis in die frühe Neuzeit hinein verwendet – durchaus auch für erweiterte Formen von Großhaushalten wie etwa die ministerialische Dienstmannschaft als ,,familia" des jeweiligen Dienstherren, die grundherrliche ,,familia" als Verband der Grundholden bis hin zur ,,familia regalis" als der königlichen Dienstmannschaft. Ähnliches gilt für die romanischsprachigen Ableitungen des Wortes. Daß die,,familia" zur ,,famille" bzw. zur ,,Familie" wird, ist ein Prozeß, der sich in Westeuropa etwas früher als in Mitteleuropa, jedoch auch hier im wesentlichen erst im 17. und 18. Jahrhundert abgespielt hat. Auf den strukturellen Wandel, der hinter dieser Entwicklung des Begriffes steht, kann nur ganz schlagwortartig eingegangen werden. Maßgebliche Faktoren dabei waren:

– Die Trennung von Wohnung und Arbeitsstätte und die dadurch bedingte Trennung von Berufs- und Privatsphäre, die sich in den verschiedenen ständischen Milieus zu einem unterschiedlichen Zeitpunkt, mit Ausnahme des bäuerlichen Lebensbereiches jedoch überall durchgesetzt hat und die zu jener Privatisierung und Sentimentalisierung des Wortes beigetragen hat, wie sie für unseren heutigen Familienbegriff charakteristisch ist.

– Die Vertiefung der Eltern-Kind-Beziehungen vor allem unter religiösen Einflüssen sowohl der Reformation wie auch der Gegenreformation, besonders aber des Zeitalters der Aufklärung.

– die Lösung der Dienstboten aus der engen Gemeinschaft der Hausangehörigen. Die Versachlichung ihres bisher stark personal aufgefaßten Dienstverhältnisses führt zur Lockerung ihrer familialen Integration. Die persönliche Dienstverpflichtung weicht immer mehr dem freien Arbeitsvertrag. Dadurch vertieft sich die Kluft zwischen verwandten und nichtverwandten Mitgliedern der Hausgemeinschaft.

– Die Entstehung zahlreicher Haushalte, die nur mehr aus Familienangehörigen bestehen (ländliche Heimarbeiter, Häuselleute, Arbeiter in Manufakturen und frühen Fabriken, Angestellte, niedere Beamte). Der Familienhaushalt wird so zur vorherrschenden Form.

Vom „ganzen Haus" zur Haushaltsfamilie

Das Bedürfnis, diese auf die blutsverwandten Personen reduzierte Gemeinschaft im Deutschen mit einem neuen Wort zu charakterisieren, hängt wohl im wesentlichen mit der besonderen Begriffsentwicklung der deutschen Entsprechung zu „familia" zusammen. Wir kommen damit zur Bedeutung des Wortes „Haus". Während „familia" schon im Lateinischen nicht mehr das Haus als Baulichkeit mitverstand und nur den in ihm lebenden Personenverband meinte, behielt das deutsche „hus" – ‚Haus' den alten umfassenden Wortsinn, sowohl Gebäude wie auch die ihm entsprechende soziale Gruppe. In diesem Verständnis wird „Haus" bis ins 18. Jahrhundert allgemein gebraucht, ist also für die gesamte vorindustrielle Zeit das maßgebliche Wort für die hier gemeinte Sozialform. In Relikten lebt dieses ältere Wortverständnis in vielfacher Weise bis heute nach, etwa in der altertümlichen Höflichkeitsfloskel: „Grüße von

Haus zu Haus". Allgemein gebräuchlich aber ist der ursprüngliche Wortsinn noch in der amtlichen Bezeichnung „Haushalt" enthalten, die vollkommen losgelöst von der Gesamtbaulichkeit für lokal zusammenlebende Personengruppen verwendet wird. Wenn die amtliche Statistik zwischen Einzelhaushalten, Familienhaushalten und Anstaltshaushalten unterscheidet, so haben wir hier die Nachfolger alter „Häuser" im sozialen Sinne vor uns (Einzelhaushalte = Restfamilien bzw. verselbständigte Familienangehörige, Familienhaushalte = auf die Kernfamilie reduzierte „Häuser", Anstaltshaushalte = an der Familie orientierte oder von ihr abgeleitete „Häuser", z. B. Ordenshäuser). Aber gerade die Trennung von Haus und Haushalt, wie sie sich weitgehend in derselben Epoche abspielte, in der es auch zu jener skizzierten Reduktion auf die private Kernfamilie kam, machte es unmöglich, daß das alte Wort „Haus" weiterhin für ein Sozialgebilde gebraucht wurde. Gerade im 17. und 18. Jahrhundert nimmt mit zunehmender Verstädterung die Zahl jener sehr stark zu, die zwar eine eigene Familie und damit einen eigenen Haushalt besitzen, nicht aber ein eigenes Haus. Natürlich hat es Miete im städtischen Bereich schon lange vorher gegeben. Grundsätzlich aber wurde in der alteuropäischen Gesellschaft nur dem Familienfähigkeit zuerkannt, der auch über ein eigenes Haus verfügte: dem Adeligen, dem Bürger, dem Bauern, nicht aber dem Handwerksgesellen, dem bäuerlichen Knecht usw. Auf die vielfachen Modifikationen und Durchbrechungen dieser Regel kann hier nicht eingegangen werden; sie sind in Hinblick auf die grundsätzliche Entsprechung von Haus und Haushalt irrelevant. Solange Haus und Haushalt im modernen Sinne weitgehend zusammenfallen, ist eine gemeinsame Bezeichnung für Baulichkeit und soziale Gruppe möglich. Unser heutiges Wort „Haus" deckt im Allgemeinverständnis jedoch nicht mehr jene soziale Einheit der vorindustriellen Zeit, die wir freilich mit der heutigen Wortbedeutung von „Familie" auch nicht entsprechend einfangen können. Knechte, Mägde, Gesellen, Lehrlinge usw. sind eben für uns keine Familienangehörigen mehr. Der Sozialhistoriker Otto Brunner hat in Anlehnung an den in der 2. Hälfte des 19. Jahrhunderts wirkenden Gesellschaftswissenschaftler W. H. Riehl die Bezeichnung „das ganze Haus" einzuführen versucht. Aber auch das ist keine voll befriedigende Lösung. Das Dilemma ist begrifflich nicht sauber lösbar. Will man Mißverständnisse vermeiden, so wird es am besten sein, durch die historische Entwicklung vielschichtig gewordene Worte zu vermeiden und den gemeinten sozialen Sachverhalt durch Umschreibungen wie etwa „Hausgemeinschaft" oder analoge Wortzusammensetzungen zu fassen.

Der ursprüngliche Zusammenhang Haus-Familie wird in spezifischen Formen von Eigennamen besonders deutlich. Die ältesten Familiennamen sind durchwegs Hausnamen. Zunächst begegnen wir ihnen beim Adel, der sich nach seinen Burgen und wehrhaften Höfen nennt, wobei beim Wechsel des Sitzes anfangs auch ein Namenswechsel der Adelsfamilie eintritt. Dasselbe Phänomen begegnet ebenso im bürgerlichen und im bäuerlichen Bereich. Im Einzelhofgebiet wurden in manchen Gegenden erst im 19. Jahrhundert die Familiennamen fest, und bis heute ist vielfach im Leben der bäuerlichen Gemeinschaft der Hofname zur Benennung einer Person wichtiger als der mitunter gar nicht bekannte Familienname. Die Fixierung von Familiennamen war ja eine Sache der staatlichen Behörden im Zeitalter des aufgeklärten Absolutismus, nicht der ländlichen Lebensgemeinschaften selbst.

Die Trennung von Haus und Familie im 18. Jahrhundert läßt sich auch auf Seite des Hauses an den Eigennamen verfolgen. Das Abkommen der alten Häusernamen ist Ausdruck dieser Entwicklung. Nach französischem Vorbild wird zu der abstrakten Häusernumerierung übergegangen, ein für das Bewußtsein der Zeitgenossen ganz radikaler, einschneidender Prozeß. Die reine Auffindbarkeit des Staatsbürgers steht für die staatliche Bürokratie im Vordergrund. Das zum bloßen Gebäude gewordene Haus wird von den in ihm wohnenden Menschen abstrahiert gedacht. Individuelle Hausnamen halten sich als Relikt in der Regel bloß beim adeligen Haus, beim bäuerlichen Einzelhof, beim Gasthof und bei der Apotheke, bei letzteren in Verbindung mit alten Hauszeichen bzw. Hausmarken, den Symbolen, mit denen sich die Hausgemeinschaft identifizierte, genauso wie die Adelsfamilien mit dem Wappen, das auch oft einen starken Bezug zum Haus aufweist.

Die Ersetzung des Hausnamens durch eine Hausnummer einerseits, die gleichzeitige endgültige Fixierung der Familiennamen in allen Bevölkerungsgruppen andererseits ist Ausdruck der Auflösung des „ganzen Hauses“ im alteuropäischen Sinn, weist zugleich jedoch auch auf ein schon lange vorher mit der Hausgemeinschaft im Selbstverständnis dieser Kleingruppe konkurrierendes Prinzip. Unsere heutigen Familiennamen sind in agnatisch-männlicher Linie festgelegt. Über die Familienzugehörigkeit entscheidet also nicht die Zugehörigkeit zu einem Hause, sondern rein die genealogische Abstammung in der Vaterlinie. Der zweite Grundtyp der Familiennamengebung hängt schon von seinem Ursprung her eng mit dieser Form des Familienverständnisses zusammen, nämlich die patronymischen Familiennamen. Sie führen uns zu einem anderen wichtigen Sozialgebilde, bei dem die verwandtschaftliche Basis eine wesentliche Rolle spielt, nämlich dem Geschlecht.

Das Geschlecht ist eine tatsächliche bzw. geglaubte Abstammungsgemeinschaft von Personen. Das Wort kommt von ahd. „slahan“ – ‚arten, nachschlagen‘. Seine lateinische Entsprechung ist „gens“, auch „stirps“, bzw. „genealogia“. Daneben findet sich die Bezeichnung „familia“ oder „domus“, genauso wie auch das deutsche „Haus“ im genealogisch-verwandtschaftlichen Verständnis gebraucht werden kann. Als sehr wesentlich erscheint es, daß die gemeinsame Herkunft von einem Ahnherren real oder fiktiv sein kann. Für das Geschlecht als soziale Einheit ist das vollkommen gleichgültig. In der Familiennamenübertragung der neueren Zeit spielt der tatsächliche agnatische Zusammenhang natürlich eine viel größere Rolle als früher, obwohl bis heute noch durchaus legal fixiert die Herstellung künstlicher Verwandtschaft vorkommt, nämlich in der Form der Adoption. Das Geschlecht als Sozialgebilde ist von der Hausgemeinschaft grundsätzlich zu unterscheiden. Es ist zwar jeder Mensch in der antiken und mittelalterlichen Gesellschaftsordnung einem Haus zugehörig, aber nicht jeder gehörte zu einem Geschlecht. Zu den „gentes“ zählten in der römischen Frühzeit ursprünglich nur die Patrizier, erst später kam es auch zur

Bildung plebejischer „gentes". Die Plebejer hatten zunächst keine eigene „gens", sondern gehörten zu den „gentes" der Patrizier. Sklaven erhielten bei der Freilassung den Gentilnamen ihrer Herren. Mit der Auflösung der Gentilverfassung kam es auch zu einer Vereinfachung der bis dahin vielgliedrigen römischen Namen. Die „gentes" als geglaubte Abstammungsgemeinschaften wurden durch den gemeinsamen Ahnenkult zusammengehalten. Der Ahnenkult spielt ganz allgemein für das Geschlechtsbewußtsein eine entscheidende Rolle und lebt in völlig säkularisierten Formen als besonders ausgeprägtes Ahnenbewußtsein beim Adel bis heute fort. Durch den Ahnenkult ist das Geschlecht eine Gemeinschaft der Lebenden mit den Toten. Im Zusammengehörigkeitsbewußtsein als Geschlecht spielen jedenfalls die Toten eine große Rolle, ganz im Unterschied zum Selbstverständnis als Hausgemeinschaft. Aus dem Ahnenkult hervorgegangenes Geschlechtsbewußtsein ist wie in der römischen Frühzeit stets auf schmale Führungsgruppen beschränkt. Am stärksten finden wir es in den Fürstenhäusern. Mitunter werden solche Führungsgruppen schlechthin als die „Geschlechter" bezeichnet, z.B. die „Geschlechter" als patrizische Oberschicht mancher Städte oder die „Szlachta" als die polnische Adelsversammlung. Ein Zusammengehörigkeitsbewußtsein auf der Basis gemeinsamer Herkunft hat sich zwar vom Adel und Patriziat ausgehend verbreitet, konnte sich aber gegenüber dem Haus als Basis sozialer Gruppenbildung nicht durchsetzen. Am stärksten sind diese beiden konkurrierenden Prinzipien im Adel in Erscheinung getreten. Die adelige Namengebung, die auf Grund genealogischer Kontinuität am ursprünglich namengebenden Haus, daneben aber auch am jeweils besessenen orientiert ist, zeigt das deutlich (z.B. Hohenlohe–Waldenburg–Schillingsfürst, Waldburg–Zeil–Wurzach).

Sippe

Auch noch in einem anderen Zusammenhang ist eine Abgrenzung notwendig: nämlich gegenüber der Sippe. Die historische Literatur, vor allem die ältere rechtshistorische, unterscheidet eine „feste" und eine „offene Sippe", die vor allem in der germanischen Frühzeit eine besondere Rolle gespielt haben soll, für die aber auch darüber hinaus eine starke Nachwirkung angenommen wird. Als „feste Sippe" wird der auf reiner Männerverwandtschaft beruhende Verband verstanden, also die sogenannten „Schwertmagen" (zum Unterschied von den in weiblicher Linie verwandten „Spindelmagen"). Dieser Begriff deckt sich völlig mit dem des Geschlechts und ist daher als Hilfskonstruktion überflüssig. Die „offene Sippe" hingegen soll die Gesamtheit der Blutsverwandten einer Person umfaßt haben. Sie wird gedacht als von einem „Sippenführer" geleitet, ausgestattet mit einem Sippenrat, der das „Sippenstrafrecht" ausübt. Der Sippe wäre die Vormundschaft über unmündige Kinder und Witwen zugekommen. Nach außen wäre sie ein Verband gewesen, der die Fehde und Blutrache ausübte, der das Wergeld zahlte und Eidhilfe leistete. Zugleich wäre die Sippe ein Siedlungsverband gewesen, wobei der Name der Siedlung auf den Sippenältesten zurückzuführen wäre („ing"-Siedlungen). Bei der Landnahme hätten sich eben jeweils Sippenverbände gemeinsam niedergelassen. Daraus wären später dann die sogenannten „Markgenossenschaften" entstanden. Schließlich wäre die Sippe auch noch eine Heeresabteilung gewesen. Außerhalb der Sippe hätte es kein Recht gegeben. Der Sippenlose wäre nur als Unfreier denkbar gewesen, „mehr einem Wolf als einem Menschen gleichend". Dieses Bild der Sippe, wie es sich zäh in der historischen Literatur hält, ist eine reine Erfindung der Professoren des 19. Jahrhunderts. Auf die ideologischen Hintergründe dieser Konstruktion braucht hier nicht näher eingegangen zu werden. Die einzelnen angeführten Funktionen hat die Forschung im wesentlichen entweder der Hausgemeinschaft oder dem Geschlecht zuordnen können oder überhaupt anderen, den Verwandtschaftszusammenhang übergreifenden Sozialformen. Natürlich schafft Verwandtschaft auch über das Haus und Geschlecht hinaus soziale Beziehungen, etwa in der Mutterlinie. Dadurch entstehen jedoch Beziehungen zwischen Einzelpersonen, nicht dauerhafte soziale Gruppen. Genau das meint auch das germanische Wort „sibb", nämlich ein besonders enges, herzliches Verhältnis, das zwischen Verwandten besteht. Auf Grund solcher Einzelbeziehungen kommt es natürlich zu Kontakten in Verwandtschaftsgruppen, die jedoch stets in ihrer Zusammensetzung wechseln und sich nur aus bestimmten Anlässen kurzfristig konstituieren (z. B. Zeugenreihen einer Urkunde oder Gedenkbucheintragungen). Sippen im Sinne von kognatischen Verwandtschaftsbeziehungen hat es also sicher gegeben. Sie sind jedoch stets wechselnde, fließende Gruppierungen ohne die Dauerhaftigkeit, wie sie dem Haus und bedingt auch dem Geschlecht zukommen. Sie sind in sich nicht strukturiert, weil es in ihnen keine klar umschriebenen Rollen gibt, etwa analog zu Vater, Mutter, Kind, Diener in der Hausgemeinschaft. Der sogenannte „Sippenführer" ist eine Erfindung der Forschung. Es gibt dementsprechend auch keine normierten Rollenbeziehungen, kein spezifisches Rollenverhalten, nur verwandtschaftliches, freundschaftliches Verhalten, so daß die Sippe als Rechtsgebilde nicht existiert, als Sozialgebilde stets wechselnder Zusammensetzung kaum beschreibbar ist. Um Mißverständnisse zu vermeiden, wird man am besten das Wort „Sippe" in der Sozialgeschichte nicht allzuviel gebrauchen. Es ist zumeist durch Haus oder Geschlecht, auf alle Fälle aber durch Verwandtschaft zu ersetzen.

Familientypen der Soziologie

Daß der Begriff „Sippe" gerade für die europäische Frühzeit so gerne und so häufig gebraucht wird, hat freilich einen sozialgeschichtlich beachtenswerten Grund. Wir finden nämlich in frühen Entwicklungsstadien gelegentlich einen Typus sozialer Gruppierung auf verwandtschaftlicher Grundlage, für den unser heutiges Wort „Familie" nicht so ganz passen will, weil der zusammenlebende Verwandtschaftsverband über die Eltern-Kinder-Gruppe hinausgeht. Das Wort „Sippe" hier einzusetzen, war naheliegend, freilich wird damit das Wesen dieser Gruppierung nicht richtig getroffen, weil es sich nicht allein um Verwandtschaft, sondern um Zusammenleben in der Verwandtschaft, um Hausgemeinschaft eines größeren Verwandtschaftskreises handelt. Die soziologische Forschung bezeichnet diesen Typus, der ja bis in die Gegenwart hinein im außereuropäischen Raum vorkommt, als ,,erweiterte Familie" (,,extended family") im Gegensatz zur Kernfamilie (,,nuclear family") und unterscheidet als Untertypen die Mehrgenerationenfamilie (,,generational family") und die ,,Großfamilie" (,,joint family"). Der erste Typ ist gegeben, wenn ein oder mehrere verheiratete Söhne mit Frau und Kindern mit dem Vater zusammenleben, wobei diesem lebenslänglich die Vormundschaft zukommt. Das beste Beispiel dafür ist die klassische römische patriarchalische Familie der Frühzeit. Der zweite Typ charakterisiert das Zusammenbleiben von verheirateten Söhnen nach dem Tod des Vaters in ungeteilter Erbengemeinschaft, wobei sich dieser Vorgang mehrfach wiederholen kann, so daß auch Vettern und Neffen ersten und zweiten Grades dieser Hausgemeinschaft von Verwandten angehören können. Hier ist etwa auf die in manchen Gegenden Frankreichs bei Adel und Bauern verbreitete ,,frérèche" (,,fraternitas" = Brüdergemeinschaft) zu verweisen oder auf die ,,Gemeinderschaften" und Kommunhausungen, wie sie sich besonders im alpinen Raum zum Teil bis in die Neuzeit erhalten haben. Am deutlichsten ausgeprägt begegnet dieser Typus in der südslawischen Zadruga, in der freilich in neuerer Zeit mit zunehmender Lebenserwartung die ,,joint family" zugunsten der ,,generational family" zurückgeht. Solche soziologische Termini sind auch für den Historiker bedingt brauchbar, freilich mit Modifikationen und Präzisierungen. Die Charakteristik als ,,Familie" läßt den Eindruck entstehen, daß diese Gemeinschaften ausschließlich aus Verwandten bestanden, was aber durchaus nicht der Fall war; es gehörten ja auch nichtverwandte Personen des Haushalts dazu, wie Knechte und Mägde. Die Bezeichnung ,,Hausgemeinschaften" trifft daher auch hier die Gesamterscheinung besser, hat aber – ohne erklärenden Zusatz gebraucht – den Nachteil, daß sie den über die Eltern-Kinder-Gruppe hinausgehenden Verwandtschaftszusammenhang in diesem Haushalt nicht ausdrückt. Die soziologische Bezeichnung ,,erweiterte Familie" ist andererseits insofern irreführend, als sie die heutige Kernfamilie als die ursprüngliche Form ansetzt, die sich dann erst im Laufe der Entwicklung ,,erweitert" hätte, was durchaus nicht der Fall sein muß.

Eine ähnliche Absolutsetzung der Kernfamilie kommt in der soziologischen Differenzierung zwischen ,,vollständiger" und ,,unvollständiger Familie" zum Ausdruck, die als wertneutrale Charakteristik bestimmter familialer Konstellationen sicher auch für eine historische Familientypologie von Bedeutung sein kann. Charakterisiert man nur eine aus beiden Elternteilen und Kindern (bzw. Einzelkind) bestehende Gruppierung als ,,vollständig" und spricht bei Fehlen eines Elternteils oder von Kindern von ,,Unvollständigkeit", so setzt man eine gleichbleibende Notwendigkeit des Zusammenlebens bestimmter familialer Rollenträger voraus. Schon in der Gegenwart trifft dies keineswegs für alle Phasen des Familienzyklus in gleicher Weise zu. In historischer Perspektive läßt sich sagen, daß die ,,Vollständigkeit" bestimmter Rollenkonstellationen am Kriterium der jeweiligen Familienfunktionen gemessen werden müßte. Die Kernfamilie als ,,vollständig" zu bezeichnen, ist an den heute dominanten Funktionen von Zeugung und Erziehung des Nachwuchses orientiert und trifft jedenfalls für die Sozialisationsphase zu. Für einen bäuerlichen oder gewerblichen Familienbetrieb vergangener Zeiten, der auf zusätzliche Mitarbeiter angewiesen war, kann in Hinblick auf die dominante Produktionsfunktion eine solche Familienkonstellation durchaus als ,,unvollständig" verstanden werden.

Die Haus- bzw. Haushaltsgemeinschaft als Grundlage einer historischen Familientypologie

Soziologische Termini können dem Historiker bis zu einem gewissen Grad helfen, verschiedene Formen des familialen Zusammenlebens in der Vergangenheit zu beschreiben. Für eine umfassende Charakteristik der vielfältigen Formen historischer Familienkonstellationen reichen sie jedoch bei weitem nicht aus. Dies liegt vor allem daran, daß sie Familientypen einseitig nur nach den Verwandtschaftsbeziehungen der zusammenlebenden Personen differenzieren. Alle von der Familiensoziologie verwendeten Typenbegriffe berücksichtigen innerhalb von Haus- bzw. Haushaltsgemeinschaft nur die durch Blutsverwandtschaft oder Heirat untereinander verbundenen Angehörigen der Gruppe. Für sozialgeschichtliche Analysen von Familienstrukturen ist eine solche Reduktion inakzeptabel. Eine historische Typenbildung, die sich bloß auf die zusammenlebenden Verwandten bezieht, würde der Gruppenrealität familialer Lebensgemeinschaften nicht gerecht, weil sie nach anachronistischen Kriterien Personen ausgliedert, die tatsächlich in einem engen Handlungs- und Bewußtseinszusammenhang gestanden sind. Aus dem Personenverband des „ganzen Hauses" läßt sich eben nicht beliebig eine engere Gruppierung herauslösen, die man dann als die „eigentliche" Familie versteht. Der Historiker wird beim Versuch einer Typenbildung familialer Gruppierungen nach ihrer personalen Zusammensetzung alle Rollenträger innerhalb der Haus- bzw. Haushaltsgemeinschaft zu berücksichtigen haben – gleichgültig, ob sie mit anderen verwandt sind oder nicht. Daß die Verwandtschaftsbeziehung für die jeweilige Konstellation der Kleingruppe im Selbstverständnis der Zeit untergeordnete Bedeutung besaß, läßt sich aus zahlreichen historischen Quellen ersehen, die Familienangehörige nicht nach dem Verwandtschaftsgrad charakterisieren, sondern nach ihrer Rolle im Haus, z. B. Brüder und Schwestern als Knechte und Mägde, Eltern als Altenteiler, Verwandte als Inwohner etc. Dementsprechend muß eine historische Familientypologie zum Unterschied von der soziologischen primär von den Rollen im Haus ausgehen und deren unterschiedliche Kombinationsmöglichkeiten zugrundelegen. Damit gelangt man zu einem weitaus breiteren Spektrum an Typen, für die sich keineswegs jeweils eine klare Kurzbezeichnung finden läßt. Eine differenzierte Beschreibung der Formenvielfalt wird vielmehr sehr komplexe Konfigurationen familialer Rollen anzugeben haben. Wichtig ist, daß solche Typen der Zusammensetzung, wie sie uns in historischen Quellen begegnen, gleichsam nur eine Momentaufnahme aus dem sehr dynamischen Prozeß der Entwicklung der familialen Kleingruppe darstellen. Schon wenige Jahre später kann die Personenkonstellation eine ganz andere sein. Um ein umfassendes Bild von Familienstrukturen zu erhalten, wird man dementsprechend auch typische Prozesse der Veränderung in der Gruppenzusammensetzung zu berücksichtigen haben. Das gilt natürlich genauso für die soziologische Familientypologie. So hatte etwa eine „joint family" als Erbengemeinschaft von Brüdern bis zum Tode des Vaters zumindest hinsichtlich der Generationentiefe einen ganz anderen Charakter. Bei den seitens der Familiensoziologie erstellten Strukturtypen gewinnt man mitunter den Eindruck einer allzu statischen Vorstellung. Dabei ist freilich zu bedenken, daß Familienkonstellationen der jüngeren Vergangenheit und Gegenwart in weit stärkerem Maße über längere Phasen konstant bleiben. Im Vergleich dazu hat es der Sozialhistoriker mit häufig in ihrer Zusammensetzung wechselnden Gruppierungen zu tun. Bei einer weit größeren Rollenvielfalt sind eben auch die Möglichkeiten von Veränderungen in der Rollenkonstellation bedeutend größer.

Probleme der Abgrenzung

Der stärkeren Differenzierung der einzelnen Rollen in historischen Familiengruppierungen entspricht auch eine stärkere Differenzierung im Grad der Integration dieser Rollenträger in den zusammenlebenden Personenverband. Eine sozialgeschichtliche Familientypisierung nach unterschiedlichen Rollenkonstellationen führt damit notwendig zur Frage der Familienabgrenzung, die für historische Formen weniger eindeutig beantwortet werden kann als für heutige.

Bereits in der zentralen Zone der Familie, der Eltern-Kind-Gruppe, sind diesbezüglich die Verhältnisse in der historischen Dimension weitaus komplexer, als sie sich für den Soziologen in der Gegenwart darstellen. Vor allem in ländlichen Gebieten kam es infolge der hohen Mortalität und der wirtschaftlichen Notwendigkeit, eine neue Ehe einzugehen, in weitaus höherem Maße zur Wiederverehelichung von Witwern und Witwen. Dadurch waren Stiefeltern und Stiefgeschwister sehr stark verbreitet. Hatte ein Witwer oder eine Witwe schon aus der ersten Ehe des verstorbenen Partners Kinder übernommen und kam es dann zu einer neuerlichen Heirat, so konnten Konstellationen entstehen, in denen Kinder weder mit den Eltern noch mit einem Teil der Geschwister tatsächlich verwandt waren. Solche Beispiele zeigen deutlich, daß die

Stellung des Sohnes und der Tochter im Haus keineswegs auf Blutsbindungen beruhen muß. Daß sie trotzdem zur Familie zu rechnen sind, ist evident. Dasselbe gilt für Zieh-, Pflege- und Kostkinder. Bei den in manchen Gegenden im 18. und 19. Jahrhundert sehr zahlreichen Ziehkindern konnte es sich um Verwandte des Elternpaares handeln – etwa uneheliche Kinder einer Schwester oder Tochter –, das aber war keineswegs der Regelfall. Auch hier ist offenkundig das Verwandtschaftskriterium für die Zurechnung unmaßgeblich. Entscheidend ist vielmehr die soziale Beziehung. Aufgrund der selbstverständlichen Einschätzung der Sozialisation als Familienfunktion wird uns eine derartige Einbeziehung auch aus heutiger Perspektive gewiß keine Schwierigkeiten machen.

Weniger evident erscheint es im Hinblick auf den Familienbegriff der Gegenwart, wenn Personen aufgrund inzwischen weitgehend verlorener Familienfunktionen als familienzugehörig eingestuft werden. Diese Problematik betrifft vor allem die vielfältigen Formen des Gesindes. In der vorindustriellen Gesellschaft, in der der Familienbetrieb die bei weitem vorherrschende Form der Arbeitsorganisation darstellt, kommt der Produktionsfunktion auch für die Zusammensetzung der Familie entscheidende Bedeutung zu. Die im Familienverband mitlebenden Gesellen und Lehrlinge, Handelsdiener und Ladenmädchen, Knechte und Mägde gehören daher ebenso dieser Gemeinschaft an und sind bei einer Familientypologie nach Rollenkonstellationen mitzuberücksichtigen. Dasselbe gilt natürlich für das nicht unmittelbar der Produktionssphäre zuzuordnende „häusliche" Dienstpersonal im engeren Sinne, den Kammerdiener, Kutscher, Hausknecht, die Köchin, das Stubenmädchen, die Amme, etc. In der Stadt ist das betriebliche und häusliche Personal zumeist nicht mit dem Hausherren und der Hausfrau verwandt. In bäuerlichen Hausgemeinschaften sind solche verwandtschaftlichen Bindungen des Gesindes hingegen sehr häufig. Es kommen Geschwister, Neffen und Nichten, weitschichtige Verwandte, aber auch ehemalige Ziehkinder als Knechte und Mägde vor. Für die Zuordnung zur Familie sind jedoch nicht solche Beziehungen, sondern die spezifische Rolle in der Kleingruppe als Interaktionseinheit entscheidend. Städtische wie ländliche Dienstboten sind in der Regel unverheiratet und kinderlos. Ist dies aber ausnahmsweise nicht der Fall, so stellen sich besondere Abgrenzungsprobleme. Ist der verheiratete Knecht oder die mit ihrem unehelichen Kind zusammenlebende Magd als selbständige Familiengruppierung aufzufassen? Die Frage läßt sich wohl nicht eindeutig beantworten. Die Antwort hängt vom jeweiligen Grad der Integration in den Haushalt des Dienstgebers ab, die beim Gesinde grundsätzlich sehr stark gewesen sein dürfte. Man muß in solchen Fällen wohl eher von einem familialen Subsystem sprechen als von einer eigenständigen Familie. Solche mehr oder minder stark integrierten Subsysteme finden sich ja auch um andere familiale Rollen kristallisiert.

Eine fast ausschließlich im bäuerlichen Milieu auftretende familiale Rolle ist der Altenteiler. Der Einfluß der Institution des Ausgedinges auf die Familienstruktur kann je nach lokalen Erbrechtsformen, Versorgungsregelungen sowie nach Siedlungsweise ganz unterschiedlich sein. Es kann zu einem Einzelausgedinge des verwitweten Altbauern bzw. der verwitweten Altbäuerin kommen, ebenso aber auch zu einem gemeinsamen Ausgedinge eines übergebendes Paares. Wenn der älteste Sohn oder eines der älteren Kinder den Hof übernimmt, so leben dessen noch unmündige Geschwister in der Regel bei ihren Eltern bzw. beim noch überlebenden Elternteil. Auf diese Weise kann es durch die Altenteilsregelung zur Entstehung eines sehr ausgeprägten familialen Subsystems kommen, das aber wohl kaum als selbständige Familie aufgefaßt werden kann. Geht die Stiefmutter oder der Stiefvater ins Ausgedinge, so besteht auch hier keine Blutsverwandtschaft. In manchen Gebieten begegnet häufig die Erscheinung, daß die Hofübergabe überhaupt zwischen nichtverwandten Personen erfolgt. Man wird dann wohl den Altenteiler bzw. die mit ihm zusammenlebenden Personen kaum anders in ihrer Zugehörigkeit zur Hausgemeinschaft zu beurteilen haben als bei leiblicher Verwandtschaft. Wesentlicher für die Frage der Einbeziehung erscheinen die inhaltlichen Regelungen des Übergabevertrages. Es kann hier eine total getrennte Haushaltsführung des Altenteilers bzw. der im Ausgedinge lebenden Personen vorgesehen sein, ebenso aber eine partielle oder totale Integration in den Haushalt des Hofinhabers. Neben dem Kriterium der Haushaltsgemeinschaft scheint auch das der Wohngemeinschaft für die Abgrenzungsproblematik wichtig. Das ,,Leben unter einem Dache" führt sicherlich zu einer stärkeren Integration des Altbauern bzw. der Altbäuerin, ist aber selbst wiederum je nach Hofform in unterschiedlicher Weise integrierend zu denken. Die Hofform hängt stark von der Siedlungsform ab. Bei Einzelhofsiedlung leben die Altbauern häufig in einem getrennten Ausgedingehäuschen. Aber auch in diesem Fall muß nicht notwendig eine selbständige Hausgemeinschaft angenommen werden. Vielfältige andere Integrationsfaktoren wären dabei zu berücksichtigen, vor allem die weitere Mitarbeit am Hof, die zu einer Einbeziehung in die familiale Produktionsgemeinschaft führt. Je vielfältiger sich die Familienfunktionen darstellen, bezüglich derer eine partielle oder totale Teilnahme am familialen Gruppenleben möglich erscheint, desto schwieriger ist also die Frage der Familienzugehörigkeit zu entscheiden.

Diese Problematik stellt sich noch deutlicher bei den sogenannten ,,Inwohnern". Als ,,Inwohner" werden Mitbewohner bezeichnet, die gegen Zahlung von Miete oder Erbringung von Dienstleistungen, vielfach aber wohl auch ohne jegliches Entgelt in der Hausgemeinschaft mitleben. Es kann sich dabei um ledige oder verwitwete Einzelpersonen handeln, ebenso aber auch um Verheiratete oder einzelne Elternteile mit Kindern. In manchen Gegenden werden auch die Altenteiler als Inwohner bezeichnet, was auf fließende Übergänge zwischen diesen beiden Rollentypen innerhalb der Hausgemeinschaft weist. Vielfach werden verheiratete Geschwister oder Verwandte den Inwohnern zugezählt. Auch Knechte und Mägde oder andere häusliche Bedienstete, denen die Eheschließung gestattet wurde, können in dieser Stellung im Hause verbleiben. In den meisten Fällen standen jedoch die Inwohner in keiner derartigen Beziehung zu den Hausinhabern. In ländlichen Gegenden waren sie aber sehr häufig zu einer mehr oder minder starken Mitarbeit am Bauernhof verpflichtet, so daß hier jedenfalls mit einer teilweisen Einordnung in die familiale Arbeitsorganisation gerechnet werden kann. Das Kriterium des ,,Lebens unter einem Dache" war in der Regel gegeben, obwohl auch in Zuhäusern bzw. Ausgedingehäusern sehr häufig Inwohner begegnen. Eine Haushaltsgemeinschaft mit dem Inhaber des Hofes war wohl in der Regel nicht gegeben. Sie unterstanden jedoch gewiß sehr weitgehend dessen hausherrlicher Gewalt. In der Stadt ist im allgemeinen keine starke personale Beziehung zum Hausinhaber anzunehmen. Hier entwickelte sich die Mitbewohnerschaft wohl schon früh zu einem völlig versachlichten Mietverhältnis. Ausnahmen stellen verheiratete Bedienstete des Hausherren dar, etwa Handlungsgehilfen, die mit ihrer engeren Familie im Hause ihres Dienstgebers lebten. Stark schematisiert wird man feststellen dürfen, daß die Integration der Inwohner in die Hausgemeinschaft mit dem Stadt-Land-Gefälle zunahm, ebenso daß sie in älterer Zeit intensiver gewesen sein dürfte als in neuerer.

Typenvielfalt historischer Familienformen

Gerade die Inwohnerproblematik zeigt deutlich, daß eine ,,Definition" von Familie im Sinne einer Abgrenzung des zugehörigen Personenkreises in der historischen Dimension weit mehr Schwierigkeiten aufwirft als für die Gegenwart. Dies ist vor allem durch den grundlegenden Wandel bzw. die Reduktion der Familienfunktionen bedingt. Die der Familie verbliebenen Funktionen beziehen sich heute auf einen relativ klar umschreibbaren Personenkreis. Die größere Funktionsvielfalt historischer Familienformen hingegen hatte auch einen nach Aufgabenstellungen stärker differenzierten Interaktionszusammenhang der in einer Hausgemeinschaft lebenden Personen zur Folge und damit eine mehr oder minder starke Integration der einzelnen Angehörigen dieses Personenverbandes.

Mit der Reduktion der Familienfunktionen erfolgte auch eine Reduktion der familialen Rollentypen. Der relativen Homogenität heutiger Familienformen steht so ein breites Spektrum sehr unterschiedlicher Rollenkonstellationen in historischen Familienformen gegenüber. Es bedarf nicht der kontrastierenden Gegenüberstellung mit völlig andersartigen Familienstrukturen bei sogenannten ,,Naturvölkern", wie sie uns Ethnosoziologen und Anthropologen drastisch vor Augen führen, um die Variationsbreite von Mustern familialen Zusammenlebens erkennen zu können. Ein Blick zurück auf die strukturellen Verschiedenheiten in der Vergangenheit des eigenen Kulturraums vermag das zumindest ebenso gut zu leisten. Der Verfremdungseffekt, den einschlägiges ethnologisches Material auslöst, kann sogar dazu führen, daß man in Konfrontation damit „die europäische Familie" allzu leicht als einen einheitlichen und homogenen Familientypus ansieht und damit zu einer statischen Vorstellung vom Werdegang der eigenen Familienstrukturen gelangt. So hat die Sozialgeschichte der europäischen Familienverfassung sicher eine ganz spezifische Aufgabe: nämlich die radikalen Prozesse des Wandels sowie die vielfältigen zeitlichen und regionalen Differenzierungen der Familienformen in diesem Kulturraum aufzuzeigen. Die Kenntnis der grundlegenden Veränderungen in der Vergangenheit öffnet den Blick für die grundsätzliche Möglichkeit von Veränderungen in der Gegenwart.

Die ständige Veränderung in der Familienstruktur

Die Formenvielfalt sowie der Strukturwandel der europäischen Familienverfassung, wie er sich aus dem Wandel der Familienfunktionen notwendig ergeben hat, zeigen anschaulich, daß auch unsere heutigen Familienformen keineswegs ausschließlich und auch nicht primär von biologisch-naturhaften Faktoren geprägt sein können. Entscheidende Bedingung sind vielmehr stets Veränderungen des gesellschaftlichen Systems, die auch in den Formen des familialen Zusammenlebens zu tiefgreifenden Veränderungen führen. Diese erfolgen freilich in der Vergangenheit und ebenso wohl auch in der Gegenwart mit gewissen Verzögerungserscheinungen. Gerade in Hinblick auf solche Phasenverschiebungen ist es eminent wichtig, die Möglichkeit und die Notwendigkeit von Veränderungen bewußt zu machen. Ein Festhalten an anachronistisch gewordenen Mustern familialen Zusammenlebens kann für den einzelnen wie für die Gruppe zu einer zumindest unnötigen, wenn nicht sogar gefährlichen Beschränkung der Entfaltungsmöglichkeiten führen. Das ständige Anpassen an veränderte gesellschaftliche Bedingungen erscheint so als eine zentrale Aufgabe. Die sozialhistorische Analyse vermag dazu sicherlich manchen Beitrag zu leisten. Das

Relativieren bestehender Strukturen aus der Vergangenheitsperspektive kann das notwendige Bewußtsein der Veränderbarkeit schaffen und zugleich Anstöße zum Alternativdenken geben. Die Beobachtung von Entwicklungstendenzen in der Vergangenheit mag sogar – wird mit der nötigen Vorsicht extrapoliert – gewisse Entwicklungsrichtungen für die Zukunft andeuten. Sicherlich aber vermittelt die Kenntnis historischer Familienformen einen besseren Einblick in die vielfältigen Möglichkeiten der personalen Zusammensetzung dieser Primärgruppe. So mag etwa das Wissen um die Häufigkeit des Zusammenlebens mit nichtverwandten Personen in Familienkonstellationen der Vergangenheit ein Alternativdenken über Familienformen der Zukunft erleichtern. Aus historischer Perspektive lassen sich jedenfalls solche Vorstellungen dann keineswegs als Verstoß gegen die „natürliche Ordnung" abqualifizieren.

Das Sich-Berufen auf die „natürliche Ordnung der Familie", die um jeden Preis zu bewahren wäre, kann seinerseits aus der Sicht der Sozialgeschichte sehr deutlich als ein bloßes Festhalten an einer ganz spezifischen, historisch gewordenen Familienform mit den ihr entsprechenden Verhaltens- und Wertmustern erkannt werden. Die angeblichen überzeitlichen Konstanten lassen sich so als in bestimmten historischen Situationen gesellschaftlich notwendige bzw. günstige, aber durch den sozialen Wandel überholbare Gegebenheiten bestimmen. Das gilt insbesondere für das Modell der patriarchalischen Familienverfassung mit seiner Betonung der „natürlichen Autorität" des Mannes gegenüber der Frau und den Kindern. Gewisse in Phasen der Vergangenheit den gesellschaftlichen Bedingungen adäquate Herrschafts- und Abhängigkeitsverhältnisse als „natürlich" und damit überzeitlich gleichbleibend zu deklarieren, bezweckt die Legitimierung traditionaler Herrschaftsstrukturen – innerhalb der Familie und meist damit verbunden in gesamtgesellschaftlichem Rahmen. Kann der Historiker die ursprünglichen sozialen Bedingungen solcher Verhältnisse nachweisen und aufzeigen, daß sie im Lauf der historischen Entwicklung ihre Bedeutung verloren haben, so schafft er damit die bewußtseinsmäßigen Voraussetzungen für die Verwirklichung von mehr Gleichheit und Partnerschaft.

Michael Mitterauer

Der Mythos von der vorindustriellen Großfamilie

Soziologische Entwicklungsmodelle und ihr ideologischer Hintergrund

Unser heutiges Bild von der historischen Entwicklung der Familie stammt nicht primär aus der Forschungsarbeit der Geschichtswissenschaft. Viel stärker ist dabei der Einfluß der Soziologie. Die Historiker haben sich sehr wenig und, wenn überhaupt, so meist unter sehr einseitigen Aspekten mit diesem Thema beschäftigt. Erst in jüngster Zeit ist auch in der Geschichtswissenschaft ein breiteres Interesse für die historische Entwicklung der Familie entstanden. Für die Soziologie hingegen bildet die Familie schon seit der Mitte des 19. Jahrhunderts einen zentralen Untersuchungsgegenstand.

Bei allen Unterschieden im Ansatz ist den soziologischen Theorien über die Entwicklung der Familie eines gemeinsam: die Annahme einer generellen Grundtendenz von zahlenmäßig umfassenderen zu kleineren Familienformen. Als der für diese Veränderung entscheidende Faktor wird der Prozeß der Industrialisierung angesehen. Eine solche Dichotomie zwischen vorindustrieller Großfamilie und moderner Kleinfamilie beherrscht weithin die diesbezüglichen Darlegungen in soziologischen Handbüchern – und das keineswegs bloß im deutschsprachigen Raum. Dabei wird zumeist angenommen, daß der größere Umfang von Familienformen früherer Zeiten durch die Zahl der im Haushalt mitlebenden Verwandten, insbesondere der Großeltern, bedingt worden sei.

Sehr starke Wirkung ging hinsichtlich solcher Vorstellungen über die Entwicklung der Familie vom Begründer der empirischen Familiensoziologie, dem Franzosen Frédéric Le Play (1806 bis 1882) aus. Seine Auffassung von der sogenannten „Stammfamilie" („famille souche") als einer vorherrschenden Familienform älterer Zeiten hat weite Verbreitung gefunden. In dieser Stammfamilie werden drei Generationen miteinander lebend gedacht: die das Haus besitzenden Eltern, deren ältester Sohn, der das Erbe ungeteilt übernehmen soll, mit seiner Frau und seinen Kindern, sowie dessen jüngere noch unverheiratete Geschwister. Der Stammfamilie stellt Le Play die bloß aus Eltern und Kindern bestehende Kernfamilie – von ihm als „instabile Familie" bezeichnet – gegenüber. Er beschreibt sie als ein Produkt der Industrialisierung bzw. der durch diese geschaffenen gesellschaftlichen Veränderungen.

Le Play war nicht nur empirischer Sozialwissenschaftler, er war auch Sozialreformer. Dasselbe gilt für seinen Zeitgenossen Wilhelm Heinrich Riehl (1823 bis 1897), den Wegbereiter der Familiensoziologie in Deutschland. Ausgangspunkt für die Beschäftigung mit Familienformen der Vergangenheit bildet bei beiden die Kritik an der Gesellschaft der Gegenwart. Die auf die schädigenden Einflüsse von Industrialismus und Individualismus zurückgeführten Krisenerscheinungen des erlebten sozialen Umbruchs sollen durch die Wiederbelebung traditioneller Familienformen und ihres Wertsystems überwunden werden. Von der Wiederherstellung der väterlichen Autorität, der herkömmlichen familialen Bindungen und der in Verfall begriffenen überkommenen Sitten erhoffen sie sich eine Stabilisierung der Gesellschaft. Leitbilder der Neugestaltung aus alten Ordnungen fließen so mit der Analyse der Vergangenheit zusammen. Eigenes politisches Wollen empfängt aus der Geschichte seine Legitimität.

Nicht immer aus der gleichen restaurativen Einstellung, jedoch durchaus aus einem analogen kritischen Verhältnis zur jeweiligen gesellschaftlichen Situation erwachsend, haben auch späterhin vielfach Sozialwissenschaftler das Bild der Familie in der Vergangenheit gezeichnet. Dem Egoismus und Individualismus der modernen Kleinfamilie wird das Verantwortungsgefühl für hilfsbedürftige Angehörige in früherer Zeit gegenübergestellt, den kühl-geschäftlich-unpersönlichen Sozialbeziehungen der Gegenwart die einstmalige starke Bindung an Verwandte, dem Wunsch auf größtmögliche Entfaltung der Eigenpersönlichkeit die früher stärkere Bereitschaft, persönliche Gefühle dem gemeinsamen Wohlbefinden der Familie unterzuordnen, dem Autoritätsverlust die patriarchalische Familienhierarchie, der sexuellen Freizügigkeit die Bereitschaft zur Enthaltsamkeit bei spät heiratenden oder überhaupt ledig bleibenden Familienangehörigen. Zu allen diesen Gegensatzpaaren paßt gut die Vorstellung von komplex strukturierten familialen Großhaushalten der vorindustriellen Zeit, in denen das kinderreiche Ehepaar mit seinen alten Eltern und den unterstützungsbedürftigen Verwandten harmonisch zusammenlebte.

Das herrschende Bild von älteren historischen Familienformen ist aber keineswegs nur von sozialwissenschaftlichen Theorien und der in sie einfließenden Gesellschaftskritik geprägt. Schon vor dem Einsetzen familiensoziologischer Forschung ist in der Romantik und im Biedermeier eine außerordentlich breitenwirksame und dauerhafte Idealvorstellung der Familienordnung vergangener Zeiten entstanden. Künstlerischen Ausdruck fand sie etwa in den Familienbildern Ludwig Richters oder in der bekannten Ballade Gustav Schwabs „Das Gewitter": „Urahne, Großmutter, Mutter und Kind im stillen Stübchen beisammen sind . . ."

Solche romantische Idyllen scheinen vordergründig harmlos. Die dahinterstehende Vorstellungswelt ist es vielfach nicht. Schon bei Le Play und Riehl wurde die Berufung auf die Autoritätsstrukturen historischer Großfamilienformen zur Untermauerung stark antidemokratischer Tendenzen benutzt. Weniger wissenschaftlich orientierte Zeitgenossen und Nachfolger haben sich dieses Mittels in nicht so differenzierter Weise bedient. Nicht zufällig ist die Forderung nach Stärkung der väterlichen Autorität ein stets wiederkehrender Programmpunkt autoritärer und faschistischer politischer Bewegungen. Die Verklärung der patriarchalischen Großfamilie und der mit ihr verbundenen Abhängigkeitsverhältnisse idealisiert dann im Gegenwartsinteresse als historisch geglaubte Vorbilder. In derartigen Familienleitbildern steckt eine Vielfalt gefährlicher Ansätze. Neben der latenten Demokratiefeindlichkeit sind es vor allem antiemanzipatorische Ideen hinsichtlich der Stellung der Frau. In der streng männerrechtlichen Ordnung der paternalistisch strukturierten Großfamilie kommt ihr nur ein minderberechtigter Platz zu. Die Stammfamilienkonzeption Le Play'scher Prägung verrät auch hinsichtlich der Stellung der Söhne durch die Bevorzugung des

Erstgeborenen antiegalitäre Züge. Strukturelle Anknüpfungspunkte haben die Propagandisten historischer Großfamilienformen am ehesten in der Agrargesellschaft gefunden. Von traditionellen Ordnungen der bäuerlichen Familie erwarten sie daher eine Erneuerung. Das führt sie zu einer Aversion gegen städtisch-industrielle Lebensformen im allgemeinen. Recht häufig und keineswegs zufällig findet sich jenes Merkmalsyndrom: auf der einen Seite Klage über die von den städtischen Zentren ausgehende „Dekadenz", Kulturpessimismus, grundsätzlich antimodernistische Einstellung: auf der anderen Glorifizierung vermeintlich historischer Familienformen mit starker Autoritätsabhängigkeit, deren Relikte man in ländlichen Rückzugsgebieten zu finden glaubt.

So hat das herrschende Bild der Familienorganisation vergangener Zeiten eine Menge möglicher ideologischer Implikationen. Sie können immer wieder reaktiviert und aktualisiert werden. Die allgemeine Tendenz, die Familie als eine naturhaft vorgegebene Ordnungsform zu sehen, die es daher in überkommenen Formen zu erhalten bzw. wiederherzustellen gilt, verstärkt solche Gefahren. Unter diesem Aspekt erscheint die Kenntnis der tatsächlichen Größenverhältnisse und Strukturen von Familienformen der Vergangenheit für das gesellschaftliche Bewußtsein der Gegenwart von nicht zu unterschätzender Bedeutung. War die Großfamilie als Lebensgemeinschaft mehrerer Generationen in vorindustrieller Zeit tatsächlich generell die dominante Form? War sie es unverändert bis weit zurück in frühe Zeiten der europäischen Gesellschaftsentwicklung – gleichsam als eine anthropologische Konstante? Oder handelt es sich um eine Verallgemeinerung partieller Erscheinungen, die aus jeweils spezifischen sozialen Bedingungen erklärbar sind – um einen Mythos, der Spezielles generalisiert und im Interesse sozialpolitischer Zielvorstellungen der Gegenwart idealisiert?

Ergebnisse historisch-statistischer Analysen

Die von der Familiensoziologie behauptete Reduktion von Großfamilien zu Kleinfamilien im Zuge der Industrialisierung ist ein statistisch überprüfbares Phänomen. Das beste Datenmaterial liegt diesbezüglich für das klassische Land frühindustrieller Entwicklung, nämlich für England vor. Bis zurück ins 16. Jahrhundert wurden hier auf der Basis von umfassenden Stichproben – vor allem aus ländlichen Gemeinden – durchschnittliche Haushaltsgrößen berechnet. Nur von der Haus- bzw. Haushaltsgemeinschaft her ist die Familie eine abgrenzbare und damit quantitativ erfaßbare soziale Gruppe. Das Netz der darüber hinausgehenden Verwandtschaftsbeziehungen läßt sich nicht limitieren und wechselt von Bezugsperson zu Bezugsperson. Die für die vorindustrielle Zeit berechneten durchschnittlichen Haushaltsgrößen ergaben tatsächlich gewisse Differenzen gegenüber den heutigen; der Unterschied ist jedoch nicht besonders eindrucksvoll. Während im 16., 17. und 18. Jahrhundert die Mittelwerte ziemlich gleichbleibend 4,75 Personen ausmachten, beträgt der Durchschnitt für die Gegenwart 3,04. Von einer vorindustriellen Großfamilie läßt sich im Hinblick auf diese älteren Daten kaum sprechen. Ein anderer Gesichtspunkt erscheint jedoch noch viel wesentlicher: zu einer Verkleinerung der Familienhaushalte kam es keineswegs mit dem Einsetzen der Industrialisierung. Im Gegenteil, in einigen ländlichen Industriegebieten läßt sich sogar im Lauf des 19. Jahrhunderts eine gewisse Zunahme beobachten. Der starke Abfall der durchschnittlichen Haushaltsgrößen setzt erst zu Beginn des 20. Jahrhunderts ein. Er hängt wohl mit den verbesserten Wohnverhältnissen, der Zunahme von Einzelhaushalten und dem Rückgang der Kinderzahlen zusammen. Diese für England beobachtete Entwicklung ist keineswegs ein isoliert dastehendes Phänomen. Auch in Wien betrug beispielsweise die durchschnittliche Haushaltsgröße 1890 noch 4,68, 1900 4,4, 1910 4,11 und sank dann erst in den folgenden Jahrzehnten auf 2,9 im Jahre 1934, 2,38 im Jahre 1951 und 2,32 im Jahre 1961. Ein direkter Zusammenhang zwischen Industrialisierungsprozeß und Reduktion der in einem Haushalt zusammenwohnenden Personen läßt sich in keiner der westlichen Industrienationen beobachten.

Mittlere Haushaltsgrößen, wie wir sie heute in Westeuropa finden, lassen sich in größeren Städten hier schon in vorindustrieller Zeit nachweisen. So hatte Antwerpen 1755 denselben Durchschnittswert von 3,04 Personen wie England heute. Brüssel lag zur selben Zeit mit 3,2 etwas darüber. Der Unterschied zwischen Stadt und Land läßt sich diesbezüglich schon bis ins ausgehende Mittelalter zurückverfolgen. In Florenz lebten 1427 3,8 Personen in einem Haushalt zusammen, im Umland der Stadt 5,1. Stellt man städtische Durchschnittswerte des vorindustriellen Europa mit solchen unserer heutigen, weitgehend verstädterten Gesellschaft zusammen, so treten Differenzen noch stärker zurück. Stichproben aus ländlichen Gebieten bringen für das 17. und 18. Jahrhundert recht unterschiedliche Daten. Die Durchschnittswerte liegen in den meisten Regionen West- und Mitteleuropas zwischen 4 und 5,5, steigen aber in manchen Gegenden auch bedeutend darüber hinaus an. Auffallend hohe Mittelwerte zeigen Beispiele aus dem ost- und südosteuropäischen Raum.

Ein Vergleich durchschnittlicher Haushaltsgrößen beinhaltet freilich gewisse Unsicherheitsfaktoren. Nicht immer gehen Bearbeiter lokaler Bevölkerungsverzeichnisse hinsichtlich der Abgrenzung familialer Gruppen von analogen Kriterien aus. Und nicht immer läßt sich die Frage der Zugehörigkeit von Personen zu diesen Gruppen mit gleicher Eindeutigkeit beantworten. Über Eltern und Kinder hinaus werden Verwandte generell miteinbezogen. Auch an der Zurechnung von Gesinde besteht im allgemeinen kein Zweifel. Problematisch ist die Situation bei anderen nichtverwandten Mitbewohnern, vor allem wenn sie selbst verheiratet sind und Kinder haben. Für die Frage der Zurechnung müßten funktionale Kriterien entscheidend sein wie etwa Gemeinsamkeit der Produktion oder Konsumtion. Darüber ist aus Bevölkerungslisten selbst meist wenig zu erschließen. So bleiben Vergleiche durchschnittlicher Haushaltsgrößen immer etwas fragwürdig. Sie können für die hier interessierende Frage auch nur zu einer ersten Orientierung dienen. Viel wesentlicher ist dafür die innere Struktur der jeweils zusammenlebenden Gruppen.

Geht man von der Generationentiefe historischer Familienkonstellationen aus, so sind die diesbezüglich eindrucksvollsten Beispiele bisher aus Rußland überliefert. In einer Bevölkerungsliste aus der großrussischen Provinz Rjasan von 1814 finden sich nur 33,5% Ein- und Zweigenerationenfamilien, dafür 59,0% Familien, die sich über drei und 7,5%, die sich sogar über vier Generationen erstrecken. Letzteres ist ein Phänomen, das in Mittel- und Westeuropa zu den ganz seltenen Ausnahmen gehört. Dort erreichen vielfach die Dreigenerationenfamilien nicht einen Anteil, wie er sich hier für Viergenerationenfamilien ergibt. Die Hausgemeinschaften umfassen im Durchschnitt etwa 10 bis 11 Personen. Die meisten gruppieren sich um mehrere Ehepaare als Familienkerne. Dabei handelt es sich sowohl um Nachkommen als auch um Seitenverwandte des Familienoberhaupts. Ein wesentlicher Grund für die Entstehung dieser hochkomplexen Familienkonstellationen dürfte das in weiten Gebieten Rußlands übliche System der periodischen Umverteilung des Gemeindelands gewesen sein. Bei der Berechnung der Anteile wurde nämlich von der Anzahl der verheirateten Männer pro Haus ausgegangen.

Sehr umfangreiche Familienverbände mit komplexer Struktur sind für den osteuropäischen Raum auch aus dem Baltikum nachgewiesen. Zwei Beispiele aus Estland von 1683 und aus Litauen von 1797 zeigen einen Anteil von 41 bzw. 64% Familien, die um zwei oder mehr Ehepaare gruppiert sind. Dazu kommen je 11% um Verwandte erweiterte Familien. Ein Zusammenleben von Angehörigen dreier Generationen ist bei 26 bzw. 43% dieser Hausgemeinschaften gegeben. Auch hier spielt neben der linealen die laterale Erstreckung der Familien eine große Rolle. Besonders bemerkenswert erscheint die Häufigkeit verheirateter Knechte, die ein familiales Subsystem bilden. In sehr vielen Fällen handelt es sich bei ihnen wiederum um Verwandte des Hausherrn oder der Hausfrau.

Das wohl bekannteste und meist untersuchte Beispiel ländlicher Großfamilien ist die sogenannte Zadruga im Balkanraum. Sie kommt in Kroatien, Bosnien, Serbien, Montenegro, Albanien, Mazedonien und Bulgarien vor und stellte in historischen Zeiten in weiten Gebieten den vorherrschenden Familientypus dar. Bemerkenswert erscheint vor allem die ungewöhnliche Erweiterungsfähigkeit dieser Großfamilienform. Im 19. Jahrhundert wurden Zadrugas mit bis zu 80 Angehörigen beobachtet. Das war natürlich nicht der Regelfall. Hausgemeinschaften mit 20 bis 30 Mitgliedern aber kamen damals keineswegs selten vor. Nach einer Zählung von 1863 lebten in einer Reihe untersuchter Ortschaften 70–90% der Bevölkerung im Familien mit mehr als 6 Personen. Quantitative Daten über Zadrugas lassen sich bis zurück ins 14. Jahrhundert erheben. In einer Liste von 1330 finden sich in den typischen Großhaushalten 7 bis 11 erwachsene Männer, was etwa 16 bis 25 Familienmitgliedern entspricht. Die erwachsenen verheirateten Männer, um die sich die Großfamilie anordnete, gehörten prinzipiell zu einem patrilinearen Geschlechtsverband. Diese Rolle des Mannesstammes für die Familienzusammensetzung ist ein besonderes Strukturmerkmal der Zadruga und hat sicher mit dem ausgeprägten Ahnenbewußtsein zu tun, das sich bei den südslawischen Völkern findet.

Großfamilienformen waren auch in manchen Gebieten Ungarns stark verbreitet. Zwei Dörfer mit einem Anteil von 31 bzw. 32% an Dreigenerationenfamilien sowie 39 bzw. 36% an komplexen Familien mit mindestens zwei Kernen mögen dies für das ausgehende 18. und frühe 19. Jahrhundert illustrieren. Freilich finden sich im ungarischen Raum auch extreme Gegenbeispiele. Zwei Bevölkerungslisten aus der Mitte des 16. Jahrhunderts zeigen nur 2 bzw. 3% Dreigenerationenfamilien. Anderes Material aus späterer Zeit läßt ebenso auf sehr unterschiedliche Verhältnisse schließen.

Wenig Einheitlichkeit zeigt auch das bisher für Italien bearbeitete Material. Ländlichen Gemeinden mit nur 9 oder 11% komplexen Haushaltsgemeinschaften stehen drei Orte der Toskana mit den sehr hohen Werten von 44, 39 und 45% solcher Familienformen gegenüber. Diese Daten stammen aus dem 18. Jahrhundert. Nach dem „catasto“ der Toskana von 1427 betrug der höchste Anteil an komplexen Familienformen in ländlichen Gebieten jedoch nur 20%.

Hinsichtlich der vorherrschenden Familienformen relativ gut dokumentiert ist der französische Raum. Es zeichnet sich hier immer deutlicher ab, daß in weiten ländlichen Gebieten Süd- und Mittelfrankreichs um Verwandte erweiterte bzw. komplexe Familientypen dominierten. Bei diesen handelt es sich keineswegs bloß um Dreigenerationenfamilien. Relativ häufig begegnet das Zusammenleben mehrerer verheirateter Brüder, die sogenannte „frérêche". Hohe Anteile erreichen die komplexen Familien vor allem in Gebieten des Limousin, wo in manchen Gemeinden über 40% der Familien nicht mononuklear sind. Für die Entstehung von komplexen Familienformen in Süd- und Mittelfrankreich dürfte der grundherrschaftliche Einfluß sehr entscheidend gewesen sein. Auch das Vorherrschen des Einzelerbrechts wird als Erklärungsfaktor genannt.

Nördlich der Loire sind die Verhältnisse ganz anders. Hier dominiert eindeutig die Kernfamilie. So zeigen zwei Bevölkerungslisten aus dem 18. Jahrhundert 76 und 81% einfache Familienhaushalte ohne jede Erweiterung um Verwandte. Die komplexen Familienformen betragen nur 3 und 2%. Angehörige von drei Generationen leben bloß in 8 bzw. 5% der Familien zusammen.

Nordfrankreich gehört offenbar zu jener weiten Zone West- und Mitteleuropas, in der auch im ländlichen Raum bis weit zurück in vorindustrielle Zeit Mehrgenerationenfamilien eine relativ geringe Rolle gespielt haben. Am besten erforscht ist diesbezüglich England. In hundert Gemeinden, für die Bevölkerungslisten vom ausgehenden 16. bis ins 19. Jahrhundert untersucht wurden, stieg der Anteil der komplexen Familien nicht über 5%, der der erweiterten nicht über 20%. Für die Dreigenerationenfamilie wurde aus einem umfassenden Sample ein Durchschnittswert von 5,7% errechnet.

Für die Niederlande ergaben umfangreiche Untersuchungen ziemlich ähnliche Ergebnisse. Auch belgische Beispiele passen in dieses Bild. Für Deutschland liegen noch nicht sehr viele Analysen vor. Sie zeigen jedoch bisher keine grundsätzlich abweichenden Resultate. Daß die Zone, in der schon in vorindustrieller Zeit

Mehrgenerationenfamilien relativ schwach vertreten waren, ganz Mitteleuropa durchzieht, wird durch die Verhältnisse in Österreich wahrscheinlich gemacht.

Das hier untersuchte Material ist ähnlich umfangreich wie das englische. Es reicht vom ausgehenden Mittelalter bis ins 20. Jahrhundert. Der Anteil von Familien, in denen Angehörige von drei Generationen zusammenleben, ist nach diesen Quellen ziemlich gering. Die höchsten Prozentsätze begegnen in Gebieten mit einer reichen Bauernschaft. Die Beobachtung, daß das Zusammenleben mit den alten Eltern bzw. mit Verwandten schichtspezifisch sehr unterschiedlich ist, trifft sich mit den Ergebnissen von Untersuchungen aus anderen Räumen. In ländlichen Unterschichten fehlen Dreigenerationenfamilien fast völlig. Ziemlich klar ergibt sich aus dem österreichischen Material, daß der Anteil von komplexen und erweiterten Familien mit zunehmender Zentralität einer Siedlung sinkt. In Städten ist er minimal. Auch dieser Stadt-Land-Unterschied ist eine generelle Erscheinung, die durch parallele Untersuchungen aus anderen Gebieten bestätigt wird. Trotz der relativ geringen Zahl komplexer und erweiterter Familien ergeben sich aus den österreichischen Quellen mitunter recht hohe durchschnittliche Personenzahlen pro Haus bzw. Haushalt. Das ist vor allem aus dem ziemlich hohen Gesindeanteil zu erklären.

Soweit die bisherigen Forschungen allgemeine Aussagen im europäischen Vergleich zulassen, kann gesagt werden, daß mehrgenerationale und sonstige um Verwandte erweiterte Familientypen schon in vorindustrieller Zeit in weiten Gebieten West- und Mitteleuropas relativ selten waren. Dies wird vor allem im Gegensatz zu den Verhältnissen in Ost- und Südosteuropa deutlich. Sicher ist es ein Problem, inwieweit Prozentsätze in Einzellisten über das Vorherrschen bestimmter Familienstrukturen Aufschluß geben können. Personenstandserhebungen stellen gleichsam Momentaufnahmen dar. Familienstrukturen werden aber erst im Ablauf des Familienzyklus voll sichtbar. Die Überlegung, daß Dominanz einer Familienstruktur nicht bedeuten könne, die gesamte Bevölkerung eines bestimmten Gebiets müsse zum Zeitpunkt der Personenstandserhebung in derartigen Familienkonstellationen leben, ist sicher richtig, ebenso der Hinweis, daß die Zusammensetzung aus Angehörigen von drei Generationen von den jeweiligen Phasen des Familienzyklus abhänge. So werden etwa in Familien von Jungbauern knapp nach der Hofübergabe viel häufiger Eltern oder Elternteile zugegen sein als in Familien von Bauern zwischen 50 und 60. Daraus den Schluß zu ziehen, daß auch bei geringem Anteil von Mehrgenerationenfamilien in Einzellisten für eine Population von Stammfamilienstruktur gesprochen werden könne, erscheint aber wohl auch nicht gerechtfertigt. Eine einzelne Personenstandserhebung zeigt eben in einem einigermaßen repräsentativen Querschnitt, wie zahlreich und damit auch wie dauerhaft in der betreffenden Bevölkerung Familienzyklusphasen auftreten, in denen Angehörige mehrerer Generationen zusammenleben. In Gesellschaften, in denen das Haus in der Familie weitergegeben wird, ist es an und für sich naheliegend, daß es zu einer gemeinsamen Lebensphase eines jungen Paares mit zumindest einem Elternteil kommt. Solche Konstellationen können sicher nicht bei sehr hohem und sehr niedrigem Anteil in gleicher Weise als Zeichen von Stammfamilienstruktur gewertet werden. In weiten Gebieten Mittel- und Westeuropas war in bäuerlichen Familien die Phase des Zusammenlebens der Generationen relativ kurz und relativ selten. Ein dauerhaftes Nebeneinander, wie wir es in anderen Räumen finden, wurde hier offenbar nicht angestrebt, wohl sogar bewußt vermieden. Das ist das entscheidende Strukturmerkmal, das es zu erklären gilt.

Stammfamilie und Ausgedingefamilie

Von den Ablaufphasen des Familienzyklus her gesehen scheint hinsichtlich des Zusammenlebens von Angehörigen dreier Generationen noch eine andere Differenzierung angebracht. Um Stammfamilienformen im engeren Sinn handelt es sich, wenn in einer Mehrgenerationenfamilie die Autoritätsposition in der ersten Generation liegt. Die Angehörigen der zweiten und dritten unterstehen dann der hausherrlichen Gewalt des Patriarchen. Dies ist etwa bei linear erstreckten Formen der Zadruga der Fall, ebenso auch in manchen Gebieten Südfrankreichs. Eine andere Form der Dreigenerationenfamilie erscheint durch das bäuerliche Ausgedinge charakterisiert. Die Einrichtung des Ausgedinges findet sich im Mittel- und Westeuropa weit verbreitet – von Irland bis in die Sudetenländer, von Norwegen bis in den Alpenraum. Wo der Altbauer bzw. dessen Frau bereits im Ausgedinge lebt, liegt die familiale Autoritätsposition in der mittleren Generation. Das bedeutet aber gegenüber der eigentlichen Stammfamilienstruktur einen wesentlichen Unterschied, der in der Diskussion über historische Großfamilienformen häufig vernachlässigt wird. Von der Personenkonstellation her besteht etwa die markante Differenz, daß bei diesem Typus vielfach nur die überlebende Mutter die erste Generation bildet, während bei der Stammfamilienstruktur der Hausvater an der Spitze der Generationenfolge steht. Für die Art der innerfamilialen Beziehungen erscheint es besonders bedeutungsvoll, daß in der Stammfamilie der schon erwachsene und verheiratete Sohn der hausväterlichen Gewalt unterworfen ist, ebenso die Schwiegertochter. Bei den in Mittel- und Westeuropa hauptsächlich verbreiteten Formen der Dreigenerationenfamilie kommt es in der Regel nicht zu solchen Abhängigkeitsverhältnissen. Dafür kann bei ihnen das Zusammenleben mit den alten Eltern belastet sein. Die Situation der Altbauern im Ausgedinge ist ja keineswegs durchgehend so glücklich zu denken, wie das in idealisierenden Bildern von der Altenversorgung in der bäuerlichen Hausgemeinschaft vielfach dargestellt wird.

Den entscheidenden Unterschied zwischen den beiden Grundtypen der Mehrgenerationenfamilie bildet also die Möglichkeit, die Hausherrenposition noch zu Lebzeiten an den Nachfolger zu übergeben. Diese Ablöse ist vor allem für die bäuerliche Bevölkerung von Bedeutung. Die Einrichtung des Ausgedinges hat ursprünglich ökonomische Wurzeln. Sie soll die Wirtschaftsführung durch einen Hausherrn garantieren, der im Vollbesitz seiner körperlichen Kräfte ist. Das liegt vor allem im Interesse des Grundherrn. Er will im Hinblick auf die Abgabenleistung eine geordnete Wirtschaftsführung sichergestellt haben. Inwieweit sich Altenteilsregelungen in einem Gebiet durchsetzen, hängt freilich von vielfältigen Faktoren ab: Etwa von den lokalen Erbrechtsgewohnheiten: bei geschlossener Güterfolge ist das Ausgedinge viel häufiger als bei Freiteilbarkeit; von der Gutsgröße: bei Großbauern kann der Hof leichter und früher übergeben werden als bei mittleren und kleineren; von der lokalen Wirtschaftsweise, von der Agrarkonjunktur etc. Dadurch kommt es zu vielfachen Differenzierungen, die die Häufigkeit des Auftretens bäuerlicher Mehrgenerationenfamilien stark beeinflussen.

Die Einrichtung des Ausgedinges reicht in Mittel- und Westeuropa bis weit ins Mittelalter zurück. Durch den Industrialisierungsprozeß wurde sie in ihrer Bedeutung nicht im geringsten gemindert. Er war für sie ohne Einfluß. Das Schlagwort von der „vorindustriellen Großfamilie" könnte also bestenfalls so verstanden werden, daß – durch die Industrialisierung mitbedingt – der Anteil der Agrarbevölkerung und damit auch der für sie typischen Familienformen zurückging. Freilich läßt sich feststellen, daß gerade im Industrialisierungszeitalter der Anteil der Dreigenerationenfamilien anstieg. Die Ursache dieses Phänomens liegt allerdings nicht in Veränderungen der Erwerbsstruktur. Der bewirkende Faktor ist vielmehr die in dieser Zeit ansteigende Lebenserwartung. Sie hatte nicht nur in ländlichen Gegenden eine Zunahme der Ausgedingefamilien zur Folge, sondern ließ auch in manchen Städten und Industriegebieten den Anteil von Dreigenerationenfamilien anwachsen.

Demographische Bedingungen

Der Faktor Lebenserwartung führt uns zu der Frage, wieweit denn in vorindustrieller Zeit überhaupt von den demographischen Voraussetzungen her in West- und Mitteleuropa die Möglichkeit für ein längeres Zusammenleben in Dreigenerationenfamilien bestand. Die dafür entscheidenden Daten sind einerseits eben die durchschnittliche Lebenserwartung, andererseits der Generationenabstand gegenüber dem den Haushalt übernehmenden Kind. Für letzteren sind wiederum das durchschnittliche Heiratsalter, die Geburtenfolge, die Überlebenschancen der Kinder sowie die spezifischen Erbrechtsgewohnheiten maßgeblich.

Die durchschnittliche Lebenserwartung ist in Mitteleuropa im letzten Jahrhundert um 30 Jahre gestiegen, bei den Männern von 35 auf 65, bei den Frauen von 38 auf 68. Mit diesen Zahlen ist freilich in unserem Falle nichts anzufangen, da sie durch die hohe Kindersterblichkeit zustande kommen. Für die Frage eines möglichen Zusammenlebens von Angehörigen mehrerer Generationen ist nur das mittlere Sterbealter der Verheirateten von Interesse. Es lag beispielsweise in Frankreich im 16. und 17. Jahrhundert zwischen 55 und 60 Jahren. Das durchschnittliche Heiratsalter war gleichzeitig im Norden des Landes etwa 25–30 Jahre. Es lag bei Männern etwas höher als bei Frauen. Nähme man an, daß bereits nach einem Ehejahr ein Kind zur Welt kommt, dieses Kind ein Sohn ist, überlebt, als Erbe im väterlichen Haus bleibt und selbst wiederum nach einem Ehejahr Vater wird, so bestünde selbst in diesem Fall also nur für relativ kurze Zeit die statistische Möglichkeit, daß Großvater, Vater und Kind in einem gemeinsamen Haushalt wohnen. Eine solche Berechnung berücksichtigt allerdings nicht, daß eine Reihe zusätzlicher Faktoren die tatsächlichen Generationenabstände bedeutend erhöhen konnten. Zunächst ist die hohe Sterblichkeit von Kindern und Jugendlichen zu bedenken. In Frankreich erreichten damals nicht viel mehr als die Hälfte der Geborenen ihr 20. Lebensjahr. Meist überlebte also erst das zweite oder dritte Kind. Der Abstand zwischen den einzelnen Geburten ist jedoch in der Landbevölkerung ebenso wie in den städtischen Mittel- und Unterschichten mit etwa zwei Jahren anzunehmen. Auf die Gründe für eine schnellere Geburtenfolge in den Oberschichten wird noch zurückzukommen sein. Im Hinblick auf die höhere Säuglingssterblichkeit bei Knaben war die Chance, daß es sich beim ersten überlebenden Kind um einen Knaben handelte, unter 50 Prozent. Diese Verzögerungsfaktoren muß man nun bei der Frage nach der Möglichkeit eines Zustandekommens von Dreigenerationenfamilien dupliziert sehen. Dazu kommt noch, daß in vielen ländlichen Gegenden nicht der älteste, sondern der jüngste Sohn erbte. Bei einer solchen Minoratserbfolge ist dann der Generationenabstand auf den jüngsten Sohn einzukalkulieren. Gegenüber dem jüngsten Sohn ergab sich aber seitens des Vaters meist ein weit größerer Altersunterschied als heute. Der Abstand zwischen Erst- und Letztgeborenem betrug häufig bis zu 20 Jahren und darüber. Die Kinder stammten gerade im bäuerlichen Milieu vielfach aus mehreren Ehen des Vaters. Die Wiederverehelichung nach dem Tod der Frau war hier eine wirtschaftliche Notwendigkeit. Überhaupt haben Zweit- und Drittehen in der alteuropäischen Gesellschaft eine viel größere Rolle gespielt als heute – trotz des Fehlens der Scheidungsmöglichkeit. Das Motiv der bösen Stiefmutter in unseren Märchen hat in diesem Heiratsverhalten seine Grundlage. Gegenüber der zweiten oder dritten Frau bestand seitens des Mannes fast immer ein bedeutender Altersunterschied, so daß sie ihn in der Regel um einiges überlebte. Bei den in Dreigenerationenhaushalten mitlebenden Angehörigen der Großelterngeneration handelte es sich vielfach um solche Witwen nach einer Zweit- oder Drittheirat, die dann mit dem Hausherrn und seiner Familie mitunter gar nicht blutsverwandt waren.

Das europäische Heiratsverhalten

Die Überlegungen, die an Hand demographischer Daten zur Frage der Möglichkeit eines Zustandekommens von Mehrgenerationenfamilien angestellt wurden, sind einerseits von biologischen, andererseits von sozialen Voraussetzungen ausgegangen. Unter den letzteren ist das Heiratsalter die zentrale. Über das durchschnittliche Alter zum Zeitpunkt der ersten Eheschließung in der alteuropäischen Gesellschaft herrschen vielfach irrige Vorstellungen. Allzusehr ist unser diesbezügliches Bild von den Fürstenhochzeiten geprägt, bei denen freilich ganz andere Faktoren mitspielten als bei der Masse der Bevölkerung. Politische Allianzen wurden durch Eheverabredungen abgesichert, bei denen die Betroffenen vielfach noch Kinder waren. Auch die tatsächliche Eheschließung erfolgte unter diesem Aspekt oft schon sehr früh. Ökonomische Hindernisse standen ihr nicht entgegen. Die Sicherung des Fortbestandes der Dynastie stellte ein anderes Motiv für frühzeitige Verehelichung dar. Solche Motive aber spielten nur bei den Herrscherhäusern eine derart gewichtige Rolle. Bereits in der adeligen Oberschicht finden wir in der Regel ein ganz anderes Heiratsverhalten. Literarische Zeugnisse vermitteln hier manchmal ein ganz falsches Bild. Wenn in Shakespeares „Romeo und Julia" die Lady Capulet zu ihrer vierzehnjährigen Tochter sagt: „Well, think of marriage now; younger than you, here in Verona, ladies of esteem, are made allready mothers: by my count I was your mother much upon these years that you are now a maid", so handelte es sich dabei keineswegs um ein typisches Muster des Heiratsverhaltens in der vorindustriellen Welt. Die Bauern, Handwerker, Kaufleute, zu einem Großteil auch die Adeligen heirateten damals keineswegs im Durchschnitt früher als die Menschen der modernen Industriegesellschaft. Im Gegenteil, im großen und ganzen war ein bedeutend späterer Heiratstermin üblich. Das gilt jedenfalls für jene Gebiete Mittel- und Westeuropas, in denen die Mehrgenerationenfamilie selten auftritt. So ergab ein Sample ausgewählter englischer Gemeinden aus der Zeit zwischen dem ausgehenden 16. und dem ausgehenden 18. Jahrhundert, daß in der Altersgruppe der 20–24jährigen nur 16% der Männer und 18% der Frauen verheiratet waren. Für die Altersgruppe der 25–29jährigen betrugen die Vergleichswerte 46 und 50%. Eine Reihe österreichischer Beispiele aus dem 17. und 18. Jahrhundert zeigt für die Gruppe der Männer zwischen 20 und 24 Jahren nirgends mehr als 13% Verheiratete, meist unter 10%, für die gleichaltrigen Frauen in einem einzigen Fall 30%, sonst fast durchgehend unter 20%. Für Nordfrankreich ergaben Analysen der Pfarrmatrikeln ländlicher Gemeinden für die vorindustrielle Zeit Durchschnittswerte von etwa 25 Jahren für das Heiratsalter der Frauen, etwas darüberliegend für das der Männer. In Südfrankreich – einem Verbreitungsgebiet komplexer Familienformen – liegen die Vergleichswerte tiefer. Besonders auffallend ist jedoch der Kontrast zu Südost- und Osteuropa. In Belgrad waren 1733/34 in der Altersgruppe der 20–24jährigen bereits 33% der Männer und 92% der Frauen verheiratet. Auf jener Domäne in der großrussischen Provinz Rjasan, wo Familien mit so auffallender Generationentiefe anzutreffen waren, lag das Heiratsalter besonders tief. Von den Männern heiratete der höchste Prozentsatz schon mit 16, von den Frauen bereits mit 15 Jahren. Es kommt in diesen Zahlen ein grundlegender Unterschied im Heiratsverhalten zum Ausdruck, der sich bis in neuere Zeit zwischen den Ländern West- und Mitteleuropas einerseits, Ost- und Südosteuropas andererseits verfolgen läßt. Das west- und mitteleuropäische Heiratsmuster, vereinfachend „European marriage pattern" bezeichnet, ist weltweit einzig dastehend, das ost- und südosteuropäische hingegen entspricht viel stärker den außereuropäischen Verhältnissen. Mit dem ersteren korrespondiert ein Vorherrschen der Zweigenerationenfamilie, mit dem letzteren eine Tendenz zu größeren Familienverbänden unter Einschluß mehrerer verheirateter Paare.

Erweiterte Familienformen als Problem der Nahrungssicherung

Derartige Unterschiede im Heiratsalter lassen sich nun gewiß nicht durch differenzierte physiologische Entwicklung – früheres oder späteres Eintreten der Geschlechtsreife –, sondern nur durch soziale Faktoren erklären. Sicherlich gab und gibt es hinsichtlich des Eintretens in die Pubertätsphase starke regionale Altersunterschiede. Es läßt sich dabei jedoch keine Beziehung zu niedrigerem oder höherem Heiratsalter erkennen. Deutliche Zusammenhänge ergeben sich hingegen zwischen durchschnittlichem Heiratsalter und Generationentiefe der jeweils vorherrschenden Familienformen. Sie erwecken den Eindruck, daß in weiten Gebieten West- und Mitteleuropas durch hinaufgesetztes Heiratsalter ein Nebeneinander von Angehörigen dreier Generationen vermieden oder jedenfalls auf eine möglichst kurze Phase beschränkt werden sollte. Zwar bestand auch hier mit der Einrichtung des Ausgedinges ein struktureller Ansatzpunkt für Mehrgenerationenfamilien, solche Formen des Zusammenlebens aber waren keineswegs angestrebtes Ziel. Für die bäuerliche Wirtschaft bedeutete das Ausgedinge stets eine außerordentliche Belastung, die – wenn möglich – vermieden wurde. Das gilt jedenfalls für die Besitzer kleiner und mittlerer Güter. Die notwendige Folge eines solchen Verhaltens war ein relativ hohes Heiratsalter. Häufig mußte der Erbe mit der Eheschließung bis zum Tod des Altbauern warten. Der ursächliche Zusammenhang zwischen geringem Anteil von Dreigenerationenfamilien und hohem Heiratsalter ist also wohl so zu sehen, daß aus ökonomischen Gründen ein Zusammenleben von mehr als zwei Generationen unerwünscht oder unmöglich war und deshalb der Zeitpunkt der Eheschließung dementsprechend aufgehoben wurde.

Wenn es zutrifft, daß das weitgehende Fehlen von Großfamilien – sowohl Dreigenerationenfamilien als auch komplexen Familien – in einer breiten Zone quer durch Mittel- und Westeuropa durch die begrenzte Belastbarkeit der Güter bedingt war, so sind Vermutungen über den Ursprung dieser spezifischen Situation erlaubt. Gewisse Grenzen des Nahrungsspielraums für die Einzelfamilie mußten in diesem Gebiet schon in jener Zeit entstanden sein, in der seine Agrarstruktur am nachhaltigsten geprägt wurde: nämlich der Phase der großen hochmittelalterlichen Kolonisationsbewegung. Sie ist wirtschaftlich durch einen Prozeß der „Vergetreidung", in der Siedlungsweise durch einen Prozeß der „Verdorfung" charakterisiert. Abgesehen von den Gebirgsregionen kam es damals allgemein zu einer Intensivierung des Ackerbaus. Grundlegend dafür war die Verbreitung der Dreifelderwirtschaft. Sie ging zumeist Hand in Hand mit neuen Flurformen, nämlich den sogenannten Gewannfluren mit ihrer strengen Zuordnung bestimmter Parzellen zu den einzelnen Hofstellen des Dorfes. Planmäßige Dorfanlagen korrespondieren mit dieser Entwicklung. Durch die Siedlungsverdichtung kam es zu einem starken Bevölkerungszuwachs. Alle diese Gegebenheiten scheinen sich auf die Größe bäuerlicher Hausgemeinschaften ausgewirkt zu haben. Die zum Hof gehörigen Gründe konnten nur mehr einer beschränkten Personenzahl den Unterhalt sichern. Eine beliebige Erweiterung der von einer Besitzeinheit lebenden Gruppe war ausgeschlossen. Großfamilienverbände in einem Umfang, wie sie etwa in der Zadruga der südslawischen Völker vorkommen, waren jedenfalls bei dem eng begrenzten Nahrungsspielraum dieser intensiven Form des Ackerbaus völlig unmöglich. Nun ist es auffallend, daß die tiefgreifende Umwandlung der Agrarstruktur, wie sie durch die hochmittelalterliche Kolonisationsbewegung bewirkt wurde, gerade jenen Raum erfaßte, in dem sich das ,,European marriage pattern" und die ihm entsprechenden Familienformen ausbildeten. Die ländlichen Gebiete Ost- und Südosteuropas wurden von dieser Siedlungsbewegung nicht erfaßt. Hier kam es daher damals auch nicht zu einer derart einschneidenden Veränderung der ländlichen Lebensbedingungen. Ältere, weniger intensive Bewirtschaftungsformen blieben weiter erhalten.

Land und Stadt

Bisher war vornehmlich von den Entstehungsbedingungen mehrgenerationaler und komplexer Familienformen bei Bauern die Rede. Für eine Gesellschaft, in der der größte Teil der Bevölkerung von der Bodenbewirtschaftung lebte, kommt ihnen auch besondere Bedeutung zu. Freilich gab es in Agrargesellschaften auch unterbäuerliche Schichten, bei denen die Voraussetzungen der Familienstruktur ganz andere waren. Die Einrichtung des Ausgedinges fehlte bei ihnen. Weder die räumlichen Gegebenheiten noch die materiellen Ressourcen ließen in der Regel ein Zusammenleben von Angehörigen mehrerer Generationen zu. Zusätzliche Erwerbsquellen aus gewerblich-industriellen Tätigkeiten ermöglichten mitunter frühere Heirat und größere Familiengemeinschaften. Solche Sonderentwicklungen waren jedoch die Ausnahme. Im allgemeinen erweisen sich ländliche Unterschichten nicht als Verbreitungsgebiet von Großfamilienformen.

In der Stadtbevölkerung begegnen in vorindustrieller Zeit erweiterte Familienformen im wesentlichen nur in einer schmalen Oberschicht von Adeligen, Patriziern und reichen Kaufleuten. Und auch hier werden die im Durchschnitt größeren Haushaltsgemeinschaften primär durch das Dienstpersonal bewirkt. In der breiten Masse der Gewerbetreibenden waren mehrgenerationale und komplexe Familienformen nur ganz schwach vertreten. Anders als im bäuerlichen Familienbetrieb gab es im handwerklichen die Einrichtung des Ausgedinges nicht. Eine Erweiterung der Kernfamiliengruppe erfolgte hier im wesentlichen durch Gesellen,

Lehrlinge und Dienstboten, nicht aber durch mitlebende Verwandte. In städtischen Unterschichten fehlten auch solche Familienformen. Dafür spielte hier das Zusammenleben mit anderen nichtverwandten Personen eine größere Rolle.

Von einer Dominanz der Großfamilie als Lebensgemeinschaft mehrerer Generationen kann im Hinblick auf diese Situation für die vorindustrielle Zeit sicher nicht gesprochen werden. Auch unter Beschränkung auf das bäuerliche Milieu ist diese Vorstellung für weite Gebiete West- und Mitteleuropas unzutreffend. Wenn Bevölkerungslisten aus älterer Zeit mitunter größere Haushaltsgemeinschaften ausweisen, so handelt es sich dabei um eine Vielfalt verschiedener familialer Konstellationen – keineswegs nur solche mit Verwandten. Die einseitige Konzentration der Fachdebatte auf die Frage Stammfamilie oder Kernfamilie hat den Blick auf diese Formenvielfalt weitgehend verstellt. Im Zeitalter der Industrialisierung haben solche Formen des familialen Zusammenlebens wesentliche Veränderungen erfahren – freilich nicht nur durch den Prozeß der Industrialisierung selbst bedingt.

Auswirkungen der Industrialisierung

In vorindustrieller Zeit war die fast ausschließliche Produktionsgemeinschaft die Familie selbst. Das gilt in gleicher Weise für die Landwirtschaft wie für das Handwerk. Großbetriebliche Formen der Arbeitsorganisation gab es im wesentlichen nur im Montanwesen und im Baugewerbe. Als Familien ohne Produktionsfunktion sind freilich bis weit zurück in vorindustrielle Zeit die vielen ländlichen und städtischen Taglöhner zu bedenken. Durch die Entstehung industrieller Großbetriebe wurden Familien ohne Produktionsfunktion eine Massenerscheinung. In die gleiche Richtung wirkte auch die zunehmende Bürokratisierung. Die Familie als Produktionsgemeinschaft wurde von der Regel zur Ausnahme. Für ihre Zusammensetzung war diese Entwicklung von entscheidender Bedeutung. Die durch die Rollenverteilung in der gemeinsam geleisteten Arbeit gegebenen Bindungen fielen nun weg. Das betraf vor allem die Notwendigkeit der Heirat bei Übernahme des

Haushalts bzw. der Wiederverehelichung nach dem Tod des Partners. Besonders im Bauernhaus, weitgehend aber auch im Handwerkerhaus, mußten die beiden zentralen Positionen des Hausherrn und der Hausfrau stets besetzt sein. Witwer und Witwen als Haupt der Familie waren selten. Witwenhaushalte finden sich hauptsächlich in Städten. Beachtenswert ist in diesem Zusammenhang der Unterschied zwischen den Inhabern des Hauses und den bei ihnen als Mieter oder in einem sonstigen Abhängigkeitsverhältnis lebenden Inwohnern, deren Zahl vor allem in den Städten hoch war. Solange man die Position des Hausherrn oder der Hausfrau innehatte, mußte man in der vorindustriellen Gesellschaft in der Regel verheiratet sein. Der Anteil von Zweit- und Drittehen in dieser Zeit erklärt sich daraus. Das verheiratete Paar als Kernstück – und damit ein Grundbestand von zwei Personen – war in den hausbesitzenden Familien der vorindustriellen Epoche im allgemeinen gegeben. Die heute so verbreiteten Einzelhaushalte fehlten weitgehend. Das dahinterstehende Phänomen des „Familienrests" war genauso wie die „unvollständige Familie" wenig verbreitet. Solche Formen beschränkten sich im wesentlichen auf die Gruppe der Inwohner. Nicht die Kernfamilie ist das Ergebnis der Industrialisierung bzw. parallel verlaufender Modernisierungsprozesse, sondern die zunehmende Möglichkeit der „unvollständigen Familie", in der keine zwingende Notwendigkeit mehr besteht, die beiden zentralen Rollenträger immer wieder zu ersetzen. Die Entlastung der überwiegenden Mehrzahl der Familien von Produktionsfunktionen ist als Hintergrund dieser Entwicklung zu sehen.

Für familienwirtschaftliche Ordnungen – vor allem der Agrargesellschaft, zum Teil aber auch im städtischen Milieu – ist es charakteristisch, daß zumindest ein Kind als Erbe im Haus bleibt. Eltern-Kind-Gruppen erscheinen bei solchen Produktionsverhältnissen als die vorherrschende Familienkonstellation. Individuelle außerhäusliche Erwerbstätigkeit hat hingegen zur Folge, daß alle Kinder das Elternhaus verlassen – insbesondere dann, wenn entsprechende Möglichkeiten zu neolokaler Ansiedlung gegeben sind. Mit steigender Lebenserwartung verlängert sich für die Eltern die Phase des Zusammenlebens ohne Kinder. Auch die quantitative

Zunahme solcher Ehepaare als „Restfamilien" ist ein bezeichnendes Charakteristikum der Familienentwicklung in neuerer Zeit, das u.a. auch mit dem Prozeß der Industrialisierung zusammenhängt.

Ein anderer Aspekt des Verlusts der Produktionsfunktionen ist der Rückgang bzw. Wegfall des Gesindes. Solange die Familie als Gemeinschaft bestimmte Arbeitsleistungen zu bewältigen hatte, war eine gewisse Konstanz der eingesetzten Arbeitskräfte erforderlich, die durch die Kinder des Hauses einerseits, die Knechte und Mägde andererseits sichergestellt wurde.

Gesinde und Familiengröße

Der Anteil des Gesindes an den einzelnen Hausgemeinschaften wie an der Gesamtbevölkerung war in vorindustrieller Zeit recht beträchtlich. Er machte im Durchschnitt meist etwa 7 bis 15 Prozent aus. Gegen Ende des 19. und zu Beginn des 20. Jahrhunderts nahm er allgemein stark ab. Die Reduktion des Gesindes ist ein wichtiges Moment für den Rückgang der durchschnittlichen Haushaltsgröße in neuerer Zeit.

Die Möglichkeit der Verehelichung gab es erst nach der Beendigung des Gesindestatus. Verheiratete Knechte und Mägde, die mit ihren Kindern in der Familie des Dienstgebers lebten, haben sich bei der Untersuchung neuzeitlicher Quellen aus Mittel- und Westeuropa nur ganz selten gefunden. Die Dauer des Gesindedienstes hängt also mit dem durchschnittlichen Heiratsalter zusammen. Einige diesbezüglich errechnete Daten scheinen wiederum auf wesentliche strukturelle Unterschiede zwischen Mittel- und Westeuropa einerseits, Osteuropa andererseits zu deuten. Das niedrigere Heiratsalter korreliert dort mit einer geringeren Zahl an Gesinde, vor allem an weiblichem Dienstpersonal. Dem charakteristischen europäischen Heiratsverhalten entspricht offenbar auch eine längere Phase des Gesindedienstes. Dienst aber ist in der alteuropäischen Gesellschaftsordnung stets zugleich auch Ausbildung. Die Auswirkungen des spezifischen „European marriage pattern" auf die Dauer von Dienst und Ausbildung könnten so in umfassendere soziokulturelle Zusammenhänge der gesamten west- und mitteleuropäischen Sonderentwicklung eingeordnet werden.

Großfamilie durch Kinderreichtum?

Zu Fehleinschätzungen der vorindustriellen Familiengröße kam es auch aufgrund irriger Klischeevorstellungen über den Kinderreichtum der Zeit. Bekannte Bilder aus dem Familienleben von Herrscherpersönlichkeiten – etwa Maria Theresia im Kreis ihrer Kinderschar – vermitteln diesbezüglich einen völlig falschen Eindruck. Ebenso täuschen die Geburtenfolgen von Stammtafeln und Genealogien – hier übrigens durchaus auch des bürgerlichen und bäuerlichen Milieus – über die Zahl der tatsächlich in der Familie lebenden Kinder. Die von Bildern so geläufigen Verhältnisse der Oberschicht sind insofern nicht repräsentativ, als statistische Untersuchungen zu dem erstaunlichen Resultat geführt haben, daß die Geburtenabstände in diesen Bevölkerungsgruppen bedeutend geringer waren als etwa bei Bauern und Handwerkern. Man bringt dieses Phänomen damit in Zusammenhang, daß es in den Oberschichten im 17. und 18. Jahrhundert nicht üblich war, die Kinder selbst zu stillen. Die Auswirkung der Ammenhaltung waren raschere Geburtenfolgen. Ob der durchschnittliche Geburtenabstand von etwa zwei Jahren in der breiten Masse der Bevölkerung dann durch geringere Empfängnisfähigkeit oder durch Enthaltsamkeit in der Laktationsperiode zu erklären ist, sei dahingestellt. Bedingt durch die verzögerte Geburtenfolge und durch das relativ hohe Heiratsalter brachte damals etwa eine Bauernfrau, wenn sie das Ende ihrer individuellen Fruchtbarkeitsperiode überhaupt erlebte, kaum mehr als acht Kinder zur Welt. Bedenkt man die hohe Rate der Säuglings- und Kindersterblichkeit, so darf man vielleicht bei vier oder fünf mit dem Überleben rechnen. Bei einem frühen Tod der Frau kamen dann freilich noch die Kinder aus Zweit- oder Drittehen dazu. Die genealogische Kinderzahl entspricht aber auch in anderer Hinsicht nicht der sozialen. Söhne wurden oft schon mit 10 oder 12 Jahren, manchmal bereits noch früher aus dem Haus gegeben. Töchter traten zumeist erst etwas später in den Gesindedienst.

Zum Zeitpunkt der Geburt der jüngeren Kinder waren also die älteren vielfach gar nicht mehr im Haus. Unterschiede sind diesbezüglich zwischen Bauern und Handwerkern zu beachten. Während am Bauernhof der Arbeitskräftebedarf primär durch die eigenen Kinder gedeckt wurde, so daß es hier tatsächlich zu höheren Zahlen mit den Eltern zusammenlebender Kinder kam, war dies bei städtischen Gewerbetreibenden nicht der Fall. Überhaupt ist im städtischen Milieu bereits in vorindustrieller Zeit mit geringeren Kinderzahlen zu rechnen. Die zunehmende Verstädterung und der Rückgang des bäuerlichen Anteils an der Gesamtbevölkerung haben also sicher auch über die Verringerung der durchschnittlichen Kinderzahl auf die Reduktion der Familiengröße gewirkt – freilich nicht in dem Maße, wie das vielfach vermutet wird.

Die Vorstellung vom großen Kinderreichtum älterer Zeiten hat einen ähnlichen realen Hintergrund wie die Vorstellung von der generellen Altenversorgung im Rahmen von Mehrgenerationenfamilien. Genauso wie mit steigender Lebenserwartung im 19. Jahrhundert die Zahl der bäuerlichen Ausgedinge in manchen Gegenden sprunghaft angestiegen ist und dadurch diese Einrichtung auch quantitativ für die Altenversorgung größere Bedeutung gewann, genauso ist damals mit dem Rückgang der Kindersterblichkeit bei gleichbleibendem generativem Verhalten die Zahl der überlebenden Kinder stark angewachsen. Zugleich führten allgemeine Schulpflicht und verminderte Möglichkeiten des Gesindedienstes zu einem längeren Verbleiben im Elternhaus. Diese relativ großen Zahlen mit den Eltern zusammenlebender Kinder sind jedoch eine Übergangserscheinung. Für die gesamte vorindustrielle Zeit waren sie sicher nicht charakteristisch. Sich auf sie als „natürliche" Konstante des „gesunden" Familienlebens zu berufen und damit geringere Kinderfreudigkeit in der Gegenwart moralisch zu diskriminieren, ist genauso ideologisch wie die Ableitung sozialpolitischer Modelle der Altenversorgung im Familienverband aus der in vorindustrieller Zeit angeblich allgemein verbreiteten Großfamilie.

Tendenzen der Strukturveränderung

Überblickt man die skizzierten Wandlungsprozesse, so läßt sich sagen, daß es tatsächlich im Lauf der neueren historischen Entwicklung zu gewissen Veränderungen der Familiengröße gekommen ist, allerdings zu keinen besonders einschneidenden. Als Hintergrund dieser Veränderungen sind neben der Industrialisierung auch noch andere, zum Teil schon viel früher einsetzende Modernisierungsprozesse wie Urbanisierung und Bürokratisierung zu sehen. Das entscheidende Moment des Wandels wird freilich mit der rein quantitativen Erscheinung abnehmender Familiengröße völlig unbefriedigend erfaßt. Wesentlich ist vielmehr die Veränderung der personellen Zusammensetzung, hinter der wiederum Prozesse des Funktionswandels der Familie stehen. Von einer allgemeinen Entwicklung von der Großfamilie zur Kleinfamilie kann nicht gesprochen werden – schon gar nicht im Sinne familiensoziologischer Evolutionsmodelle, die eine generelle Abfolge von mehrgenerationalen Verwandtschaftsverbänden zur isolierten Kernfamilie annehmen. Einerseits sind die größeren Hausgemeinschaften älterer Zeiten durch andere Strukturmerkmale bestimmt, etwa durch das Zusammenleben mit dem Gesinde oder sonstigen nichtverwandten Mitbewohnern. Andererseits ist die „vollständige" Kernfamilie in der Gegenwart keineswegs die allein bestimmende Familienkonstellation. Zu bedenken sind neben ihr etwa die verschiedenen Formen der „unvollständigen" Familie, die Einzelhaushalte als Familienreste oder die unverheiratet zusammenlebenden Paare.

Insgesamt ist zur Gegenwart hin der Spielraum möglicher Formen des familialen Zusammenlebens weiter geworden. Durch die Abgabe verschiedener Familienfunktionen sind auch die durch sie bewirkten Bindungen hinsichtlich der Familienzusammensetzung weggefallen. Besonders wichtig ist diesbezüglich die Funktionsentlastung der Familie als Produktionsgemeinschaft. Die Werthaltungen der Gesellschaft haben freilich diesen Wandlungsprozessen weitgehend nicht entsprechend Rechnung getragen. Gerade von den im historischen Familienformen gegebenen Zwängen der Rollenergänzung wurde das gesellschaftliche Bewußtsein nachhaltig beeinflußt. Die Beurteilung unverheiratet oder kinderlos bleibender Personen ist beispielsweise unter diesem Aspekt zu sehen. In einer Welt, in der die Rolle des Hausherrn und der Hausfrau notwendig mit der Verehelichung verbunden war, ledige und verwitwete Personen hingegen im allgemeinen in einem Verhältnis der Abhängigkeit lebten, erscheint das höhere Prestige der Verheirateten verständlich. Solches Denken auf die Verhältnisse der Gegenwart zu übertragen und etwa die ledige berufstätige Frau danach einzuschätzen, ist völlig anachronistisch. Die hohe Bewertung der Fruchtbarkeit in einer dominant agrarischen Gesellschaft hat durchaus einen funktionalen Hintergrund. Ungewollte oder gewollte Kinderlosigkeit heute noch genauso zu beurteilen, geht an den inzwischen eingetretenen tiefgreifenden Veränderungen der Familienfunktionen vorbei. Auch die höhere Einschätzung von Söhnen wie überhaupt das bis in die Gegenwart hinein weit verbreitete Stammhalterdenken gehören zu derartigen Bewußtseinsrelikten. Solche traditionellen Wertmaßstäbe zu übernehmen und weiterzugeben, ist sicher problematisch: Es führt zur Verfestigung überkommener Ungleichheiten. Und es hindert daran, den durch die historische Entwicklung gewonnenen Spielraum an Möglichkeiten der persönlichen Lebensgestaltung wie an Formen des Zusammenlebens voll zu nützen.

Michael Mitterauer

Die Entwicklung zum modernen Familienzyklus

Die Familie als Gemeinschaft in Entwicklung

Wenn wir von „Familiengeschichte“ sprechen, so wird bei der Verwendung dieses Begriffs zunächst sicher niemand „Sozialgeschichte der Familie“ assoziieren. Im Allgemeinverständnis bezeichnet das Wort eben nicht typische Entwicklungsprozesse der Familie als einer Grundform menschlicher Vergesellschaftung, sondern die spezifische Vergangenheit individueller Familieneinheiten. Dabei steht von den beiden übergreifenden Bedeutungsfeldern von Familie der Vorstellungskreis Verwandtschaft, Vorfahren, Geschlecht eindeutig im Vordergrund. Die gemeinsame Vergangenheit der in der Gegenwart als Haushaltsfamilie zusammenlebenden Personen tritt demgegenüber zurück. Sie spielt bestenfalls als Ausklang der eine lange Kette von Generationenfolgen umfassenden historischen Darstellung eine Rolle. Vom Interesse her ist die Beschäftigung mit Familiengeschichte letztlich auf diese Gruppe bezogen. Mit der Entwicklung von Haushaltsfamilien im zeitlichen Ablauf haben sich – von der Biographie abgesehen – nicht die Historiker, sondern die Soziologen beschäftigt – freilich mit einer ganz anderen Zielsetzung: Während die Familiengeschichte stets am Selbstbewußtsein der Einzelfamilie orientiert ist, will die Familiensoziologie typische Phasenabläufe in der Entwicklung von Familien der Gegenwart erkennen. Die Beschäftigung mit solchen Fragen ist Gegenstand der Familienzyklusforschung. Diese Forschungsrichtung hat in der neueren Familiensoziologie stark an Bedeutung gewonnen. Das müßte wohl auch dem Sozialhistoriker, der sich mit der Sozialgeschichte der Familie beschäftigt, zu denken geben. Für ihn gilt genauso, daß die Familie als soziale Gruppe sowie die Stellung des einzelnen in ihr nicht statisch, sondern dynamisch gesehen werden muß. Die Untersuchung von Familiengrößen und Familienkonstellationen ist für sich genommen ein zu schmaler Ansatz. Zu einem bestimmten Zeitpunkt angelegte Personenstandserhebungen, wie sie solchen Analysen zugrunde liegen, bieten gleichsam nur eine „Momentaufnahme“. Stellt man sie in einen umfassenden Entwicklungszusammenhang, so erhalten sie einen weit höheren Erklärungswert. Die familialen Lebensumstände des einzelnen – seine hier geprägten Wertmuster, sein spezifisches Verhalten, seine Interaktionen in der Kleingruppe – werden nicht durch eine konstant gleichbleibende Familienkonstellation bestimmt, sondern durch eine in zeitlicher Abfolge mehr oder minder stark wechselnde Gruppierung zusammenlebender Personen. Eine Beschäftigung mit historischen Familienstrukturen und deren Auswirkungen wird also die historische Familienzyklusforschung mit einbeziehen müssen. Typische Phasenabläufe in der Entwicklung von familialen Gruppen zu erarbeiten, ist an und für sich vom Ansatz her schon eine eminent historische Zugangsweise – eine Zugangsweise freilich, die sich von der der traditionellen Familiengeschichte stark unterscheidet. Einer an Entwicklungszyklen interessierten Sozialgeschichte der Familie geht es um allgemeine Verlaufstypen, nicht um individuelle Familienschicksale. Das reiche von Familienhistorikern zusammengetragene Datenmaterial könnte allerdings, wenn es entsprechend systematisiert wird, bei der Erstellung solcher sozialhistorisch relevanter Verlaufstypen gute Hilfe leisten.

Soziologische Modelle des Phasenablaufs

Soziologische Konzepte der Familienzyklusforschung lassen sich freilich nicht unmittelbar von der Sozialgeschichte übernehmen. Gerade diese Modifikationen, die an soziologischen Schemata des Phasenablaufs seitens des Historikers vorzunehmen sind, machen wesentliche Aspekte des sozialen Wandels sichtbar. Die Erkenntnis, daß es kein über Zeit und Raum gleichbleibendes Grundmuster familialer Entwicklung gibt, wirft die Frage nach den Ursachen regionaler Differenzierung und struktureller Veränderung im Zeitablauf auf. Historische Familienzyklusforschung könnte somit zu einer notwendigen Relativierung familiensoziologischer Modellvorstellungen und auf sie aufbauender Interpretationen führen.

Über die Einschnitte, die die einzelnen Phasen des Familienzyklus begrenzen, besteht in der soziologischen Familienzyklusliteratur keine volle Übereinstimmung. Als Abschnitte, die fast in allen Zyklusmodellen wiederkehren, wären zu nennen: 1) Jungehe ohne Kinder, 2) Ehe mit Kindern im Vorschulalter, 3) mit Kindern in der Präadoleszenz, 4) mit Kindern in der Adoleszenz, 5) Eltern nach Ausscheiden der Kinder allein zu Hause bis zum Tod des einen Partners („nachelterliche Gefährtenschaft"), 6) zurückbleibender Elternteil alleinlebend oder im Haushalt eines der Kinder. Diese Abschnitte können noch weitere Unterteilungen erfahren, etwa die Phase 2 in die Zeit vor und nach Beginn des Kindergartenbesuchs, wobei eine Altersgrenze von 3 Jahren angenommen wird, oder die Phase 5 in die Zeit, in der der Familienerhalter noch berufstätig ist, und in die nach seiner Pensionierung. Solche Ablaufschemata lassen sich dann nach dem durchschnittlichen Eintritt der entscheidenden Zäsuren im Leben des einzelnen mit genaueren Altersdaten ausfüllen. So geht eine schematische Darstellung des Familienzyklus in den Vereinigten Staaten von einem durchschnittlichen Heiratsalter des Mannes von ca. 23, der Frau von ca. 20 Jahren aus, nimmt eine durchschnittliche Kinderzahl von 3–4 an, die bis zum 28. Lebensjahr der Frau zur Welt kommen, und rechnet mit einer Phase von 20–25 Jahren des Zusammenlebens mit den Kindern, so daß sich für die „nachelterliche Gefährtenschaft" in Hinblick auf die durchschnittliche Lebenserwartung des Mannes von 70 Jahren ein Zeitraum von ebenso etwa 20–25 Jahren ergibt. Die etwas höhere Lebenserwartung der Frau läßt dann ein Alleinleben der zurückbleibenden Witwe von etwa 6 Jahren annehmen.

Zäsuren des Familienzyklus in historischer Perspektive

Einige der für den Phasenablauf moderner Familienzyklen entscheidenden Zäsuren lassen sich gewiß ziemlich problemlos auf historische Zeiten übertragen. Das gilt etwa für die Eheschließung, die

Geburt des ersten Kindes und den Tod der beiden Ehepartner. Da man über durchschnittliches Heiratsalter, durchschnittliche Ehedauer bis zur Geburt des ersten Kindes sowie durchschnittliche Lebenserwartung erwachsener Männer und Frauen vor allem aus den Pfarrmatriken Jahrhunderte zurück gute Informationen hat, lassen sich diese Grenzen auch mit Altersdaten angeben. Bei anderen Zäsuren ergeben sich allerdings beim Versuch der Rückprojektion beträchtliche Schwierigkeiten. So können alle auf die außerhäusliche Sozialisation des Nachwuchses bezogenen Einschnitte für Zeiten, in denen sich die Erziehung ausschließlich oder primär im Rahmen der Hausgemeinschaft vollzogen hat, nicht übernommen werden. Der Schulbesuch der Kinder kann vor der Einführung der allgemeinen Schulpflicht nur auf gewisse Bevölkerungsschichten beschränkt als ein den Familienzyklus beeinflussender Faktor gelten. Auch nachher ist die keineswegs generelle Durchsetzung der Schulpflicht sowie deren zeitlich und regional stark schwankende Dauer zu berücksichtigen. Die Institution des Kindergartens konnte erst viel später für die Entwicklungsphasen der Familiengemeinschaft Bedeutung gewinnen. Das Fehlen eines generell obligatorischen Besuchs dieser Einrichtung macht die Zäsur bis in die Gegenwart hinein fragwürdig. Insgesamt setzen alle auf den Besuch von öffentlichen Bildungsinstitutionen abgestimmten Einschnitte der Zyklusmodelle eine mehr oder minder weitgehende Entlastung der Familie von Sozialisationsfunktionen voraus.

Probleme ergeben sich auch, wenn man Kategorien wie Adoleszenz und Präadoleszenz zur Gliederung historischer Familienzyklen heranzuziehen versucht. Der Prozeß der physischen Reifung ist zwar an sich eine biologische Konstante, ihr Eintritt variiert jedoch, selbst über relativ kurze Zeitspannen betrachtet, altersmäßig sehr stark. Phasen des Jugendlichenalters lassen sich aber keinesfalls nach rein biologischen Kriterien abgrenzen. Die Dauer der Adoleszenz, vor allem die Möglichkeit, für sie eine klare Obergrenze zu finden, hängt sehr stark von soziokulturellen Faktoren ab (vgl. unten S. 120ff.). Hier spielen wiederum die zeitlich, räumlich und nach Berufsgruppen stark schwankende Ausbildungsdauer bzw. der Eintritt in den Beruf eine entscheidende Rolle.

Ebenso wie der Eintritt in den Beruf ist auch das Ausscheiden aus diesem in hohem Maß dem historischen Wandel unterworfen. Von einem Ruhestand in unserem heutigen Verständnis des Wortes als einer besonderen Phase des Familienzyklus läßt sich allgemein nur für Lohnempfänger sprechen und für diese bloß seit der Einführung einer Altersversicherung mit verbindlich festgelegter Altersgrenze. Diese Zäsur gilt also auch heute generell nur für die Gruppe der unselbständig Erwerbstätigen, die freilich in den modernen Industrienationen bei weitem dominieren. Historisch betrachtet setzt sie den Prozeß der Bürokratisierung und der Industrialisierung voraus. In der von Familienwirtschaften beherrschten vorindustriellen Gesellschaft fehlt ein solcher Einschnitt. Die Einrichtung des bäuerlichen Ausgedinges, die sich in vielen Gebieten Europas findet, jedoch bei weitem nicht für die gesamte Landbevölkerung relevant ist, läßt sich mit dem Ruhestand des modernen Lohnempfängers nicht unmittelbar vergleichen (vgl. unten S. 186ff.).

Die soziologische Familienzyklusforschung geht von einem ganz spezifischen generativen Verhaltensmuster aus, das historisch noch verhältnismäßig jung ist. Sie setzt voraus, daß die Kinderzahl gering ist, daß die Geburten in relativ kurzen Abständen aufeinander folgen und in der Regel in die ersten Ehejahre fallen. Nur dann nämlich kommt ein derart geschlossenes Geschwisterfeld zustande, das recht kurz bemessene Sozialisationsphasen jeweils gemeinsam durchläuft, dessen Ausscheiden aus dem Familienverband ziemlich gleichzeitig erfolgt und noch eine längere Phase der „nachelterlichen Gefährtenschaft" ermöglicht. Es hat uns hier nicht zu beschäftigen, wieweit diese Annahmen für die Gegenwart Geltung beanspruchen dürfen. Für die Entwicklung historischer Familiengemeinschaften sind sie weitgehend unzutreffend. Geburtenbeschränkung ist zwar in manchen Gebieten Europas schon seit langem demographisch nachweisbar – so etwa für England seit dem 17. Jahrhundert –, sie war jedoch keinesfalls in allen Gesellschaftsschichten gleich verbreitet und konnte kaum zur Entstehung einer geschlossenen Geschwistergruppe führen. Im bäuerlichen Milieu ließ das Interesse an Kindern als Arbeitskraft eine Beschränkung der Nachkommenschaft im allgemeinen gar nicht aufkommen. Aber auch in anderen Bevölkerungsgruppen kam es häufig zu einer vollen Ausnutzung der Fruchtbarkeitsperiode der Frau. In Hinblick auf die hohe Kindersterblichkeit in den ersten Wochen nach der Geburt waren die Altersabstände der überlebenden Kinder im allgemeinen größer. Die verminderte Fruchtbarkeit der Frau in den oft sehr langen Stillphasen wirkte sich in dieselbe Richtung aus. Die Häufigkeit der Wiederverehelichung von Witwen – vor allem in der Landbevölkerung – hatte zur Folge, daß es oft zu Geschwisterreihen aus mehreren Ehen mit sehr großen Altersabständen kam. Unter solchen Voraussetzungen war es ganz ausgeschlossen, daß gleichartige Sozialisationsphasen von allen Kindern synchron durchlaufen wurden. Vom Ablauf des Sozialisationsprozesses her läßt sich also in den meisten historischen Familienformen kein klar gegliedertes Familienzyklusmodell erstellen.

Entspricht die Zyklusvorstellung historischen Gegebenheiten?

Genauso wie die Geburt der Kinder ist auch deren Ausscheiden aus dem elterlichen Haushalt im modernen Familienzyklus viel stärker auf einen abgrenzbaren Zeitraum konzentriert zu denken als bei historischen Familienformen. Kinderzahl und Geburtenabstände wirken sich natürlich auch auf diesen Sachverhalt aus. Als sehr wesentlich erscheint, daß die berufliche Verselbständigung der Kinder heute primär von der Dauer ihrer Ausbildung abhängt, die zwar schichtspezifisch unterschiedlich ist, innerhalb eines bestimmten Milieus und damit unter Geschwistern jedoch nicht wesentlich differiert. Die Ausbildung erfolgt in der Regel unter Verbleib im elterlichen Haushalt. Mit dem Abschluß der Ausbildung und der beruflichen Selbständigkeit hängt wiederum die Möglichkeit der Eheschließung und der Begründung eines eigenen Haushalts ursächlich zusammen. Auch diese Situation ist historisch relativ jung. Sie setzt primär auf Lohnempfang basierende Erwerbsstruktur voraus, ebenso auch die grundsätzliche Möglichkeit zur Neolokalität, wie sie vor allem durch die zunehmende Verstädterung für weite Bevölkerungskreise gewährleistet wurde. In Gesellschaften, deren Erwerbsstruktur in erster Linie auf Familienwirtschaften aufbaut, sind die diesbezüglichen Verhältnisse ganz anders. Alle jene Kinder, die nicht den väterlichen Hof oder Handwerksbetrieb übernehmen sollen und hier auch nicht als Mitarbeiter gebraucht werden, verlassen relativ früh den elterlichen Haushalt. Ihre Ausbildung erfolgt durch Dienst in fremdem Haus, wobei die Dauer der Dienstphase nicht von einem bestimmten Ausbildungsprogramm abhängt, sondern vom Freiwerden einer Vollstelle, die den Unterhalt einer eigenen Familie gewährleistet und damit Eheschließung und Hausstandsgründung ermöglicht. Jene Söhne bzw. Töchter, die den elterlichen Familienbetrieb übernehmen sollen, scheiden überhaupt nicht aus der Hausgemeinschaft aus. Das gilt vor allem für Bauernwirtschaften zu Zeiten und in Gebieten, in denen de iure oder de facto Erbrecht gegeben ist, ebenso für Handelshäuser bzw. Gewerbebetriebe, die im allgemeinen mit Hausbesitz verbunden sind, für das übrige städtische Gewerbe jedoch nur in beschränktem Maße. Ganz analog ist die Situation im Adelshaus, wenn wir auch hier nicht von einer „Familienwirtschaft" im engeren Sinne sprechen können. Überall, wo ein Kind bis zur Übernahme des elterlichen Hauses in seiner Herkunftsfamilie verbleibt, fehlt zunächst grundsätzlich die Phase der „nachelterlichen Gefährtenschaft". Darüber hinaus erhebt sich die Frage, ob bei solchen Verhältnissen überhaupt von einem Familienzyklus im Begriffsverständnis der Familiensoziologie gesprochen werden kann. Die soziologischen Zyklusmodelle setzen eine klare Begrenzung des Phasenablaufs voraus, einerseits durch die neolokale Haushaltsgründung, andererseits durch den Tod des überlebenden Ehepartners nach Ausscheiden aller Kinder. Bei patrilokaler Ansiedlung des jungen Paares kommt es in der Regel aber gar nicht zu einem Neubeginn einer familialen Gruppierung. Vielmehr wird eine schon bestehende fortgesetzt. Ganz besonders deutlich ist das etwa bei der bäuerlichen Ausgedingefamilie der Fall. Ebenso bedeutet der Tod des überlebenden Ehepartners nicht das Ende der Gruppenrealität. Für die agrarische Bevölkerung wurde in diesem Zusammenhang treffend von der „Perennität der bäuerlichen Familie" gesprochen, die übrigens auch für die Gegenwart die allgemeine Geltung begrenzter Zyklusmodelle in Frage stellt. In historischen Familienformen finden sich analoge Verhältnisse überall dort, wo Patrilokalität aufgrund ererbten Hausbesitzes vorliegt. So wichtig zum Verständnis derartiger Familienstrukturen die dynamische Sicht der Familienzyklusforschung ist, so problematisch erscheint die Anwendung des Begriffs im engeren Wortverständnis. Will man Mißverständnisse vermeiden, so wird es sich empfehlen, eine allgemeinere Formulierung wie Entwicklungsstadien oder Entwicklungsstufen der Hausgemeinschaft zu wählen.

Die mit dem Terminus ,,Perennität" charakterisierte kontinuierliche Fortentwicklung einer Hausgemeinschaft muß keineswegs ausschließlich durch die Vater-Sohn- bzw. Vater-Schwiegersohn-Folge gewährleistet sein. In manchen bäuerlichen Gebieten, sehr stark aber auch im Gewerbe, wird die Kontinuität nicht durch den Übergang der Hausherrenstellung an einen Angehörigen der nächsten Generation, sondern durch die Wiederverehelichung der Witwe hergestellt. Voraussetzung einer solchen Abfolge ist Gütergemeinschaft zwischen den Ehegatten. In den Städten lassen sich derartige Formen des ehelichen Güterrechts bis weit ins Hochmittelalter verfolgen. Für den bäuerlichen Familienbetrieb hatte die Weitergabe des Gutes an den zweiten Mann mehrfache Vorteile: Man ersparte sich die Belastung des Hofes durch ein Ausgedinge für die Witwe und deren unmündige Kinder; ferner wurde die Personenzahl der Hausgemeinschaft konstant gehalten, was sich sowohl für die Ernährungsbasis der Familie als auch für die Kontinuität der Arbeitsorganisation günstig auswirkte. Es kam dabei innerhalb des Familienverbandes nur zum Austausch einer einzigen Person. Als Beginn eines neuen Familienzyklus wird man eine solche Zäsur sicher nicht auffassen dürfen. Das Problem stellt sich in gleicher Weise auch für die Beschäftigung mit den Entwicklungsformen von Familien in der Gegenwart. Zwar ist die Wiederverehelichung von Witwern und Witwen vor allem im letzten Jahrhundert radikal zurückgegangen, die Zunahme der Zweitheiraten nach Scheidungen stellt jedoch im Prinzip ganz analoge Formalisierungsprobleme.

Charakteristische Entwicklungsstadien historischer Familientypen

Wenn auch die „Perennität" auf Familienwirtschaft basierender Hausgemeinschaften den Familienzyklusbegriff im strengen Sinne fragwürdig macht und die an Sozialisationsstufen orientierte Phasengliederung nicht übertragbar erscheint, so können wir doch auch bei solchen Formen der Familienverfassung charakteristische Entwicklungsstadien erkennen. Sie sind jedoch weniger durch altersspezifische Erziehungsaufgaben geprägt als durch unterschiedliche Anforderungen der Arbeitsorganisation. Bei familienwirtschaftlicher Struktur ist eben nicht in erster Linie die Sozialisationsfunktion für das Gruppenleben bestimmend, die heute im Vordergrund steht, sondern die Produktionsfunktion. Die Bedingungen der gemeinsamen wirtschaftlichen Existenzsicherung prägen die familialen Interaktionen in entscheidender Weise – mehr noch: sie beeinflussen auch die jeweilige Zusammensetzung der Hausgemeinschaft. Von den Möglichkeiten, ob der Arbeitskräftebedarf durch Eltern, heranwachsende Kinder und eventuell auch Verwandte gedeckt werden kann, hängt es ab, inwieweit zusätzliche Arbeitskräfte in die Hausgemeinschaft aufgenommen werden. Dabei handelt es sich in erster Linie um Gesinde verschiedenster Funktion. Aber auch verheiratete oder unverheiratete Inwohner können herangezogen werden, um die Balance der Arbeitskräfte in der Familienwirtschaft wiederherzustellen. Aus diesen ökonomischen Bedingungen ergibt sich vielfach ein relativ starker Wechsel in der personalen Zusammensetzung der Hausgemeinschaft. Auf die Lebensläufe der beiden zentralen Figuren dieser Gruppe, nämlich des Hausherrn und der Hausfrau bezogen lassen sich altersspezifische Stadien erkennen, für die bestimmte Konstellationstypen charakteristisch sind. Dabei handelt es sich freilich nicht um exakt abgrenzbare Phasen, wie sie die Familienzyklusforschung von der Sozialisationsfunktion her formuliert. Auch läßt sich nicht sagen, daß diesen Stadien regelmäßig übereinstimmende Formen der Gruppenzusammensetzung entsprechen. Sicherlich aber werden durch die spezifischen Bedingungen in den verschiedenen Entwicklungsstadien der Hausgemeinschaft bestimmte Personenkonstellationen begünstigt, die dann auch in den Quellen dementsprechend häufig begegnen. Es sei dies exemplarisch an bäuerlichen Familienwirtschaften illustriert.

Die Phase nach der Hofübernahme durch den Jungbauern, die meist zeitlich mit seiner Verehelichung zusammenfällt, ist durch besonders starke Präsenz von Verwandten charakterisiert. Wenn der Inhaberwechsel durch den Tod des Vaters bedingt war, so lebte meist die Mutter oder Stiefmutter weiterhin im Haus. Daß ein älterer Bauer als Witwer auf längere Zeit allein die Wirtschaft führte, kam eher selten vor. Die Arbeitsteilung am Bauernhof machte es notwendig, daß in der Regel beide zentralen Positionen ständig besetzt waren. Bei verwitweten Bauern bedeutete häufig der Tod der Frau den Anlaß zur Übergabe. Dann lebte der Vater in Hausgemeinschaft mit dem Jungbauern. Handelte es sich um eine Übergabe zu Lebzeiten des Altbauernpaars, entstand ein Doppelausgedinge. Solche Konstellationen variieren nach den jeweiligen regionalen Erbrechts- und Übergabegewohnheiten. Auch die Anwesenheit von Geschwistern war weitgehend von solchen Faktoren abhängig. Bei Ältestenerbrecht kam es häufig dazu, daß unmündige jüngere Geschwister mit den Eltern oder einem Elternteil ins Ausgedinge gingen. Bei Jüngstenerbrecht war das ausgeschlossen. Aber auch in diesem Fall ist zu Beginn der Haushaltsführung des Jungbauern in besonderem Maße mit der Anwesenheit von Geschwistern im Haus zu rechnen. Die noch unversorgten älteren Brüder und Schwestern verblieben meist noch ein paar Jahre als Knechte und Mägde. Die Präsenz von Geschwistern im Gesindestatus ist ganz allgemein für die Frühphase der Entwicklung nach der Übernahme durch einen jungen Bauern charakteristisch. Das ist nicht nur von der Versorgungsproblematik her bedingt zu sehen, sondern ebenso vom Arbeitskräftebedarf. Kinder als Mitarbeiter stehen zu dieser Zeit noch nicht zur Verfügung. Schwangerschaft, Stillperiode bzw. Kleinkindaufzucht hinderten die junge Bäuerin an einem vollen Arbeitseinsatz. Verwandte oder nichtverwandte Mitarbeiter sind daher in diesem Stadium besonders erforderlich.

Dies ändert sich mit dem Heranwachsen der Kinder. Sobald einige von ihnen ein Alter erreicht haben, in dem sie zur Haus- und Feldarbeit herangezogen werden können, geht der Bedarf an zusätzlichen Arbeitskräften zurück, so daß vielfach überhaupt auf die Aufnahme von Dienstboten verzichtet wird. Dies ist bei einem durchschnittlichen Heiratsalter des Bauern zu Ende der zwanzig jedoch kaum vor seinem 40. Lebensjahr der Fall. Da die Altenteiler zu diesem Zeitpunkt in der Regel nicht mehr am Leben sind, kann es zur Entstehung einer reinen Kernfamilienkonstellation kommen. Sind für die Altenteiler auf dem Hof eigene Räume reserviert gewesen, so wird jedoch häufig der freigewordene Platz für die Aufnahme von Inwohnern genutzt. Es kommt dann zu der für dieses Stadium ebenso typischen Zusammensetzung der Hausgemeinschaft aus Eltern, Kindern und Inwohnern.

In einer dritten Phase des Lebenszyklus von Bauer und Bäuerin ist wiederum mit einem stärkeren Gesindebedarf zu rechnen. Ein Teil der erwachsenen Kinder hat bereits das Haus verlassen. Die persönliche Leistungsfähigkeit des Altbauernpaares läßt nach. So gewinnt die Unterstützung durch Dienstboten wiederum an Bedeutung. Wo die Einrichtung des Altenteils rechtlich vorgesehen und ökonomisch möglich ist, schließt hier die Ausgedingephase unmittelbar an. Sie überschneidet sich bereits mit der Anfangsphase des übernehmenden Jungbauern, der nun heiratet und selbst zum maßgeblichen Bezugspunkt für den weiteren Ablauf des Entwicklungszyklus der Hausgemeinschaft wird. Das Ausgedinge ist in Mittel- und Westeuropa weitaus der bedeutsamste Entstehungsgrund für bäuerliche Dreigenerationenfamilien. Viel seltener ist hier die Stammfamilie im engeren Sinn, die durch Heirat des Hoferben vor der Hofübernahme zustandekommt. Auch diese Regelung löst die Frage des zunehmenden Bedarfs an zusätzlichen Arbeitskräften mit abnehmender Leistungsfähigkeit des Altbauernpaares. Wo sie zum Tragen kommt, muß kein Gesinde aufgenommen werden. Eine weitere erwähnenswerte Entstehungsmöglichkeit von Dreigenerationenfamilien in dieser Phase des Entwicklungszyklus der bäuerlichen Hausgemeinschaft ist nicht durch die Produktionsfunktion der Familie bedingt, sondern durch ihre Schutzfunktion. Vor allem im 19. Jahrhundert begegnet in manchen Gegenden relativ häufig das Phänomen, daß uneheliche Kinder von Töchtern im Haushalt von Altbauern zugegen sind – sei es, daß die Mutter selbst noch im

Elternhaus lebt, sei es, daß sie auswärts im Dienst steht. Die Erscheinung dürfte im wesentlichen mit der starken Zunahme des Heiratsalters und damit auch der unehelichen Geburten in der Agrarbevölkerung zusammenhängen.

Verlaufsvarianten und deren Bedingungen

Ob solche phasenspezifischen Konstellationstypen, wie sie primär von den Erfordernissen der Arbeitsorganisation bedingt erscheinen, in der Entwicklung einer bäuerlichen Hausgemeinschaft auch tatsächlich auftreten, hängt von vielerlei Faktoren ab: Etwa von der Wirtschaftsweise: Weinbauern z. B. haben zusätzlichen Arbeitskräftebedarf primär im jahreszeitlichen Rhythmus und decken ihn eher durch kurzfristig aufgenommene Lohnarbeiter als durch in den Familienverband integriertes Gesinde. Von lokalen Erbrechtsgewohnheiten: Bei Freiteilbarkeit entstehen häufig so kleine Besitzgrößen, daß die Aufnahme von Gesinde nicht notwendig und die Einrichtung des Ausgedinges nicht möglich erscheint. Von der Wirtschaftskonjunktur: Bei schlechter Wirtschaftslage ist vielen Bauern die Einstellung von Gesinde gar nicht möglich, obwohl der Bedarf danach bestünde. Ähnliches gilt für Seuchenjahre: Die Menschenverluste durch Epidemien konnten zu einer derartigen Verknappung des Arbeitskräfteangebots führen, daß die benötigten Hilfskräfte nicht zur Verfügung standen. Strukturelle und konjunkturelle Gegebenheiten konnten so starke Abweichungen von idealtypischen Entwicklungsverläufen zur Folge haben. Daneben sind noch langfristige Veränderungstendenzen zu beachten, die Verschiebungen im Phasenablauf wie in der jeweiligen personellen Zusammensetzung bewirkten. Von sehr maßgeblichem Einfluß war sicher die Zunahme der Lebenserwartung seit dem 18. Jahrhundert. Mit ihr in Zusammenhang stehend, wohl aber auch durch andere Faktoren bedingt, ist die Zunahme des Heiratsalters in der Landbevölkerung zu sehen. Beide Tendenzen wirkten sich auf die entscheidenden Zäsuren in der Entwicklung bäuerlicher Hausgemeinschaften aus. Als ein langfristiger Trend ist auch der Rückgang des grundherrlichen Einflusses zu bedenken. Zeitpunkt der Hofübergabe und Arten der Hoffolge wurden damit mehr und mehr nicht von den ökonomischen Interessen der Herrschaft bestimmt, sondern der Selbstregulierung durch die Familie überlassen. Ebenso spielte der Rückgang der Wiederverehelichung verwitweter Bäuerinnen sowie die Zunahme der direkten Vater-Sohn-Folge für die Entwicklungsstadien der Hausgemeinschaft eine entscheidende Rolle. Der Übergang der Hofinhaberschaft vom Vater auf den Sohn ist die Voraussetzung dafür, daß überhaupt von einer regelmäßigen Phasenabfolge in der Entwicklung der Bauernfamilie gesprochen werden kann.

Bei anderen historischen Formen der Familienwirtschaft spiegeln sich ebenso in der jeweiligen personellen Zusammensetzung bestimmte für die Entwicklungsphase der Hausgemeinschaft charakteristische Bedürfnisse der Arbeitsorganisation, allerdings durch die unterschiedlichen ökonomischen Voraussetzungen bedingt in stark abweichenden Konstellationstypen. So fehlt etwa der städtischen Handwerkerfamilie aus solchen Gründen prinzipiell die Ausgedingephase. Da im gewerblichen Familienbetrieb der für die Produktion notwendige Arbeitskräftebedarf nicht primär durch eigene Kinder, sondern durch aufgenommene Mitarbeiter im Gesindestatus gedeckt wird, kann es hier zu Entwicklungsphasen kommen, in denen Kinder oder jedenfalls Söhne in der Hausgemeinschaft fehlen. Durch das höhere Heiratsalter sowie größere Altersunterschiede der Ehepartner bedingt sind hier Ehen häufiger, die überhaupt durchgehend kinderlos bleiben. Eine Gemeinsamkeit mit der bäuerlichen Familienwirtschaft stellt der Rollenergänzungszwang dar. Auch im Entwicklungsablauf der Handwerkerfamilie fehlen in der Regel Phasen der „Unvollständigkeit", in denen eine ledige oder verwitwete Person an der Spitze des Haushalts steht.

Konstanz und Wechsel in der Zusammensetzung

Durch die Anforderungen der Arbeitsorganisation bedingt ist bei allen familienwirtschaftlich geprägten Hausgemeinschaften ein verhältnismäßig starker Wechsel in der personellen Zusammensetzung gegeben. Demgegenüber bleibt in Familien ohne Produktionsfunktion der Kreis der zusammenlebenden Personen über längere Zeit hin relativ konstant. Die Aufnahme zusätzlicher Arbeitskräfte in den gemeinsamen Haushalt ist hier nicht notwendig. Bedenkt man, daß Gesinde vielfach nur für ein oder zwei Jahre im Dienst stand, so läßt sich vorstellen, um wieviel geringer in solchen Familien der personelle Wechsel war. Dazu kommt noch, daß bei ihnen der ökonomische Zwang zur Wiederverehelichung wegfiel. Auch dieses Moment trug ja stark zur Diskontinuität in der Entwicklung von familialen Gruppierungen bei. Es läßt sich also ganz allgemein sagen, daß die Entwicklung von einer primär familienwirtschaftlich fundierten Gesellschaftsordnung zu einer dominant von unselbständiger Erwerbstätigkeit geprägten die Familienstruktur insoferne maßgeblich verändert hat, als die Dauer des Zusammenlebens in gleicher Konstellation enorm zugenommen hat.

Dieser entscheidende Wandel in der Konstanz des einer Familie zugehörigen Personenkreises ist jedoch nicht bloß Folge des Industrialisierungsprozesses. Sicher hat die Entstehung industrieller Großbetriebe die Erwerbsstruktur tiefgreifend verändert. Lohnarbeit war aber auch schon in vorindustrieller Zeit in durchaus beachtenswertem Ausmaß gegeben, vor allem in den Städten. Die zunehmende Verstädterung hat zu ihrer Verbreitung ebenso beigetragen wie die Industrialisierung. Von der gesellschaftlichen Arbeitsorganisation her betrachtet hängt die Entstehung von in ihrer Zusammensetzung stärker gleichbleibenden Familiengemeinschaften ganz allgemein formuliert mit der Entstehung der drei gesellschaftlichen Großgruppen von Arbeitern, Angestellten und Beamten zusammen. An den spezifischen Verhältnissen in diesen heute in den europäischen Industrienationen dominanten Bevölkerungsgruppen ist die soziologische Familienzyklusforschung orientiert. Sie rechnet mit einem langjährig gleichbleibenden Zusammenleben der hier auf die Eltern-Kind-Gruppe beschränkten Familiengemeinschaft. Die Entlastung von Produktionsfunktionen ist dafür grundsätzlich die Voraussetzung. Im historischen Rückblick waren freilich die Möglichkeiten für ein dauerhaftes Zusammenleben der Familienmitglieder in gleichbleibender personeller Zusammensetzung auch in den Familien ohne Produktionsfunktion sehr unterschiedlich. Sie sind etwa bei der Familie eines städtischen Taglöhners der vorindustriellen Zeit sicher ganz anders zu beurteilen als bei der eines gleichzeitig lebenden Hofbediensteten. Die grundlegende Gemeinsamkeit, daß die Zusammensetzung des Familienverbandes nicht ständig gemäß den jeweiligen Bedürfnissen familienwirtschaftlicher Arbeitsorganisation wechselte, findet sich freilich bei allen Familien ohne Produktionsfunktion. Auf dieser Basis war eine Konvergenz im Phasenablauf des Entwicklungszyklus möglich. Für die zunehmende Konstanz des in der Familie zusammenlebenden Personenkreises erweisen sich dann noch andere Faktoren als wichtig, etwa die steigende Lebenserwartung, der Rückgang der Kindersterblichkeit, die Veränderung des generativen Verhaltens, die Verlängerung der allgemeinen Schulpflicht wie überhaupt der Ausbildungsphase oder die Stabilisierung der Wohnverhältnisse auch in den Unterschichten. Alle diese Entwicklungsprozesse haben hinsichtlich der Konstanz der Familienzusammensetzung im zeitlichen Ablauf einen tiefgreifenden Wandel bewirkt. Der Kontrast ist eindrucksvoll: Während in einer bäuerlichen Hausgemeinschaft des 17. und 18. Jahrhunderts kaum ein Jahr verging, in dem nicht zumindest eine Person hinzukam oder ausschied, kann es in Entwicklungszyklen heutiger Familien dazu kommen, daß über Jahre und Jahrzehnte hin überhaupt keine personelle Veränderung eintritt.

Auswirkungen auf das Familienleben

Der radikale Wandel in der Dauer des Zusammenlebens ist quantitativ klar faßbar. Daß er sich auf die Personalbeziehungen innerhalb der Familie ausgewirkt haben muß, steht wohl außer Zweifel. In welcher Weise er das Familienleben beeinflußte, läßt sich freilich nicht mit gleicher Exaktheit dokumentieren. Wir sind hier weitgehend auf Spekulationen angewiesen. Einzelzeugnisse über qualitative Wandlungsprozesse des Familienlebens sind spärlich und können nicht ohne weiteres als repräsentative Aussage gewertet werden. Der Versuch, sozialpsychologische Erkenntnisse der Gegenwart auf Konstellations- und Verlaufstypen der Vergangenheit zu übertragen, erscheint methodisch fragwürdig. Diesbezüglich sind noch am ehesten negative Schlußfolgerungen erlaubt – nämlich Aussagen darüber, welche heute nachweisbaren Auswirkungen bestimmter Gegebenheiten des Familienzyklus aufgrund ganz andersartiger Konstellationen und Abfolgen für historische Familienformen nicht angenommen werden dürfen. Aber auch solche Feststellungen können ihren Wert haben; zeigen sie doch deutlich, daß manche von der Familiensoziologie, der Sozialpsychologie oder der Psychoanalyse als konstant angenommene Erscheinungen historisch stark relativiert werden müssen.

Mit ziemlicher Sicherheit wird man annehmen dürfen, daß die zunehmende Dauerhaftigkeit gleichbleibender Familienkonstellationen jenen Wandlungsprozeß wesentlich gefördert hat, den man mit Stichworten wie Intimisierung, Emotionalisierung oder Sentimentalisierung des Familienlebens zu charakterisieren versucht. Der Beginn dieser Veränderung wird im allgemeinen im 18. Jahrhundert angesetzt. Durch ihn sind viele jener Wertmuster und Verhaltensweisen erst entstanden, die wir mit unserem heutigen Familienbegriff ganz selbstverständlich assoziieren. Diese „Familisierung" des „ganzen Hauses" wird häufig rein ideengeschichtlich erklärt, etwa durch den Einfluß bestimmter Autoren oder – in einem größeren Zusammenhang – von Geistesströmungen der Zeit. Typisch für diese Betrachtungsweise sind Formulierungen wie die von der „Entdeckung des Kindes". Weit zutreffender ist sicher die Erklärung aus der Trennung von Arbeitsstätte und Wohnung, die einen seither stark anwachsenden Teil der Bevölkerung betraf. Diese Trennung ist freilich auf denselben Ursprung zurückzuführen wie die zunehmende Dauerhaftigkeit der Familiengruppierung, nämlich auf die Überwindung der Hausgemeinschaft als Basis der Arbeitsorganisation. Die Reduktion auf die Eltern-Kinder-Gruppe und das langfristige Zusammenleben dieser Gruppe in gleicher Zusammensetzung hat sicherlich die emotionalen Beziehungen vertieft. Die steigende Lebenserwartung verlängerte die Ehedauer. Die Entlastung der Partnerwahl von wirtschaftlichen Rücksichten ermöglichte in der Partnerbeziehung von vornherein mehr Emotionalität. Der Rückgang der Kindersterblichkeit bedingte mit der steigenden Hoffnung auf ein dauerhaftes Zusammenleben wohl schon dem Kleinkind gegenüber ein höheres Maß an emotionaler Zuwendung. Solange fast jedes zweite Kind im Alter von wenigen Wochen oder Monaten verstarb, kann man wohl nicht mit ähnlich starken Bindungen seitens der Eltern rechnen. Dazu kam noch der Wandel des generativen Verhaltens, der ebenso im Rückgang der familienwirtschaftlich fundierten Erwerbsstruktur eine entscheidende Wurzel hat. Durch die Reduktion der Kinderzahl wurde die Tendenz zur Verringerung der Familiengröße verstärkt. Immer weniger Personen lebten auf immer längere Dauer im Familienverband zusammen. Daß es dadurch zu einer Vertiefung der personalen Beziehungen kam, steht wohl außer Zweifel.

Ausscheiden eines Familienangehörigen: einst und heute

Der geringere Wechsel in der Familienzusammensetzung und die dadurch sicher mitbedingte emotionale Vertiefung der Familienbeziehungen hatte zur Folge, daß auch jedes Ausscheiden eines nunmehr stärker gefühlsmäßig verbundenen Familienangehörigen schmerzhafter empfunden wird. Der Gegensatz zu historischen Familienverhältnissen wird hier besonders deutlich. In einer bäuerlichen Hausgemeinschaft des 18. Jahrhunderts etwa war der personelle Wechsel so stark, daß er bis in die zentrale Zone der Gruppe hinein nicht mit vergleichbaren Verlustgefühlen verbunden gewesen sein dürfte. Starb die junge Gattin schon nach wenigen Ehejahren – was infolge der hohen Gefährdung bei und nach der Geburt sehr häufig der Fall war –, so wurde nach kurzer Trauerzeit bald die nächste Ehe eingegangen. Der Hof bedurfte einer neuen Hausfrau, die Wirtschaftsführung machte es nötig. Bei den Kindern mußte man von vornherein damit rechnen, daß mehrere von ihnen früh verstarben. Manche Reaktionen von Menschen des 18. oder frühen 19. Jahrhunderts auf den Tod eines Kindes, die für uns heute unglaublich hart klingen, lassen sich bloß aus der selbstverständlichen Hinnahme dieser hohen Mortalitätsrate verstehen. Schon bald danach mag das nächste Kind auf die Welt gekommen sein. So ging es weiter bis zum Ende der Fruchtbarkeitsphase der Frau. Auch wurde auf die leibliche Elternschaft bei Bauern nicht allzuviel Gewicht gelegt. Man konnte Ziehkinder aufnehmen, etwa Waisenkinder aus dem Kreis der Verwandtschaft oder Nachbarschaft. Vielfach kamen junge Verwandte als Knecht oder Magd ins Haus, die hier dann eine kindesgleiche Stellung einnahmen. Umgekehrt gab man auch die eigenen Kinder oft schon in früher Jugend ohne große Verlustgefühle zum Gesindedienst außer Haus. Sehr junge Dienstboten, unter denen Verwandte stets deutlich stärker vertreten erscheinen, blieben meist durch längere Zeit; älteres Gesinde wechselte mitunter schon in kurzen Abständen, ebenso die Inwohner mit ihren Angehörigen. Eine längere Gewöhnung, die zu sehr starken emotionalen Bindungen geführt hätte, war unter diesen Umständen gar nicht möglich.

Einen ganz anderen Stellenwert hat das Ausscheiden eines Familienangehörigen im Rahmen des heutigen Familienzyklus. Der frühzeitige Tod des Ehepartners oder eines Kindes ist eher zur Ausnahmeerscheinung geworden und reißt eine viel tiefer empfundene Lücke in die Familiengemeinschaft. Eine Wiederverehelichung des verwitweten Partners kann bei den Kindern zu psychischen Störungen führen, die man für historische Zeiten in Hinblick auf die Häufigkeit von Zweitheiraten jedenfalls nicht als Regelfall annehmen darf. Ähnliches gilt für das Ausscheiden eines Elternteils durch Trennung der Ehe. Die Scheidung der Eltern heute hat gewiß für die Kinder viel tiefergehende Folgen als der frühe Verlust von Vater oder Mutter in älterer Zeit. Eine stark veränderte Bedeutsamkeit erfuhr sicher auch der Tod des Ehepartners im Alter. Durch sinkendes Heiratsalter und steigende Lebenserwartung ist die durchschnittliche Ehedauer sehr stark angestiegen. Die lange Dauer des gemeinsamen Lebenswegs macht den Verlust wohl um vieles schwerer. Dazu kommt noch, daß der Tod des Partners für den überlebenden Teil in der Regel die totale Isolierung bedeutet, was in historischen Familienformen keineswegs in gleicher Weise der Fall war. Einen veränderten Stellenwert erhielt schließlich auch das Ausscheiden der erwachsenen Kinder aus dem elterlichen Haushalt. Mit der neolokalen Ansiedlung ist es zu einer Trennung von allen

Kindern gekommen. Bei Patrilokalität war das grundsätzlich nicht der Fall. Abnahme des Heiratsalters und Anstieg der Lebenserwartung bewirkten auch, daß immer seltener noch jugendliche Kinder mit den Eltern bis zu deren Tod zusammenlebten. Die Phase der „nachelterlichen Gefährtenschaft" hat in neuerer Zeit an Häufigkeit und Dauer enorm zugenommen. Das Wissen um eine bevorstehende Zeit des Allein-Zurückbleibens kann bei den Eltern zu starken Trennungsängsten führen, vor allem bei der auf die häusliche Sphäre beschränkten und emotional stärker betroffenen Mutter. Verschärfend tritt hinzu, daß das Ausscheiden der erwachsenen Kinder nicht wie früher auf einen längeren Zeitabschnitt verteilt erfolgt, sondern sich auf eine relativ kurze Phase konzentriert. Die geringeren Altersabstände überlebender Kinder sowie die altersmäßig deutlicher festgelegten Verselbständigungs- und Heiratsmöglichkeiten bilden den Hintergrund dieser Entwicklung. In der emotional vertieften modernen Kernfamilie wird diese Zeit des Ausscheidens der Kinder damit zu einer besonders belasteten Krisenphase des Entwicklungszyklus.

Intimisierung als mögliche Wurzel psychischer Krankheiten

Mit zunehmender Konstanz des in der Familiengemeinschaft zusammengeschlossenen Personenkreises hat das Familienleben sicher an Gefühlswerten gewonnen. Für den einzelnen Familienangehörigen bedeutet das erhöhte Möglichkeiten der Befriedigung emotionaler Bedürfnisse. Zugleich aber ist damit die Familie auch krisenanfälliger geworden. Viele der psychischen Erkrankungen, die die Medizin mehr und mehr aus dem familialen Kontext der kranken Person erklärt, setzen jene emotionale Aufladung der Familienatmosphäre voraus, die sich aus sozialgeschichtlicher Perspektive als ein relativ junges historisches Phänomen erweist. Hierher gehören alle Folgen der von der Mutter überorganisierten Familie, Auswirkungen überstarker Elternfixierung sowie Probleme, die sich aus Schwierigkeiten oder Mißlingen des notwendigen Prozesses der Ablösung aus der elterlichen Abhängigkeit ergeben. In Familien mit weniger tiefgehenden Personalbeziehungen, mit geringerer Abgeschlossenheit der familialen Intimsphäre, mit stärkerem Wechsel der Familienzusammensetzung wären jene zu sozialen Störungen und zu psychischer Erkrankung tendierenden Rollenmuster gar nicht möglich, wie sie etwa H. E. Richter in seinem klassischen Werk ,,Patient Familie" darstellt.

Die intensivere familiale Interaktion, die durch die größere Konformität und Kontinuität der Familienzusammensetzung entstanden ist, bewirkt nicht nur eine Intensivierung, sondern auch eine Individualisierung der modernen Familie. Das Familienleben ist mehr nach innen gerichtet. Die langfristige Gemeinsamkeit eines gleichbleibenden Personenkreises führt zur Ausbildung einer stärker gesonderten Sphäre. Gemeinsame Erlebnisse und Erinnerungen verbinden und prägen. Aus der Dauerhaftigkeit des Zusammenlebens kommt es zu spezifischen Gewohnheiten, Einstellungen und Reaktionen. Gewisse Verhaltensweisen werden in der Familie ritualisiert. Diese Individualisierung kann bis zur Entwicklung eines besonderen Sprechstils reichen. In einem seiner Zusammensetzung nach stark wechselnden Familienverband ist ein solcher Spezifizierungsprozeß ausgeschlossen. Bei historischen Familienformen ist daher von ihrem Entwicklungszyklus her mit einem geringeren Maß an besonderen Verhaltensweisen bzw. besonderem Lebensstil zu rechnen. Hier dürfte eine stärkere Homogenität zwischen den einzelnen Hausgemeinschaften bestanden haben, dafür aber eine ausgeprägte Differenzierung zwischen lokalen Siedelverbänden, etwa den Dorfgemeinschaften, den Pfarrverbänden etc. Demgegenüber steht heute die Sonderung der Einzelfamilie einer stärker nivellierten Öffentlichkeit gegenüber.

Probleme der Isolation

Intimisierung und Individualisierung scheinen so in gewissem Sinne auch zur Isolierung der modernen Familie geführt zu haben. Der Kontrast zwischen familialer Privatheit und Öffentlichkeit hat sich vertieft. Vom Familienzyklus her betrachtet steht einer zunehmenden Konstanz der Kleingruppe eine zunehmende Mobilisierung der Gesamtgesellschaft gegenüber. Hinsichtlich der zwischenmenschlichen Beziehungen bedeutet die statische Situation in der Familie gegenüber der Dynamik in der Öffentlichkeit ein gewisses Spannungsverhältnis. Insoferne kann man wohl von einem „Strukturgegensatz von Familie und moderner Gesellschaft“ (Schelsky) sprechen. Die einzelnen Familienmitglieder sind von diesem Spannungsverhältnis in unterschiedlicher Weise betroffen. Für die auf die Haushaltsführung konzentrierte Frau ist es wohl weit schwieriger als für den Mann, ein über den Familienkreis hinausgehendes personales Beziehungsnetz aufzubauen und die von familialen Verhaltensweisen so stark abweichenden Kontaktformen zu bewältigen. Im Fall der Scheidung oder Verwitwung ist daher ihre Situation schwierig und die Gefahr der Vereinsamung besonders groß. Für die in familialer Abgeschlossenheit aufwachsenden Kinder stellt sich wiederum die Schwierigkeit, sich im Lauf ihrer Entwicklung mehr oder minder rasch auf ganz andersartige Verhaltensmuster einstellen zu müssen. Solche Spannungsverhältnisse und die sich aus ihnen ergebenden Krisen würden sicher gemildert, käme es zu einer Ausweitung familialer Verhaltensweisen auf einen weiteren Kreis nichtverwandter Personen. Eine gewisse Öffnung der in Isolation geratenen Kleinfamilie könnte den Kontrast zwischen familiären und gesellschaftlichen Sozialbeziehungen ausgleichen und damit Kontaktprobleme entschärfen. Historische Familienformen mit stärkerem Wechsel der zusammenlebenden Personen lassen sich dabei sicher nicht kopieren. Die ihnen gegenüber erreichte tiefere Emotionalität der Personalbeziehungen ist auch gewiß ein positiv zu bewertender gesellschaftlicher Fortschritt. Als Alternativformen gesehen vermögen sie aber vielleicht den Denkanstoß zu geben, daß Familienleben nicht notwendig auf die Eltern-Kind-Gruppe beschränkt sein muß und daß eine – heute sicher ganz anders zu bewältigende – Integration in die engere soziale Umwelt der Familie deren Krisenanfälligkeit vermindern könnte.

Von der Altersstreuung zur Generationenpolarisierung

Eine Gegenüberstellung des Verlaufs moderner Familienzyklen und von Entwicklungsstadien historischer Hausgemeinschaften zeigt noch andere bemerkenswerte Differenzen. Eine nähere Betrachtung verdienen vor allem die Alterskonstellationen in den einzelnen Phasen. Sehr verallgemeinernd läßt sich dazu zunächst sagen: Die Grundtendenz der Entwicklung geht von einer starken Altersstreuung, bei der die Altersrelationen zwischen den jeweiligen Gruppenangehörigen nach Phasen mehrfach wechseln, zu einer langfristig gleichbleibenden Generationenpolarisierung in der Eltern-Kind-Gruppe. Eine solche Aussage nivelliert freilich insoferne, als sie die vielfältigen regionalen und vor allem milieuspezifischen Unterschiede historischer Entwicklungszyklen vernachlässigt. Natürlich kommt es auch schon in älterer Zeit zu ähnlichen Alterskonstellationen, wie wir sie aus modernen Familienzyklen kennen, vor allem bei Familien, die aufgrund funktionaler Gegebenheiten auf Eltern und Kinder beschränkt sind – freilich mit geringerer Dauerhaftigkeit. Bei den familienwirtschaftlich fundierten Hausgemeinschaften, insbesondere wiederum bei Bauern, ist in der Regel eine sehr ausgeprägte Altersstreuung gegeben. Als wesentliche Bedingungen dieser Erscheinung sind zu nennen: Zunächst der größere Altersabstand zwischen den Ehepartnern; er kann bei Zweit- und Drittheirat bis zu mehreren Jahrzehnten betragen, und zwar keineswegs nur im Mann-Frau-Gefälle, sondern durchaus auch umgekehrt. Dann die breit gestreute Altersverteilung in der Geschwisterreihe infolge größerer Intervalle zwischen den überlebenden Kindern; sie tritt besonders deutlich in Erscheinung, wenn eines oder mehrere von ihnen auf Dauer im Haus bleiben bzw. wenn die Kinder aus verschiedenen Ehen stammen. Ferner die Mittlerstellung des Gesindes; Knechte und Mägde stehen altersmäßig meist zwischen Eltern und Kindern; nur bei jungen Hofinhabern ist das Gesinde mitunter älter. Schließlich die Einrichtung des Ausgedinges; sie bedingt ein Entwicklungsstadium, in dem für einige Zeit sogar Angehörige von drei Generationen zusammenleben. Solchen Verhältnissen steht als ganz anders strukturierter Verlaufstyp der moderne Familienzyklus gegenüber. Er ist charakterisiert durch geringe Altersabstände der Ehepartner, durch eine kleine und altersmäßig homogene Geschwistergruppe sowie das Fehlen zusätzlicher Haushaltsangehöriger. Solange Eltern und Kinder zusammenleben, ändert sich an dieser Alterskonstellation nichts.

In welcher Weise sich die gegenüber heutigen Verhältnissen so unterschiedlichen Alterskonstellationen auf die Beziehungen der Familienangehörigen zueinander wie auch auf die individuelle Ausprägung ausgewirkt haben, läßt sich aus der Perspektive der Gegenwart kaum in vollem Umfang ermessen. Es soll daher hier nur exemplarisch auf einige Möglichkeiten weiterführender Interpretation solcher Differenzen hingewiesen werden.

Altersgleichheit und Partnerschaft

Während die relative Altersgleichheit der Ehegatten ein partnerschaftliches Verhältnis begünstigt, dürften die starken Altersunterschiede, wie sie in historischen Familienformen – vor allem aufgrund der Wiederverehelichung verwitweter Personen – begegnen, zu verstärkter Abhängigkeit beigetragen haben. Das gilt jedenfalls für jene Ehen, in denen der Mann bedeutend älter war als die Frau. Es gibt vereinzelt Zeugnisse, die deutlich zeigen, daß die Gattin von ihrem Gatten dann in einer fast kindergleichen Rolle gesehen wurde. Es ist sicher kein Zufall, daß bei besonders ausgeprägtem Patriarchalismus häufig auch ein starkes Altersgefälle vom Mann zur Frau auftritt. Das gilt etwa für weite Gebiete Ost- und Südosteuropas, wo die umgekehrte Konstellation selten auftritt. Auch im Adel und in städtischen Oberschichten könnten solche Zusammenhänge eine Rolle spielen. Bei Bauern und Gewerbetreibenden kommt es hingegen überall dort, wo Hof oder Werkstatt durch die Witwe weitergegeben werden kann, auch zu Heiraten zwischen älteren Frauen und jüngeren Männern. Wieweit sich daraus Abhängigkeitsverhältnisse ergaben, läßt sich quellenmäßig schwer fassen. Eine relativ starke Stellung der Frau wird aber etwa dort angenommen werden dürfen, wo der zweite Mann der Bäuerin nur als Interimswirt den Hof bewirtschaftete. Aber nicht nur Fragen des Autoritätsverhältnisses sind im Zusammenhang mit derartigen, aus unserer heutigen Sicht so ungewohnten Altersunterschieden zwischen den Ehegatten zu bedenken. So werden etwa solche Altersdifferenzen sicherlich für den Bereich der ehelichen Sexualität von Bedeutung gewesen sein.

Im Verhältnis zwischen Eltern und Kindern nimmt die moderne Familienzyklusforschung eine relativ starke und einheitliche Prägung bestimmter Phasen durch die altersspezifische Situation des Kindes bzw. der Kinder an, etwa Phase des Vorschulalters, des Schulalters etc. Ein Vater oder eine Mutter in einer familienwirtschaftlich fundierten Hausgemeinschaft älterer Zeit stand ganz anderen Gegebenheiten gegenüber. Ihre Rolle wurde geprägt durch vielfältige und stark differenzierte Einzelbeziehungen zu Kindern sehr verschiedener Altersstufen, zu denen man aufgrund der analogen Stellung wohl auch noch zumindest das jugendliche Gesinde zählen darf. Sie waren so zur gleichen Zeit mit ganz unterschiedlichen Aufgaben, Anforderungen und Erwartungen konfrontiert. Man wird sich daher die Vater- und Mutterrolle bei einer solchen Alterskonstellation der Kinder sehr vielschichtig, aber im zeitlichen Ablauf relativ gleichbleibend vorzustellen haben. Eine starke phasenspezifische Variation, wie sie für die Gegenwart postuliert wird, ist jedenfalls eher unwahrscheinlich.

Gesinde und Geschwister als Sozialisationsträger

Auch für die Sozialisation der Kinder ergibt sich durch die stärkere Altersstreuung in der Familie gegenüber heutigen Verhältnissen eine stark abweichende Situation. Während in der generationsmäßig polarisierten Familie der Gegenwart die Eltern die ausschließlichen oder zumindest primären familialen Sozialisationsinstanzen darstellen, darf man für historische Familienformen daneben auch noch einen relativ starken Einfluß von Gesinde und älteren Geschwistern annehmen. Die Erziehungsfunktion des Gesindes ist dort eindeutig gegeben, wo Dienstpersonal eigens für Sozialisationsaufgaben eingestellt wurde, wie das in Oberschichten häufig der Fall war. Man denke etwa an die Rolle des Kindermädchens oder des Erziehers. Daß aber auch ohne eine solche spezielle Aufgabensetzung das Gesinde auf die heranwachsenden Kinder einen starken Einfluß ausübte, ist vielfach belegt. Eine gewisse Vorbildhaftigkeit älterer Geschwister darf bei den großen Altersunterschieden innerhalb der Geschwisterreihen mit hoher Wahrscheinlichkeit angenommen werden. Kinder hatten also schon in den Frühphasen ihres Lebens über die Eltern hinaus in ihrer familialen Umgebung mehrere Bezugspersonen um sich – eine Konstellation, die im Ablauf des modernen Familienzyklus völlig fehlt. Diese Zeitunterschiede wären vor allem in Hinblick auf die psychische Entwicklung des Kleinkindes und deren Auswirkungen auf das spätere Lebensschicksal zu überdenken. So könnte etwa nach den Möglichkeiten des Auftretens und der Überwindung der ödipalen Phase unter solchen Voraussetzungen gefragt werden. Viele Annahmen der Psychoanalyse lassen sich bloß dann in vollem Ausmaß aufrechterhalten, wenn die Beschränkung auf die Eltern-Kind-Gruppe in der Kleinkindphase als gleichbleibende Konstante angenommen wird.

Prägung durch die Position in der Geschwisterreihe

Auch für das Verhältnis von Geschwistern zueinander dürfen aufgrund historischer Veränderungen des Familienzyklus sehr unterschiedliche Voraussetzungen vermutet werden. Für Familien der Gegenwart gilt in der Regel, daß in ihnen Geschwister in gleichbleibender Konstellation gemeinsam Kindheit und Jugendphase erleben. Daraus ergeben sich konstante Positionen in der Geschwisterreihe, die für die persönliche Entwicklung des einzelnen sehr nachhaltig prägende Bedeutung haben können. Psychologische Theorien versuchen, die Auswirkungen bestimmter Haupttypen solcher Geschwisterpositionen zu definieren. Sie erstellen so unterschiedliche Charakterprofile, etwa für die älteste Schwester von Schwestern oder die jüngste Schwester von Brüdern; sie gehen sogar so weit, die Prägung durch solche Positionsbedingungen bis in die nächste Generation weiterzuverfolgen. So werden dann etwa die Folgen für das Verhalten der Kinder analysiert, wenn der Vater der jüngste Bruder von Schwestern, die Mutter aber die älteste Schwester von Brüdern ist, etc. (Toman, Familienkonstellationen). Solche Überlegungen sind freilich nur zulässig, wenn einerseits tatsächlich eine Erlebnisgemeinschaft der gesamten Geschwistergruppe gegeben ist, was relativ geringe Altersabstände voraussetzt, andrerseits aber sich die Stellung in der Geschwisterreihe länger anhaltend nicht verändert. Eine ähnliche Charakterprofilierung durch die Geschwisterposition wird man daher für historische Familienkonstellationen kaum annehmen dürfen. Die weit größere Altersstreuung innerhalb einer Kindergruppe, vor allem aber die geringere Konstanz des Zusammenlebens und der häufige Wechsel der Position dürften eine derartige Prägung ausgeschlossen haben. Heute kommt es in der BRD höchstens in 10% der Familien zum Verlust eines Kindes. Durch die hohe Kindersterblichkeit bedingt gab es bis weit ins 19. Jahrhundert hinein kaum eine Geschwisterreihe, in die nicht eine Lücke gerissen worden wäre. Dazu kamen noch Veränderungen wie frühes Ausscheiden von Geschwistern durch Gesindedienst oder Lehrzeit, kurzfristige Rückkehr solcher Geschwister ins Elternhaus, Ausscheiden durch Heirat etc. So veränderte sich die Position des einzelnen im Verhältnis zu seinen Geschwistern im Verlauf der Kindheit und Jugendphase sehr häufig. Eine kontinuierliche Prägung durch seine Stellung gegenüber Brüdern und Schwestern konnte auf diese Weise kaum zustande kommen. Soweit der starke Einfluß der Geschwisterposition auf das persönliche Lebensschicksal des einzelnen tatsächlich erweisbar ist, muß es sich dabei um eine historisch relativ junge Erscheinung handeln. Mehr als die stark wechselnden Geschwisterkonstellationen dürften in älterer Zeit bestimmte Zukunftsentscheidungen der Eltern, die oft schon bei der Geburt getroffen wurden, die individuelle Entwicklung einzelner Kinder beeinflußt haben. Man denke etwa an die Bestimmung für den geistlichen Stand in Adelsfamilien, die vielfach bereits durch die Namengebung nach einem geistlichen Verwandten fixiert erscheint. Sehr stark hat in diesen Schichten sicher auch die Primogeniturerbfolge von der frühkindlichen Phase an lebensbestimmend gewirkt. Unter veränderten Voraussetzungen gab es solche Fixierungen durchaus auch in anderen Milieus, etwa durch die bäuerlichen Erbrechtsgewohnheiten. Ob sich solche historische Traditionen – beispielsweise das sicher noch weiterlebende Stammhalterdenken – in heutigen empirischen Erhebungen über die prägende Kraft von Positionen in der Geschwisterreihe auswirken, wäre einer näheren Untersuchung wert.

Generationenpolarisierung und „Sekundärpatriarchalismus“

Inwieweit die allgemein konstatierte Entwicklungstendenz von größerer Altersstreuung zur Generationenpolarisierung auch die Entstehung von Generationenkonflikten begünstigt hat, läßt sich nicht generell beantworten. Generationenpolarisierung meint hier nur ein Phänomen der Alterskonstellation. Konflikte aber entzünden sich nicht an Altersunterschieden, sondern an Autoritäts- und Abhängigkeitsverhältnissen. Die Altersstaffelung älterer Familiengemeinschaften ist jedoch keineswegs identisch mit der innerfamilialen Autoritätsstaffelung. Hinsichtlich der Autoritätsverhältnisse läßt sich ein prägnanter Unterschied zwischen dem Phasenablauf in der Entwicklung familienwirtschaftlich fundierter Hausgemeinschaften und moderner Familienzyklen feststellen. Solange die Hausgemeinschaft zugleich auch Produktionseinheit war, ergab sich die Notwendigkeit einer zeitlich klar begrenzten und kontinuierlich gleichbleibenden Autoritätsposition. Der Bauer war vom Zeitpunkt der Hofübernahme bis zu seinem Tod bzw. bis zu seinem Rückzug aufs Altenteil als Hausvater zugleich Betriebsleiter ohne irgendeine Einschränkung seiner Gewalt im zeitlichen Ablauf. In beschränktem Ausmaß gilt dies auch für die Bäuerin in dem ihr arbeitsteilig zugewiesenen Bereich. Analog sind die Verhältnisse in anderen Familienbetrieben. Mit dem Verlust der Produktionsfunktion änderte sich diese Situation. Die nunmehr dominante Sozialisationsfunktion erfordert keine gleichbleibende Vater- bzw. Elternautorität. Im Gegenteil, von den funktionalen Bedingungen her müßte mit zunehmenden Möglichkeiten der Sozialisanden zu autonomen Entscheidungen die Autorität der Sozialisationsinstanzen zurückgenommen werden. Daß diesen veränderten Bedingungen lange Zeit hindurch und zum Teil bis in die Gegenwart hinein nicht Rechnung getragen wurde und wird, hängt mit der besonderen Zählebigkeit familialer Verhaltensmuster zusammen, die oft – obwohl schon dysfunktional – noch lange Zeit beibehalten werden. Der „Sekundärpatriarchalismus“ in Familien unselbständig Erwerbstätiger, der die aus familienwirtschaftlichen Ordnungen überkommenen Autoritätsverhältnisse ungebrochen fortsetzen will, ist ein solches Phänomen. Er hat seinen Höhepunkt allerdings schon längst überschritten. Empirische Erhebungen zeigen, daß jedenfalls seit dem Beginn unseres Jahrhunderts heranwachsende Kinder mehr und mehr an Familienentscheidungen beteiligt werden. Der sukzessive Abbau der Elternautorität im Lauf des Familienzyklus, wie er der modernen Familienstruktur funktional angemessen erscheint, stellt freilich in der Praxis vor Realisierungsprobleme, die schwer zu bewältigen sind und zu Konfliktsituationen führen können.

Michael Mitterauer

Funktionsverlust der Familie?

Gegenwartssituation und Zukunftschancen der Familie werden heute vielfach in sehr düsteren Farben gezeichnet. Man spricht von der „Familie in der Krise", man stellt Auflösungserscheinungen fest, man prophezeit den Verfall dieser Sozialform, Desintegration und Desorganisation werden festgestellt. Der „Patient Familie" erscheint als Wurzel vieler pathologischer Phänomene. Die Skala der negativen Bewertungen reicht bis zum radikalen Schlagwort vom „Tod der Familie", bei dem Prognose und politisches Postulat in eins zusammenfließen. Die totale Auflösung überkommener Familienformen ist aus dieser Sicht sowohl Stoßrichtung gesellschaftlichen Veränderungswillens als auch Zielpunkt einer als historisch notwendig geglaubten Entwicklung.

Voraussagen über eine abnehmende Bedeutung der sozialen Organisationsform Familie können sich auf Erkenntnisse der Sozialwissenschaften stützen. Familiensoziologen sprechen von einer deutlich erkennbaren Tendenz des Funktionsverlusts der Familie, von einer fortschreitenden Beschränkung auf einige wenige Restfunktionen. Sie betonen freilich auch die „Elastizität" dieser Sozialform, durch die sie immer wieder imstande ist, bereits abgegebene oder neue Aufgaben zu übernehmen und in befriedigender Weise zu erfüllen. Eine endgültige Aussage, ob es sich bei dem festgestellten Funktionsverlust um einen langfristigen Trend oder bloß um vorübergehende Schwankungen handelt, ist dem Soziologen auf Grund der Begrenztheit seines Untersuchungszeitraums erschwert. Hinsichtlich des Urteils über Langzeitentwicklungen ist er auf die Erkenntnisse des Historikers verwiesen.

Die Geschichtswissenschaft ist aus ihrer spezifischen Fachtradition in Diagnosen über die Gegenwart und schon gar in Prognosen für die Zukunft wenig geübt. Ihre geringe Beschäftigung mit der Entwicklung der Familie läßt sie diesbezüglich auch kaum als einen ebenbürtigen Gesprächspartner der anderen Sozialwissenschaften erscheinen. Was die Veränderung familialer Funktionen betrifft, können freilich trotz der bisher äußerst spärlichen Teilergebnisse einer Sozialgeschichte der Familie relativ sichere Aussagen gemacht werden. Sie erweisen die von der Familiensoziologie beobachteten Prozesse als partiellen Ausschnitt säkularer Entwicklungstrends. Aus der Perspektive des Historikers wird die Gesamttendenz noch viel deutlicher: Soweit wir in die Vergangenheit zurückblicken können, hat die Familie immer von neuem Aufgaben an übergeordnete Sozialgebilde abgegeben – und zwar in einem Ausmaß, das den von der Soziologie festgestellten Funktionsverlust bei weitem übersteigt. Die Form, in der uns heute Familie entgegentritt, ist bloß – so läßt sich vorwegnehmend sagen – ein bescheidener Rest ehemaligen Funktionsreichtums in frühen Zeiten. Ob der epochale Prozeß des Abbaus familialer Aufgaben zugunsten umfassender Sozialformen mit der Bezeichnung ,,Funktionsverlust" zureichend und treffend charakterisiert wird, erscheint aus historischer Perspektive allerdings problematisch. Man wird vielleicht besser von ,,Funktionsentlastung" sprechen. Es ist dies mehr als eine terminologische Feinheit. Mit dem Wortgebrauch verschiebt sich die Wertung. Und zu einer solchen stärker positiv gefärbten Wertung des Prozesses dürfte der Historiker auf Grund der von ihm beobachteten Auswirkungen der Funktionsabgabe – wie noch gezeigt werden soll – sehr wohl berechtigt sein.

Bevor auf derartige langzeitige Prozesse der Funktionsentlastung näher eingegangen wird, sind einige Vorbemerkungen notwendig. Zunächst ist darauf hinzuweisen, daß nur dann sinnvoll die Frage nach bestimmten Entwicklungstendenzen gestellt werden kann, wenn die Untersuchung im Rahmen eines geschlossenen gesellschaftlichen Kontinuitätszusammenhangs bleibt. Die Betrachtung beschränkt sich daher auf die europäische und hier wiederum – weil für uns besonders relevant – primär auf die mitteleuropäische Entwicklung.

Wesentlich erscheint ferner, daß innerhalb einer Sozietät Veränderungen der Familienfunktionen keineswegs in allen gesellschaftlichen Teilbereichen gleichzeitig vor sich gehen. Daraus ergeben sich bei an und für sich parallel verlaufenden Prozessen gewisse Phasenverschiebungen, die zu einem Nebeneinander graduell unterschiedlich entlasteter Familienformen führen. Im allgemeinen gilt dabei, daß die Städte mit ihren hochkomplexen und differenzierten Lebensformen gegenüber ländlichen Gebieten einen gewissen Vorsprung haben. Wer das Leben auf einem abgelegenen Bergbauernhof mit einem großstädtischen Angestelltenhaushalt vergleicht, wird sich den enormen Unterschied in den jeweiligen Aufgabenbereichen anschaulich vor Auge führen können. Die Funktionsentlastung der bäuerlichen Familie durch übergeordnete Sozialformen geht in der Regel viel langsamer vor sich, so daß sich hier meist altertümlichere Formen erhalten. Diese „Gleichzeitigkeit des Ungleichzeitigen" finden wir in der Vergangenheit noch viel stärker ausgeprägt. Das Nebeneinander unterschiedlich stark entlasteter Familienformen ist in einer Zeit größeren Funktionsreichtums gegenüber der ausgleichenden Nivellierung in unserer Gegenwart noch deutlicher faßbar. Dieses Nebeneinander läßt es dann aber nicht zu, in bloß zeitlicher Differenzierung von „der Familie des Hochmittelalters" oder „der Familie des 18. Jahrhunderts" zu sprechen, auch nicht bei zusätzlichen regionalen Hinweisen, etwa von „der englischen Familie der Tudor-Zeit". Als wesentlichstes Kriterium der Typenbildung ist stets der soziale Status – Adel, Handwerk, Bauernschaft usw. – in die Angabe miteinzubeziehen.

Schließlich soll darauf hingewiesen werden, daß jede Aufgliederung der Familienfunktionen nach Bereichen – etwa Sozialisation, Produktion usw. –, wie sie auch hier aus Gründen der Systematik vorgenommen werden muß, eine rein analytische ist. Die jeweils historisch gegebenen Funktionen bilden stets eine untrennbare Ganzheit. Sie sind gegeneinander nicht scharf abgrenzbar, stehen untereinander in Zusammenhang, bedingen und beeinflussen einander wechselseitig. So läßt sich die scheinbar „rein biologische" Funktion der Fortpflanzung von der scheinbar „rein sozialen" der Erziehung auf Grund der Einheitlichkeit psychischer Prägung in der frühkindlichen Phase sicherlich nicht exakt isolieren. Noch weniger ist das zwischen Kinderaufzucht und Schutzaufgaben oder zwischen Nahrungssicherung und Arbeitsorganisation möglich. Veränderungen in einem Funktionsbereich ziehen solche in einem anderen nach sich, etwa wenn das generative Verhalten neuen Formen der Produktion angepaßt wird (vgl. dazu oben „Der Mythos von der vorindustriellen Großfamilie"). Unter dem Aspekt der Zusammengehörigkeit der Familienfunktionen erscheint es auch sinnlos, sie in Funktionen des „materiellen" und des „geistigen" Bereichs untergliedern zu wollen. Jede Veränderung der familialen Produktionsweise etwa verbindet eine Form materieller Sicherung des Überlebens mit einer geistigen Leistung. Daß sich Ökonomie nicht bloß einem dieser beiden Bereiche zuordnen läßt, wird gerade im Bezugsrahmen der Familie besonders deutlich. In diesem Bezugsrahmen aber hat sie als „oiko-nomia", als „richtige Ordnung des Hauses" dem Wort wie der Sache nach ihre historische Wurzel.

Kultfunktionen

Geht man vom Zeitpunkt der Abgabe einzelner Funktionen aus, so ist in Hinblick auf besonders frühe Entlastungsprozesse mit dem Kult zu beginnen. Sicherlich kann bis in unsere Gegenwart die Familie eine tragende Gruppe des religiösen Lebens darstellen, sie ist jedoch nirgendwo – jedenfalls nicht in den großen Konfessionsgemeinschaften des europäischen Raumes – der dominierende Kultverband. Die charakteristische, auf den Kreis der Familie beschränkte Kultform ist der Ahnenkult, und zwar der Ahnenkult als Hauskult. Wo die Vorfahren entweder an dem nahe dem Hause gelegenen Ahnengrab oder bei dem im Haus aufgestellten Ahnenbild verehrt werden, dort kann wohl die Familie besonders ausgeprägt als Kultverband angenommen werden. Nicht jede Form des Ahnenkults ist Hauskult: Umfassende Verwandtschaftsverbände, die viele Haushalte umfassen, können Träger der Ahnenverehrung sein. Und auch nicht jeder Hauskult ist Ahnenkult. Die römischen Penaten etwa als Götter der häuslichen Vorratskammer haben nichts mit sakralisierten Vorfahren zu tun. Der häusliche Ahnenkult ist selten die ausschließliche Kultform einer Sozietät. Neben ihm stehen Gemeindekulte, Stammeskulte, Reichskulte. Je nach der Dominanz des einen oder anderen tragenden Kultverbandes kann von einer mehr oder minder starken Funktionsentlastung der Familie gesprochen werden.

In europäischer Frühzeit scheint der häusliche Ahnenkult allgemein sehr weit verbreitet gewesen zu sein. Vielfältige Zeugnisse deuten auf eine religiöse Vorstellungswelt, nach der die Seelen der Verstorbenen ihre irdischen Wohnplätze nicht verlassen, Unheil bringen oder segnen können, Opfer und Ehrung nötig haben und Vernachlässigung rächen. Diesbezügliche Hinweise gibt vor allem die Archäologie – Zusammenhang von Höfen mit Grabplätzen, spezifische Grabbeigaben, vor allem Ahnenbilder, die sowohl die Absicht haben, sich der Macht des Ahnherrn zu versichern als auch ihn ans Bild zu bannen, damit er nicht ruhelos umherschweift –, weiters die Philologie – so leitet sich etwa unser Wort Erbe von „erfa“, d.i. „ein Ahnenopfer darbringen“, ab – oder die Namenskunde – der weitverbreitete Brauch der Nachbenennung hängt ursprünglich mit dem Wiederbelebungsglauben zusammen. Es sind aber meist Residualerscheinungen, Traditionsreste, dingliche Relikte, die uns Rückschlüsse auf die Bedeutung häuslichen Ahnenkults in Kulturen der europäischen Frühzeit ermöglichen. Insgesamt müssen derartige Kultformen – sehr zum Unterschied von verschiedenen außereuropäischen Kulturen – hier schon sehr früh zurückgetreten sein. Die endgültige Überwindung erfolgte überall dann mit der Christianisierung. Das Christentum ist eine ganz ausgeprägte Gemeindereligion. Wo es auf Reste des Ahnenkults stieß, wie etwa in den skandinavischen Ländern, bekämpfte es sie aufs schärfste. Sie wurden in Aberglauben und Brauchtum abgedrängt. Mit den traditionellen Formen der Hausgemeinschaft als Kultverband waren freilich vielfach Kompromisse unvermeidbar. Das mittelalterliche Eigenkirchenwesen ist das Produkt eines solchen Ausgleichs. Seine Überwindung ist auch in der großen Auseinandersetzung des Investiturstreits nicht voll gelungen. Es waren vor allem die Fürsten- und Adelsfamilien, die stark an archaischen Formen des häuslichen Kults festhielten. Der Hofbischof, der Burg- und Hauskaplan sind letzte Ausläufer des alten Hauspriestertums.

Auch der Ahnenkult wurde von Herrscher und Aristokratie in verchristlichten Formen weitergepflegt. Die Verehrung fürstlicher und adeliger Ahnherren als Heilige gehört hierher: St. Wenzel und St. Ludmilla in Böhmen, St. Stephan in Ungarn, St. Olaf in Norwegen, St. Edward in England, der ,,pius marchio" Leopold in Österreich. Als spätes und besonders großartiges Beispiel für den Zusammenhang zwischen Ahnenbild und Grablege können die ,,Eisernen Mander" des Grabdenkmals Kaiser Maximilians I. in der Hofkirche in Innsbruck genannt werden. Die fürstliche und adelige Ahnengalerie in neuzeitlichen Schloßbauten setzt diesen Typus in säkularisierter Form fort. Das zähe Festhalten der Fürsten- und Adelsfamilie am Ahnenkult ist in Zusammenhang mit der Herrschaftslegitimation aus Geblütsheiligkeit zu sehen.

Sieht man von solchen Relikterscheinungen in den Oberschichten ab, so erweist sich bei den christlichen Völkern des europäischen Raums überall die Gemeinde als eindeutig tragender Kultverband. Das religiöse Gemeinschaftsleben ist primär in der Pfarre organisiert. Die Zentralisierung der Grabstätten um die Pfarrkirche erscheint als augenfälliger Ausdruck, daß nun auch ursprünglich familiale Kultformen zur Gänze in den gemeindlichen Rahmen eingeordnet sind. Die Pfarrgemeinde als Kultverband kann dann auf genossenschaftlicher Basis auch andere Funktionen übernehmen, die den einzelnen Haushalt entlasten, im Wirtschaftsleben etwa oder in der Versorgung Hilfsbedürftiger. Diese Gruppierung ist so eine der ältesten und bedeutsamsten Grundlagen für die Entfaltung kommunalen Lebens, vor allem im ländlichen Bereich. Die Pfarrgemeinde als Typus des lokalen bzw. regionalen Kultverbandes hat aber ihrerseits wiederum weit in vorchristliche Zeit zurückreichende Vorstufen und Vorformen. Im Bereich des Kultischen finden wir gemeindlich-genossenschaftliche Organisationsformen allgemein besonders früh ausgeprägt. Gerade die Entlastung der Hausgemeinschaft bzw. des Familienverbandes von Kultfunktionen scheint für die Entwicklung übergeordneter Sozialformen von grundlegender Bedeutung gewesen zu sein.

Gerichtsfunktionen

Eine andere, sehr archaische Familienfunktion, die vielfach in enger Beziehung zum Ahnenkult auftritt, ist die Blutrachepflicht. Es ist häufig derselbe Personenkreis, der als ihr Träger begegnet, primär die erwachsenen männlichen Hausangehörigen, darüber hinaus dann die nächsten agnatischen Verwandten. Durch eine Verletzung des die Gruppe in ihrem Selbstbewußtsein konstituierenden Familienheils wird ja die sakrale Rachepflicht begründet, die sich ihrerseits wiederum gegen die Tätersippe in ihrer Gesamtheit richtet. Nur unter sehr primitiven Rechtsverhältnissen findet sich diese Form kollektiver Selbsthilfe. In bäuerlichen Rückzugsgebieten, die bloß schwach von einer Zentralgewalt erfaßt wurden, konnte sie sich bis in die jüngste Vergangenheit halten, so etwa in Albanien, Montenegro oder Korsika. Im allgemeinen wurde sie jedoch bereits sehr früh zurückgedrängt. Die germanischen Stammesrechte des Frühmittelalters etwa kennen durchwegs schon die Ablöse durch Bußleistungen, das sogenannte ,,Wergeld". Die Behandlung der Blutfälle ist ein Kernstück der sich entwickelnden öffentlichen Gerichtsbarkeit. Grundsätzlich läßt sich sagen: Je mehr die von den Familienverbänden getragene Rachejustiz zurücktritt, um so mehr entfaltet sich ein Gerichtswesen im Rahmen übergeordneter Sozialformen. Aber nicht nur die Funktionsentlastung der Familie von Rachepflichten nach außen trägt zum Aufbau von Formen öffentlicher Gerichtsbarkeit bei – ebenso auch die Einschränkung der dem Hausvater ursprünglich in sehr großem Ausmaß zustehenden innerfamilialen Hausgerichtsbarkeit. Auch sie reicht – nach den Vorstellungen früherer Zeiten durchaus legitim – bis hin zum Tötungsrecht, etwa gegenüber dem Sklaven, vor allem als Aussetzungsrecht gegenüber dem Kind, im Falle schwerer Verfehlungen gegen die Familie, wie beispielsweise Ehebruch, auch gegenüber der Frau. In Gegenden, in denen sich die öffentliche Gewalt nur schwach durchsetzen konnte, hat sich gerade die letztere Erscheinung familialer Strafgerichtsbarkeit bis in die Gegenwart erhalten.

Schutzfunktionen

Die atavistische Erscheinung der Blutrache läßt sich in einem sehr weiten Verständnis bereits zu den Schutzfunktionen der Familie zählen. Es liegt ihr ja die Verletzung eines im Verständnis der Gruppe besonders schützenswerten Gemeinschaftsguts zugrunde. Schutz zu gewähren ist ganz allgemein eine zentrale Funktion der Familie. Sie gewinnt , je weiter wir historisch zurückgehen, zunehmend an Bedeutung: Einerseits war eine größere Gefährdung des einzelnen durch die Bedrohung seiner natürlichen Umwelt gegeben. Andererseits hatten sich die sozialen Sicherheitsgarantien des Gemeinwesens noch in geringerem Maße entwickelt. Das Schutzbedürfnis, dem die Primärgruppe Familie Rechnung zu tragen hatte, war daher insgesamt weit größer. Im säkularen Prozeß der Entlastung der Familien- bzw. Hausgemeinschaft von Schutzfunktionen ist sowohl die Reduktion des zu schützenden Personenkreises zu sehen als auch die Einschränkung der Belange, hinsichtlich derer Schutz gewährt werden mußte.

Als Beispiel eines frühen Ausscheidens aus der Schutzsphäre des Hauses sei auf die Stellung des Gastes verwiesen. Der Fremde war ursprünglich nur soweit geschützt, als er von einem Hausherrn aufgenommen wurde. Er trat damit unter dessen Schutz, zugleich aber auch unter dessen Hausgewalt. Denn Schutz annehmen bedeutet in der alteuropäischen Gesellschaftsordnung stets zugleich sich der Herrschaft des Schützenden unterwerfen. Welche bedeutsame Rolle der Gästeschutz in früher Zeit gespielt haben muß, läßt etwa die slawische Bezeichnung für Herr ,,gospodi", das ist ,,Gastherr", erkennen. Mit zunehmender Verkehrsentwicklung wird jedoch der Schutz für den Fremden auf höherrangige Herrschaftsträger beschränkt. Der Kaufmann steht grundsätzlich unter Königsschutz. Eigene Einrichtungen der Gästebeherbergung werden geschaffen, die mit einem Sonderfrieden ausgestattet sind.

Ein quantitativ und qualitativ viel bedeutsamerer Vorgang ist die Ausgliederung des Gesindes aus dem familialen Schutzverhältnis. Er ist einerseits bedingt durch die zunehmende Versachlichung des personalen Dienstverhältnisses, andererseits durch den Übergang vom Familienbetrieb zu großbetrieblichen Organisationsformen. Dieser Aspekt gehört schon in den Zusammenhang der Entlastung der Familie von Produktionsfunktionen.

In einer dominant agrarischen Gesellschaft mit wenigen, schwach entwickelten Sammelsiedlungen war die Einzelfamilie in viel größerem Maß äußeren Gefährdungen ausgesetzt als bei vorherrschend städtischer Lebensweise. Die Wahrnehmung der notwendigen Schutzfunktionen verlangte in diesen Verhältnissen auch mehr körperlichen Einsatz. Die Abwehr von Angriffen auf Leben und Eigentum setzte die Waffenfähigkeit voraus, ebenso der Schutz vor wilden Tieren. Damit steht hier die Ausübung von Schutzfunktionen durch die erwachsenen Männer, vor allem durch den Hausvater, im Vordergrund. Die stark patriarchalische Ordnung ländlicher Gesellschaftsformen hat darin eine ihrer Voraussetzungen.

In den ummauerten Stadtsiedlungen erübrigen sich viele der ländlichen Schutzfunktionen von vornherein. Andere lassen sich hier leichter auf gemeindlicher Basis organisieren, so daß die einzelne Hausgemeinschaft davon entlastet wird. Feindabwehr oder polizeilicher Schutz sind früher auf eine genossenschaftliche Grundlage gestellt. Hinsichtlich der Belange, in denen die Gewährung von Schutz notwendig wird, ergibt sich in der Stadt eine deutliche Akzentverschiebung. Den Nahrungsmittelbedarf der Familie primär aus deren Eigenproduktion zu decken, ist hier nicht mehr möglich. Die zunehmende Differenzierung der Arbeitsteilung in der Stadt gefährdet so die materielle Existenzsicherung. Die Erwerbswirtschaft tritt an die Stelle der Versorgungswirtschaft. Die Frage des Unterhalts im Falle der Erwerbsunfähigkeit wird damit zum Überlebensproblem. Die klassischen Risikosituationen Alter, Krankheit und Invalidität gewinnen zunehmend an Bedeutung. Genossenschaftliche Organisationsformen müssen hier Sicherheitsgarantien übernehmen, die die städtische Familie weitgehend nicht mehr gewähren kann. Die Zünfte und Zechen der Handwerker entlasten diesbezüglich die Familie von Schutzfunktionen, überhaupt die Bruderschaften, deren Zahl in den spätmittelalterlichen Städten stark zunimmt. Gleichzeitig verbreitet sich auch das Spital als eine die Familie entlastende Institution, bei der es sich freilich zunächst um eine allgemeine Pflegestätte handelt. Die Entwicklung zum Krankenhaus in unserem heutigen Verständnis des Wortes ist sekundär. Besondere Schwierigkeiten in der Alters- und Krankenfürsorge ergeben sich dann vor allem mit dem Aufkommen und der massenhaften Verbreitung der freien Lohnarbeit. Soweit ihr ein häusliches Dienstverhältnis zugrunde liegt, nimmt die personale Bindung auf Dauer Vertragscharakter auf Zeit an, wodurch die Phasen der Arbeitsunfähigkeit – Krankheit und Alter – aus der Versorgungspflicht des Dienstherrn sukzessive ausgegliedert werden. Vor allem aber bedeutet die freie Lohnarbeit eine gleichmäßige Individualhonorierung des Arbeitenden ohne Rücksicht auf dessen Familienstand. Ist in dieser Situation schon der laufende Unterhalt der Familienangehörigen äußerst prekär, so wird eine Rücklage für den Fall der Arbeitsunfähigkeit durch Krankheit und Alter oder gar zur Versorgung von Witwe und Waisen gänzlich unmöglich. Die durch die Industrialisierung zu einem Massenphänomen gewordene freie Lohnarbeit hat so Schutzbedürfnisse entstehen lassen, denen durch familiale Selbsthilfe keinesfalls in ausreichender Weise entsprochen werden konnte. Erst mit großer zeitlicher Verspätung hat der Staat durch öffentliche Vorsorgeinstitutionen dieser Situation Rechnung getragen. Der Aufbau von Sozialversicherungsinstitutionen erfolgte im ausgehenden 19. und frühen 20. Jahrhundert. Heute ist der überwiegende Teil der Bevölkerung als unselbständig Erwerbstätige auf diese Einrichtungen angewiesen und auch für die selbständig Erwerbstätigen gewinnt sie zunehmend an Bedeutung. Zentrale Hilfs- und Vorsorgefunktionen, die bis in die jüngste Vergangenheit primär von der Familie wahrgenommen wurden, sind so auf die staatliche Gemeinschaft übergegangen.

Wirtschaftliche Funktionen

Die entscheidende Phase der Entlastung der Familie von Produktionsfunktionen ist das Zeitalter der Industrialisierung. In dieser Epoche hat die Familie aufgehört, die maßgebliche Grundform der Arbeitsorganisation zu sein. Die partielle Abgabe produktiver Tätigkeiten reicht freilich bis in frühe Phasen der Menschheitsgeschichte zurück. Jede Arbeitsteilung zwischen Hausgemeinschaften bedeutet im Prinzip eine gegenseitige wirtschaftliche Entlastung. Die ökonomische Differenzierung durch die Entfaltung der Verkehrswirtschaft ist, so betrachtet, ein umfassender Prozeß der Funktionsentlastung der Familie.

Als idealtypische Grundform ist in diesem Prozeß zunehmender wirtschaftlicher Arbeitsteilung die bäuerliche Hausgemeinschaft anzusehen. Das Bauernhaus erscheint zu allen Zeiten als der am wenigsten spezialisierte, in seiner Produktion umfassendste Familienbetrieb. Es hat sich dementsprechend auch stets in seiner sozialen Organisation am stärksten altertümliche Züge bewahrt. Die ökonomische Differenzierung erfolgt in den städtischen Zentren. Je höher der Grad der Urbanisierung, desto weiter ist sie fortgeschritten. Die gegenseitige Entlastung der produzierenden Hausgemeinschaften geht daher hier am weitesten.

Der Prozeß der Arbeitsteilung zwischen Stadt und Land führt keineswegs zu reinen Typen von Familienbetrieben. Wir sprechen zwar vom „Bauernhaus" oder vom „Handwerkshaus", müssen uns dabei aber im allgemeinen Mischformen vorstellen. Der bäuerliche Haushalt der vorindustriellen Zeit hat zahlreiche gewerbliche Produkte hergestellt, sowohl für den Eigenbedarf als auch als herrschaftliche Abgaben. Umgekehrt war die Stadt keineswegs rein gewerblich-kommerziell ausgerichtet. Wir dürfen uns in unserer Vorstellung von der wirtschaftlichen Struktur der mittelalterlichen Stadt nicht vom Bild großer Fernhandelszentren wie Augsburg und Nürnberg leiten lassen. Der bei weitem vorherrschende Typ war vielmehr die sogenannte „Ackerbürgerstadt". Die Stadtbewohner besaßen innerhalb der Mauern vielfach agrarisch genutzte Flächen, ebenso außerhalb derselben, hier vor allem Weingärten. Auch gab es in den Städten weit verbreitet Viehhaltung. Die Übergänge zwischen ländlichen und städtischen Haushaltsformen waren fließend. Trotzdem läßt sich sagen: Das Bauernhaus war unter wirtschaftlichem Aspekt primär Versorgungsbetrieb, der Handwerkerhaushalt dominant Erwerbsbetrieb. Beim einen stand die Deckung des Eigenbedarfs im Vordergrund, ohne daß dabei an eine „geschlossene Hauswirtschaft" im Sinne der Wirtschaftsstufenlehre gedacht werden dürfte, beim anderen die Marktorientierung. Mit zunehmender Marktproduktion erhöhte sich das Risiko der materiellen Existenzsicherung. Aus diesem hohen Risiko wird die Notwendigkeit der starken genossenschaftlichen Absicherung des mittelalterlichen Gewerbebetriebs im Zunftwesen verständlich. Wie jede Eingliederung in eine übergeordnete genossenschaftliche Organisationsform hatte sie einen Abbau familialer Funktionen zur Folge.

Der Prozeß zunehmender ökonomischer Differenzierung hat zwar die Formen familiarer Produktion wesentlich verändert und durch die Sozialisierung eine Vielfalt unterschiedlicher Familientypen entstehen lassen; der Charakter der Familie als Produktionsgemeinschaft wurde dadurch jedoch grundsätzlich nicht berührt. Eine Entlastung von Produktionsfunktionen erfolgte in großem Maßstab erst durch den Prozeß der Industrialisierung. An die Stelle des gewerblichen Familienbetriebs trat immer mehr der industrielle Großbetrieb – die Manufaktur bzw. die Fabrik. Dieses neuentstehende Sozialgebilde wurde nun zum maßgeblichen Rahmen der Arbeitsorganisation im sekundären Erwerbssektor und übernahm damit bisher von der Familie wahrgenommene Aufgaben.

In der Phase der Industrialisierung wurde die Ablöse des Familienbetriebs und damit der Übergang zur freien Lohnarbeit zu einem Massenphänomen. Es darf jedoch nicht übersehen werden, daß die außerhalb des Haushalts geleistete Lohnarbeit nicht erst eine Erscheinung dieser Epoche ist und daß sie schon Jahrhunderte zuvor in verschiedenen Teilbereichen der Gesellschaft in ähnlicher Weise zu Familienformen geführt hat, die von der Produktionsfunktion entlastet waren. Hier wäre etwa auf das Montanwesen mit seinen früh entwickelten großbetrieblichen Organisationsformen zu verweisen, weiter dann auf das Bau- und Transportgewerbe. Einen quantitativ bedeutsamen Faktor stellten diesbezüglich auch die Taglöhner in der Land- und Forstwirtschaft wie vor allem im Weinbau dar. Als die bedeutsamste Auswirkung der Lohnarbeit auf die Familie ist die Trennung von Arbeitsstätte und Wohnung anzusehen.

Diese für die heutige Situation der Familie charakteristische Trennung von Arbeitsstätte und Wohnung wurde freilich nicht nur durch Veränderungen innerhalb des Produktionsbereichs im engeren Sinn bewirkt. Neben dem Prozeß der Industrialisierung spielt dafür der Prozeß der Bürokratisierung eine wohl ähnlich bedeutsame Rolle. Er setzt mit dem Ausbau der fürstlichen Zentralverwaltung im Zeitalter des Absolutismus ein und findet auf verschiedenen Ebenen seine Fortsetzung. Neben die Beamtenschaft tritt im Laufe des 19. Jahrhunderts in immer stärkerem Maße die Angestelltenschaft. Der Funktionsentlastung der Familie durch den Betrieb entspricht die durch das Büro. Mit Ausnahme des bäuerlichen Lebensbereichs erfaßt die Herauslösung der Berufssphäre aus der Familiengemeinschaft seit dem 19. Jahrhundert praktisch die ganze Gesellschaft.

Diese für das Ausmaß familialer Funktionen besonders einschneidenden Veränderungen hinterließen einen in seiner wirtschaftlichen Bedeutung stark reduzierten Haushalt. An produktiver Tätigkeit verblieb die Hausarbeit im modernen Sinn des Wortes – zunächst, soweit vorhanden, mit Unterstützung häuslicher Dienstboten ausgeführt, dann von der Hausfrau allein. Diese Hausarbeit war im 19. und frühen 20. Jahrhundert noch viel umfassender, als es uns aus der Gegenwart geläufig ist. Auch hier ist der Prozeß der Funktionsentlastung weitergegangen. Die Zunahme des Warenangebots, vor allem bei Nahrungsmitteln und Bekleidung, macht in vielen Belangen häusliche Eigenproduktion überflüssig. Neue Dienstleistungsgewerbe treten entlastend hinzu. Von Krisenzeiten abgesehen, werden Reste der Selbstversorgung, wie etwa der eigene Obst- und Gemüsegarten, überflüssig, ebenso Relikte der Vorratswirtschaft, wie das Konservieren verderblicher Lebensmittel. Der Rückgang der häuslichen Produktivfunktionen läßt in wirtschaftlicher Hinsicht den Konsumcharakter des Haushalts immer mehr in den Vordergrund treten.

Sozialisationsfunktionen

Als die zentrale Funktion der Familie kann für die Gegenwart wohl die Sozialisation des Nachwuchses angesprochen werden. Auch sie ist freilich nur ein Restbestand von früher weit umfassenderen familialen Aufgaben. Die Entlastung der Familie von Sozialisationsfunktionen erfolgte im wesentlichen durch die Entfaltung des Schulwesens. Als wichtigste Zäsur in diesem Prozeß ist die Einführung der allgemeinen Schulpflicht anzusehen.

Die Erziehung und Ausbildung des Nachwuchses erfolgte in der alteuropäischen Gesellschaft grundsätzlich im Rahmen der Hausgemeinschaft. Dieser Satz ist freilich differenziert zu verstehen. Das Haus, in dem die Sozialisation erfolgte, war keineswegs immer das Elternhaus: Im Gegenteil, das frühe Verlassen des Elternhauses zum Zweck einer spezifischen Ausbildung war in den vorindustriellen Gesellschaft weit verbreitet. Die Weitergabe von Kenntnissen und Fertigkeiten von einer Generation zur anderen erfolgte im wesentlichen durch die Teilnahme der Kinder und Jugendlichen an der Arbeit in der Familie. Es war ein Lernen durch die Praxis. Sollte ein Kind eine besondere Fertigkeit erwerben, die es im Vaterhaus nicht lernen konnte, so mußte es das Haus wechseln. Selbst der im väterlichen Tätigkeitsbereich verbleibende Sohn trat meist zur Vervollkommnung seiner Kenntnisse in eine andere Hausgemeinschaft ein. Dienst in fremdem Haus war die Ausbildungsform schlechthin. Das gilt für den Knappen, Edelknaben oder Pagen im Adel, für den Lehrling und Gesellen im Handwerk und Handel, für den bäuerlichen Knecht, für den geistlichen Scholar. Im neuen Haushalt kam ihnen eine kindergleiche Stellung zu: Pflicht zu Dienst und Gehorsam, dementsprechend aber auch Recht auf Schutz und Unterhalt.

Die Erziehung in fremdem Haus ist auch die Wurzel der Schule. Die ,,schola" der mittelalterlichen Stifte und Klöster diente in erster Linie der Ausbildung des eigenen Nachwuchses. Einige wesentliche Besonderheiten zeichnen jedoch diese Form der häuslichen Erziehung aus. Zunächst stellt die ,,schola" im geistlichen Großhaushalt eine gesonderte Gruppe unter der Leitung eines ausdrücklich mit Ausbildungsaufgaben Beauftragten, des ,,scholasticus", dar. Wesentlich ist dann auch, daß sie nicht nur direkt verwertbares standes- und gruppenspezifisches Wissen vermittelte, sondern darüber hinaus allgemeine Bildung. Schließlich nahm sie nicht nur für den geistlichen Stand bestimmte Kinder auf. Damit war der entscheidende Durchbruch zu einer über die häusliche Nachwuchsbildung hinausgehenden Erziehungseinrichtung gegeben. Hier konnte die Entlastung der Familie von Sozialisationsaufgaben ansetzen.

Ein öffentliches Schulwesen war im Mittelalter und der frühen Neuzeit den sozialen Strukturen der Zeit entsprechend nur im Rahmen bestimmter gesellschaftlicher Teilbereiche möglich: die Rats- oder Bürgerschulen für den Nachwuchs der städtischen Oberschicht, die Lese- und Schreibschulen für die Handwerkerkinder, die „Landschaftsschulen" für die jungen Adeligen. Eine Öffentlichkeit in unserem heutigen Verständnis war ja noch nicht gegeben. Es ist bezeichnend, daß die Einführung der allgemeinen Schulpflicht in die Epoche des Absolutismus fällt, der sich um gesamtstaatliche Integration bemühte. Sie erfolgte im mitteleuropäischen Raum zuerst seit dem frühen 17. Jahrhundert in den lutherischen Territorien, mit einer gewissen Phasenverschiebung dann auch in den katholischen, in Österreich etwa erst unter Maria Theresia. Ihre Durchsetzung gelang freilich sehr langsam mit starken schichtspezifischen Unterschieden. Große Widerstände gab es im ländlichen Raum. Relativ spät wurden die Kinder der Fabriksarbeiter erfaßt. Unterschiedlich stark erfolgte auch die Einbeziehung von Knaben und Mädchen. Das ältere Schulwesen war ja im wesentlichen auf Knabenerziehung ausgerichtet gewesen, eine Tradition, die in der allgemeinen Grundschule weiterwirkte. So hat auch die Einführung der allgemeinen Schulpflicht keineswegs in einheitlicher Weise zu einer Entlastung der Familie von Erziehungsaufgaben geführt.

Die Abgabe familialer Sozialisationsaufgaben an kommunale oder staatliche Bildungseinrichtungen war immer nur eine partielle. Abgesehen von der Internatserziehung blieb das Kind nur für eine bestimmte Tageszeit dem Elternhaus fern. Auch übernahm die Schule erst ab einer gewissen Altersstufe Erziehungsaufgaben. Die 6- bzw. früher 7-Jahres-Grenze hat als Abschluß der primär von der Mutter getragenen Sozialisation eine weit zurück nachweisbare Tradition. Eine Abgabe familialer Erziehungsaufgaben unterhalb dieser Altersgrenze erfolgte erst mit der Errichtung der Kindergärten, die um die Mitte des 19. Jahrhunderts in Deutschland begann und sich dann im 20. Jahrhundert auf breiter Basis durchsetzte.

Fortpflanzungsfunktion

Die Frühphasen der Primärsozialisation sind – wie schon betont – von der Fortpflanzungsfunktion selbst kaum zu trennen. Die Reproduktion erfolgt eben beim Menschen in engster Verbindung von biologischen und sozialkulturellen Faktoren. Wir sind hier gleichsam beim ,,harten Kern" familialer Funktionen angelangt. Trotz dieser zentralen Bedeutung der Fortpflanzung für die Familie zeigen sich auch diesbezüglich in der historischen Entwicklung Veränderungen, die in gewissem Sinn als eine partielle Funktionsentlastung verstanden werden können. Während in vorindustrieller Zeit die Phase der ehelichen Fruchtbarkeit im allgemeinen voll ausgenützt wurde, kommt es im 19. und 20. Jahrhundert in zunehmendem Maß zu einer Einschränkung der Geburtenzahl. Mehrere bedingende Faktoren sind in diesem Zusammenhang zu berücksichtigen. Der rasche Rückgang der Kindersterblichkeit durch den medizinischen und hygienischen Fortschritt bewirkte nahezu eine Verdopplung der Überlebenschancen. Gleichzeitig wurde jedoch durch das rasche Anwachsen der unselbständigen Erwerbstätigkeit das Kind von einer zusätzlichen Arbeitskraft im Familienbereich zu einem zusätzlichen Kostenfaktor im Familienbudget. Aufwendungen und Dauer der Unterhaltspflicht stiegen stark an. Das Interesse an einem gehobenen Konsumaufwand und der damit verbundenen sozialen Geltung trug das Seine zum Bestreben nach einer Reduktion der Kinderzahl bei. Schließlich erleichterten es neue Möglichkeiten der Geburtenkontrolle, die gewünschte Kleinhaltung der Familie zu realisieren. Das generative Verhalten änderte sich damit grundlegend. Im Vergleich zur vorindustriellen Zeit ist die Zeugung von Nachwuchs nun auf eine relativ kurze Phase des Familienzyklus beschränkt. Bezogen auf die gesamte Ehedauer erscheinen die Eltern damit in wachsendem Maße von Aufgaben der Primärsozialisation freigestellt.

Kulturfunktionen

Alle diese säkularen Prozesse der Entlastung, die bis in den innersten Kern familialer Funtkionen hineingreifen, haben jedoch keineswegs zu einer Funktionsentleerung der Familie geführt. Die im Laufe der historischen Entwicklung immer mehr abgegebenen Funktionen gehören insgesamt zu einem bestimmten Typus: Es sind Aufgaben, Verpflichtungen, Leistungen, die zur Sicherung des Überlebens des einzelnen in der Gruppe notwendig waren, Funktionen der unmittelbaren Naturbewältigung und Existenzsicherung. Dem Prozeß des Abbaus derartiger Funktionen parallel verläuft aber ein anderer: Es werden Aktivitäten aufgebaut, die nicht direkt der Existenzerhaltung dienen und damit im ursprünglichen Sinn „not-wendig" sind – Aktivitäten, die vielmehr die Qualität des einzelnen Gruppenangehörigen persönlich bereichern. Man könnte sie den behandelten Funktionen vereinfachend als kulturelle Aktivitäten gegenüberstellen. Auch unter diesem Aspekt erscheint es treffender, von einer „Funktionsentlastung" und nicht von einem „Funktionsverlust" der Familie zu sprechen, wobei freilich zu bedenken ist, daß diese sekundär angereicherten Aktivitäten nicht notwendig an den sozialen Rahmen der Familie gebunden sind.

Der Raum, innerhalb dessen sich neue Familienfunktionen angesiedelt haben, ist die Freizeit. Freizeit – in unserem heutigen Verständnis des Wortes – reicht historisch nicht allzu weit zurück. Ihre Entstehung hängt eng mit den dargestellten Prozessen der Funktionsentlastung zusammen. Freizeit verhält sich komplementär zu gesellschaftlich notwendiger Arbeit. Sie hat sich mit der Reduktion solcher Arbeit innerhalb der Familie bzw. mit deren Desintegration aus der Familie entwickelt. Der Aufbau von Aktivitäten des kulturellen Bereichs in dem so entstandenen Freiraum hat vielfältige Verbindungen zu den in Abbau begriffenen Familienfunktionen. Es handelt sich sehr oft um eine Überformung, Ausgestaltung und Luxurierung von Funktionsresten. Früh zeigt sich das etwa beim Brauchtum, in dem vor allem funktionsentlastete Kultformen weiterleben. Auch das Spiel ist in diesem Zusammenhang zu nennen. Zahlreiche Kinderspiele sind Reste der innerfamilialen Vorbereitung auf später auszuübende Arbeitsfunktionen. In der Entfaltung der Wohnkultur ist der Prozeß der Luxurierung besonders deutlich faßbar. Die Unterkunft als überlebenswichtige Schutzeinrichtung steht hier am Anfang. Ähnliche Tendenzen zeigen sich in der aus der familialen Tischgemeinschaft herausgewachsenen Eßkultur. Entwicklungslinien führen hier hinüber zu Fest und Feier. Die Pflege des Ziergartens als Freizeitbeschäftigung löst die zur Selbstversorgung notwendige Bearbeitung des Obst- und Gemüsegartens ab. Die Tierzucht als Liebhaberei schließt an die praktischen Bedürfnissen dienende Haustierhaltung an. Funktionen der Freizeitgestaltung treten mehr und mehr in den Vordergrund. Die Familie wird – wirtschaftlich gesehen – in zunehmendem Maße zur Konsumtionsgemeinschaft. Derartige Veränderungen sind freilich wiederum schichtspezifisch differenziert und dementsprechend zeitlich phasenverschoben zu sehen.

Wird die Familie funktionslos?

Der Blick zurück in die Vergangenheit läßt hinsichtlich den von der Familie ausgeübten Funktionen gewisse allgemeine Grundtendenzen erkennen. Ist es dem Historiker erlaubt, solche Entwicklungslinien in die Zukunft hinein zu extrapolieren und daraus Prognosen abzuleiten? Die Frage berührt sehr grundsätzliche Probleme der Geschichtswissenschaft, ihrer Möglichkeiten und ihrer Aufgaben. Diesem prinzipiellen Aspekt kann hier nicht weiter nachgegangen werden. Einige Überlegungsansätze zum konkreten Thema der Familienentwicklung müssen genügen.

Der Historiker kann, gerade wenn er die Veränderungen der Sozialform Familie über lange Zeiträume hin beobachtet, eine im wesentlichen einheitliche Trendrichtung beobachten. Sicherlich hat es immer wieder Situationen gegeben, in denen die Familie längst abgegebene Aufgaben neuerlich übernehmen mußte. In Kriegs- und Nachkriegszeiten etwa haben viele Haushalte für die Selbstversorgung produziert. Die Familie erhielt dadurch partiell gewisse produktive Funktionen. Die Unterdrückung einer Konfession hat vielfach dazu geführt, daß mit dem Erlöschen des religiösen Gemeindelebens die Familie wiederum zum tragenden Kultverband wurde. Analoge Beispiele einer Wiederaufnahme abgegebener Familienaufgaben ließen sich auch aus anderen Funktionsbereichen erbringen. Derartige Erscheinungen sind freilich Ausnahmefälle.

Sie beweisen die außerordentliche Elastizität der Familie in Not- und Krisensituationen, sie sprechen jedoch sicher nicht gegen einen einheitlichen Trend der Gesamtentwicklung. Die säkularen Prozesse der Abgabe von Familienfunktionen an übergeordnete Sozialgebilde sind im Prinzip irreversibel. Um es an extremen Beispielen zu illustrieren: Ein Rückfall von den Formen moderner staatlicher Gerichtsbarkeit in die Denkweise archaischer Blutrachegesellschaften erscheint ausgeschlossen. Ein Verzicht auf die Einrichtung des öffentlichen Schulwesens zugunsten einer rein häuslichen Erziehungsform wird wohl kaum je eintreten. Daß der Familienbetrieb einmal die heute dominanten großbetrieblichen Formen der Arbeitsorganisation ersetzen könnte, ist alles andere als wahrscheinlich. Der Historiker wird so für die Zukunft jedenfalls eine negative Abgrenzung vornehmen dürfen. Er wird sagen können, daß gewisse Familienformen der Vergangenheit aus einer Prognose auszuschließen sind. Eine Rückkehr zum Funktionsreichtum der Familie in der alteuropäischen Gesellschaft der vorindustriellen Zeit erscheint auf Grund der historischen Erfahrung unmöglich.

Daß gewisse langfristige Prozesse der Abgabe familialer Funktionen nicht mehr umkehrbar sind, darf natürlich nicht als Auswirkung einer inneren Automatik gesellschaftlicher Entwicklung gesehen werden. Solche Prozesse sind vielmehr deshalb irreversibel, weil eine Umkehr den bereits erreichten Stand des individuellen und gesellschaftlichen Bewußtseins unterböte. Es wäre unvernünftig, einmal erreichte Fortschritte in der Bewältigung der natürlichen Umwelt und in der Organisation menschlichen Zusammenlebens wieder aufzugeben. Die die Familie entlastenden Einrichtungen wurden in der Vergangenheit beibehalten und weiter ausgebaut, weil sie gegenüber den Verhältnissen der vorangegangenen Zeit gewisse Vorteile boten, wobei es an dieser Stelle außer Betracht bleiben kann, wem dieser Vorteil zugute kam. Zweckrationales Handeln, nicht eine wie immer vorstellbare innere Eigengesetzlichkeit gesellschaftlicher Entwicklung liegt also den skizzierten Tendenzen zugrunde. Diese Rolle willentlich angestrebter Veränderungen wird auch bei jedem Versuch, Familienformen der Zukunft zu prognostizieren, berücksichtigt werden müssen.

Wir haben gesehen, daß die Funktionsentlastung der Familie in der Vergangenheit begleitet wurde von einer Funktionsanreicherung neben- oder übergeordneter Sozialgebilde, bzw. daß sie deren Entstehung überhaupt erst bewirkte. Die Schule, der Betrieb, die Gemeinde, vor allem der Staat mit seinen vielfältigen Gemeinschaftseinrichtungen, waren hier zu nennen. Urbanisierung, Industrialisierung, Bürokratisierung erwiesen sich jeweils als Prozesse, die eine Abgabe familialer Funktionen ermöglichten oder bedingten. Die Entwicklung der Sozialform Familie ist also stets im Kontext solcher gesamtgesellschaftlicher Veränderungen zu sehen. Von Wandel oder Konstanz dieser Rahmenbedingungen hängt ihre Erscheinungsform in der Zukunft ab. Wenn in Fortsetzung der bisherigen Entwicklung übergeordnete Sozialformen ausgebaut und funktional angereichert werden, so ist mit einer weiteren Funktionsentlastung der Familie zu rechnen.

Sollte der Abbau jener Familienfunktionen weiter fortschreiten, die stärker den Charakter notwendiger Leistungen und Verpflichtungen haben, so könnten sich damit zugleich neue Möglichkeiten für Aktivitäten ergeben, die die Qualität des Familienlebens steigern. Es käme dadurch zu einer Akzentverschiebung von mehr institutionellen zu mehr freiwilligen Komponenten. Der Charakter der Familie als soziale Gruppe würde sich ändern, als „Verfall" oder „Auflösung" wäre ein solcher Prozeß aber sicher nicht zu qualifizieren.

Solche Überlegungen führen hinüber zur Frage der Bewertung von Veränderungsprozessen der Sozialform Familie, zu der die Geschichtswissenschaft vielleicht mit mehr Berechtigung einen Beitrag zu leisten vermag als zum Prognoseproblem. Einen grundlegenden Zusammenhang, der eine weitere Entlastung der Familie von institutionellen Funktionen positiv beurteilen läßt, kann nämlich der Historiker aus seiner Perspektive mit Sicherheit feststellen, nämlich den Zusammenhang zwischen Funktionsentlastung und Emanzipation. Einige Beispiele für die behandelten Teilfunktionen mögen das erläutern. Dabei werden sowohl innerfamiliale Emanzipationsprozesse zu berücksichtigen sein als auch solche zwischen verschiedenen gesellschaftlichen Gruppierungen. Die ersteren haben im wesentlichen eine Überwindung des Patriarchalismus in der Hausgemeinschaft, die letzteren von ständischen Schranken in der Gesellschaft zum Ergebnis.

Emanzipationsprozesse durch Funktionsentlastung

Wo die Stellung des Hausvaters mit der des Hauspriesters identisch ist, haben wir es stets mit einer sakralisierten Vaterposition zu tun. Das Abhängigkeitsverhältnis der Hausangehörigen erscheint dann religiös fundiert und dementsprechend stark stabilisiert. Ein besonders ausgeprägter Patriarchalismus ist die Folge. Das Interesse an der Kontinuität der Kultträger bedingt bei häuslichem Ahnenkult häufig Großfamilienformen und damit auch Unterwerfung erwachsener verheirateter Söhne unter die hausväterliche Gewalt. Ebenso liegt hier eine Wurzel für die Bevorzugung von Söhnen gegenüber Töchtern, die sich besonders im Erbrecht auswirkt. Die Überwindung des Ahnenkults schafft Voraussetzungen für eine Abschwächung von Patriarchalismus und männerrechtlicher Ordnung.

Gesamtgesellschaftlich gesehen bewirkt die religiöse Vorstellungswelt des Ahnenkults geblütsrechtliches Denken. Dementsprechend sind die Möglichkeiten einer Verbesserung der ständischen Qualität sehr gering. Auch in räumlicher Hinsicht ergibt sich durch die Bindung der Söhne ans väterliche Haus als Kultstätte eine Mobilitätsschranke. Die Ausbildung differenzierter Sozialformen erscheint bei ausgeprägter religiöser Vorfahrenverehrung gehemmt. Der für die europäische Sozialentwicklung charakteristische Formenreichtum dürfte unter anderem auch mit der – etwa im Vergleich zu den ostasiatischen Kulturen – relativ frühen Überwindung des Ahnenkults zusammenhängen. Vor allem die gemeindlich-genossenschaftlichen Typen sind dabei als Emanzipationsfaktor wichtig.

Die Entlastung der Familie von der Notwendigkeit unmittelbaren Schutzes mit der Waffe läßt zunehmend die Bedeutung der persönlichen Wehrhaftigkeit zurücktreten. Ausübung von Schutz begründet stets Herrschaft. Der Bedeutungsrückgang der Wehrhaftigkeit des Hausvaters schafft damit Voraussetzungen für innerfamilialen Herrschaftsabbau. Über die Rachepflicht steht die Wehrhaftigkeit in einem sehr ursprünglichen Zusammenhang mit der Gerichtsfähigkeit, die daher primär Männersache ist. Die Gerichtsfähigkeit wiederum erscheint als die Grundlage politischer Berechtigung in der Gemeinde bzw. in übergeordneten Formen des Gemeinwesens. Erst mit der Einschränkung hausherrlicher Schutz- und Gerichtsfunktionen entstehen für die hausrechtlich Abhängigen Chancen einer rechtlichen und politischen Emanzipation. Die Eigenberechtigung der Frau, der mündigen Kinder, vor allem der verschiedenen Typen des Gesindes, wird auf dieser Basis möglich. Auch im politischen System können erst mit dem Rückgang familialer Schutzfunktionen die ständisch korporativen Formen der „Hausväterdemokratie“ überwunden werden. Die Vorzugsstellung der adeligen Hausherren ist bei einer solchen Verfassung wiederum durch deren militärische Schutzfunktion innerhalb des „Rahmenhaushalts“ Grundherrschaft bedingt.

Eine entscheidende Schwächung des Patriarchalismus bedeutete die Abgabe familialer Produktionsfunktionen. Der Hausvater verlor dadurch seine Stellung als Leiter der Arbeitsorganisation und damit die wohl stärkste institutionelle Stütze seiner Autoritätsposition gegenüber den anderen Angehörigen der Hausgemeinschaft. Mit dem Rückgang des Familienbetriebs verschoben sich die Formen des Arbeitsverhältnisses von persönlichem Dienst zu vertraglicher Bindung – ein Emanzipationsprozeß, der zur Ausgliederung bisher hausrechtlich Abhängiger führte. Durch die Zunahme der unselbständigen Erwerbstätigkeit erhielten Familienangehörige immer mehr die Möglichkeit zu eigenem Verdienst, sowohl die heranwachsenden Kinder als auch die Gattin. Daraus ergab sich eine stärkere wirtschaftliche Unabhängigkeit gegenüber dem Vater. Als Faktor für die persönliche Emanzipation der Kinder verdient Erwähnung, daß mit dem Vordringen der Lohnarbeit das väterliche Erbe an Bedeutung verlor.

Solange die Familie die dominante Form der Arbeitsorganisation war, ergab sich durch die innerfamiliale Arbeitsteilung eine starke Rollenfixierung. Auf Grund der Abgabe von Produktionsfunktionen ist diesbezüglich sowohl für die Stellung von Mann und Frau in der Familie als auch für die von Söhnen und Töchtern ein größerer Spielraum gegeben. Im Familienbetrieb besteht Rollenergänzungszwang. Ein Witwer oder eine Witwe muß sich wiederverehelichen, ein übernehmender Sohn muß heiraten, wozu er andererseits zu einem früheren Zeitpunkt kaum die Möglichkeit hat. Der Kreis möglicher Ehepartner ist berufsspezifisch eingeschränkt. Die Freiheit der Partnerwahl erscheint so in größerem Ausmaß erst durch die Abgabe von Produktivfunktionen möglich, in den diesbezüglich entlasteten oberen Ständen nach Überwindung des Geblütsdenkens.

Die Trennung von Arbeitsstätte und Wohnung bedeutet größere Freiheit in der Gestaltung des familialen Zusammenlebens. Die zunehmende räumliche Differenzierung trägt zur persönlichen Individualisierung bei. Bei Jungverheirateten setzt sich das Prinzip der Neolokalität gegenüber der früher vorherrschenden Patrilokalität durch, womit sich neue Möglichkeiten der eigenständigen Gestaltung der Wohnung als der spezifischen Sphäre der Privatheit ergeben.

Die Dominanz der Sozialisation im Familienverband ist ein maßgeblicher Faktor für die soziale Stabilität der vorindustriellen Gesellschaft. Der Sohn wird grundsätzlich zum Beruf des Vaters erzogen bzw. zum Beruf jenes Hausherrn, dessen Obhut ihn sein Vater anvertraut hat. Es gibt in diesem System nur spezialisierte Ausbildung, weil die Erziehung zum Beruf durch Mitarbeit in der jeweiligen Hausgemeinschaft erfolgt. Das Vordringen des öffentlichen Schulwesens bedeutet demgegenüber größere soziale Mobilität, verbesserte Aufstiegschancen. Die Ausbildung ist nicht rein praktisch ausgerichtet und spezialisiert. Sie läßt mehr Berufsmöglichkeiten offen und schiebt die endgültige Berufsentscheidung hinaus – ein wichtiger Fortschritt zu größerer Selbstbestimmung. Die Schule bedeutet aber auch gegenüber der rein häuslichen Sozialisation zusätzliche Orientierungsmöglichkeiten und damit eine stärkere individuelle Ausprägung. Die Voraussetzungen für eine eigenständige Entwicklung werden günstiger. Der Lehrer tritt als wichtige Erziehungsinstanz neben die Eltern. Aber auch die Altersgruppe als Sozialisationsfaktor gewinnt stark an Bedeutung. Die Gemeinsamkeit der Erziehung in der öffentlichen Schule gibt Ansatzpunkte für einen Ausgleich ständischer und schichtspezifischer Unterschiede. Die Herabsetzung der Altersgrenze, mit der außerfamiliale Sozialisation einsetzt, verbessert die Bedingungen, um Chancengleichheit zu realisieren.

Schließlich hat auch die Reduktion von Fortpflanzung und Primärsozialisation auf eine kürzere Phase des Familienzyklus gewisse emanzipatorische Effekte. Die kontinuierliche Abfolge von Schwangerschaften und Stillperioden bedeutete für die Mutter der vorindustriellen Zeit eine außerordentlich starke Bindung. Mit der Einschränkung der Geburtenzahl hat sich die Rollenfixierung der Ehefrau gelockert. Ihr Aktionsradius erscheint nicht mehr ausschließlich auf die Sphäre des Hauses begrenzt. Die innerfamilialen Verpflichtungen treten, jedenfalls phasenweise, zurück. Eigene berufliche Tätigkeit wird in zunehmendem Maß möglich.

Von Herrschaft zu Partnerschaft

Insgesamt erscheint der Prozeß der Funktionsentlastung als eine Entwicklung von einer mehr herrschaftlich-institutionellen zu einer mehr partnerschaftlich-personalen Familienstruktur. Die Familienangehörigen haben gegenüber dem Vater als Familienhaupt zunehmend an Eigenständigkeit und Eigenberechtigung gewonnen. Das gilt vor allem für die Beziehungen der Ehegatten, aber auch für die von Eltern und Kindern.

Aus dem kausalen Zusammenhang von Funktionsentlastung und Emanzipation wird rückblickend der ausgeprägte Patriarchalismus der europäischen Sozialentwicklung verständlich. Er darf nicht bloß als Resultat eines Prozesses der Unterdrückung und Ausbeutung der Frau durch den Mann, der Kinder durch den Vater auf Grund seiner größeren physischen Kräfte oder seiner ökonomischen Möglichkeiten gesehen werden. Die Bedingungen der Existenzsicherung haben vielmehr eine Konzentration von Aufgaben in der Familie notwendig gemacht, die ihrerseits eine stark herrschaftlich-institutionelle Organisationsform erforderte. Erst mit zunehmender Naturbewältigung, mit verbesserten Möglichkeiten, menschliches Überleben zu sichern, mit dem Aufbau neben- und übergeordneter Sozialformen, die die Familie institutionell entlasten konnten, wurden innerfamiliale Emanzipationsprozesse möglich.

Selbst wenn – wie zu erwarten ist – mit einem weiteren Abbau familialer Funktionen diese Prozesse der Emanzipation fortschreiten, so ist gleichberechtigte Partnerschaft innerhalb der Familie in einer Hinsicht unerreichbar, nämlich in der Eltern-Kind-Beziehung. Als eine Sozialform, die Schutz zu gewähren hat, wird sie stets herrschaftlich gestaltet sein, als eine Sozialform, die Sozialisation wahrzunehmen hat, wird es in ihr notwendig stets Autorität geben.

Es wäre eine unzulässige Vereinfachung zu sagen, daß Funktionsentlastung der Familie immer nur Emanzipation zur Folge gehabt habe. Im Gegenteil – es gibt historische Beispiele genug, daß solche Prozesse zu neuen Abhängigkeitsverhältnissen und zu sozialen Krisenerscheinungen führten. Vor allem die Ablöse des Familienbetriebs im Zeitalter der Industrialisierung bewirkte eine Vielfalt von negativen Konsequenzen. So sehr weibliche Berufstätigkeit zu größerer persönlicher Erfüllung beitragen kann – die durch Not erzwungene Frauenarbeit der frühindustriellen Phase läßt sich sicher nicht primär als eine emanzipatorische Erscheinung verstehen. Mag man es auch als Fortschritt ansehen, daß der Lohnarbeiter in der Manufaktur oder der frühen Fabrik zum Unterschied vom Handwerksgesellen heiraten konnte – die wirtschaftliche Situation einer so entstandenen Arbeiterfamilie war meist katastrophal und führte zu vermehrter Abhängigkeit. Betrachtet man die Stellung des freien Lohnarbeiters im Vergleich zum Abhängigkeitsverhältnis der gewerblichen Mitarbeiter im Handwerkshaus als Emanzipation, so steht dem die relative Schutzlosigkeit des ersteren in Risikosituationen gegenüber. Man wird bei einer derartigen Gegenüberstellung freilich bedenken müssen, daß den veränderten Verhältnissen jeweils nur partiell Rechnung getragen wurde: etwa Möglichkeit der Familiengründung – aber Beibehaltung der für den grundsätzlich unverheirateten Gesellen üblichen Individualentlohnung, ein Faktor, der Frauenarbeit notwendig machte; oder: Übergang der Produktionsfunktionen des Familienbetriebs auf den industriellen Großbetrieb – nicht aber Übernahme der korrespondierenden familialen Schutzfunktionen. Die sozialen Krisenerscheinungen im Zuge von Entlastungsprozessen der Familie sind zumeist durch mangelndes Vermögen oder mangelnde Bereitschaft zur Anpassung des Gesamtsystems verursacht.

Schwierigkeiten für eine solche Anpassung ergeben sich insoferne, als bei veränderten strukturellen Bedingungen häufig Werthaltungen, Verhaltensweisen und Anschauungen beibehalten werden, die ihre Begründung in älteren Ordnungen haben. So kann bei bereits fortgeschrittener Industrialisierung ein generatives Verhalten auftreten, das am bäuerlichen Familienbetrieb orientiert ist. Leitbilder der Knaben- bzw. Mädchenerziehung werden weiter tradiert, die ihre Wurzel in längst überholten Formen der innerfamilialen Arbeitsteilung zwischen Mann und Frau haben. Erb- und besitzrechtliche Ansprüche behalten ihre Geltung, obwohl ihre Legitimation in einer bereits überwundenen Sozialverfassung liegt. Ein solcher „cultural lag" ist gerade in der Entwicklungsgeschichte der Familie auf Grund der ausgeprägten Beharrungstendenz dieser grundlegenden Sozialform sehr häufig zu beobachten. Für eine emanzipatorisch engagierte Geschichtswissenschaft ergeben sich daraus besondere Möglichkeiten. Der Historiker kann den sozialen Kontext untersuchen, in dem tradierte Vorstellungen, Wertungen oder Verhaltensweisen entstanden sind und er kann mit einer solchen Zuordnung zu bestimmten Verhältnissen der Vergangenheit zu einer notwendigen Veränderung des Bewußtseins in der Gegenwart beitragen.

Reinhard Sieder

Der Jugendliche in der Familie

Jugend in einfachen und komplexen Gesellschaften

Jede Gesellschaft bemüht sich, ihren Nachwuchs so zu erziehen, daß er ihrem kultur- und gesellschaftsspezifischen Wunschbild möglichst entspricht. Je traditioneller eine Gesellschaft ist, umso weniger bedarf sie der Reflexion ihres Sozialisationsstils und spezifischer Institutionen der Erziehung. In familistischen Gesellschaften vermag die Familie selbst die Heranwachsenden in die Gesellschaft einzuführen, in allen komplexer strukturierten Gesellschaften tritt „Jugend" als soziale Gruppe auf, in der vieles von dem gelernt wird, was die Familie nicht vermitteln kann.

Die Existenz von Jugend in diesem Sinn hängt eng mit der Frage der Tradierung des kulturellen Erbes zusammen. Jugendliche Verhaltens- und Denkweisen bzw. ihre Steuerbarkeit durch die Gesellschaft bestimmen Kontinuität und Diskontinuität. So ist es eine zentrale Frage, wie eine Gesellschaft ihre Jugend prägt und damit ihre Zukunft beeinflußt bzw. welche Beziehungen denn überhaupt zwischen Sozialisierung und geschichtlichem Wandel oder auch geschichtlicher Kontinuität bestehen.

Allgemein kann dabei gelten, daß Sozialisation in einfachen Gesellschaften ein quasi automatisches Nebenprodukt des gesellschaftlichen Daseins, in komplexen Gesellschaften das Ergebnis spezifischer und zweckhafter Veranstaltungen (z. B. von Schule) ist. Wenn nun in diesem Beitrag die Beziehungen zwischen Familie und Jugend erörtert werden sollen, ist zu erwarten, daß die Familie in einfachen Gesellschaften eine bedeutendere Rolle spielt. Unser Interesse richtet sich deshalb darauf, unter welchen Bedingungen die Familie für den Jugendlichen mit zunehmender Differenzierung der Gesellschaft an Bedeutung verliert und sich Jugend in spezifischeren Sozialformen konstituiert.

Was der Jugendliche in einfachen Gesellschaften, also in ländlich-bäuerlichen Gesellschaften, aber auch in frühen Stadtkulturen, lernen muß, beschränkt sich im wesentlichen auf jene Tätigkeiten, Verhaltens- und Denkweisen, die um ihn herum täglich passieren. In der bloßen Teilnahme am Leben der Familie, der Verwandtschaft und der Gemeinde lernt der heranwachsende Mensch die inneren und äußeren Lebensformen, die für seine Kultur und Gesellschaft typisch und notwendig sind. Voraussetzung hierfür ist die räumliche, zeitliche, bewußtseins- und gefühlsmäßige Beschränkung des Kindes und Jugendlichen auf die ihrerseits relativ abgeschlossene Personengruppe der Familie bzw. der Hausgemeinschaft.

Demgegenüber bedeutet die hohe Differenzierung der komplexen Gesellschaften, daß alle Rollen zu Momenten vielfältiger Teilstrukturen werden und Familie und Verwandtschaft nicht mehr selbständige Gebilde sind, in denen alle notwendigen Verhaltens- und Denkmuster angeboten werden. Auch die sogenannte Privatsphäre des Menschen ist mit Strukturen der Wirtschaft und Verwaltung, der Politik und des Handels etc. verwoben. Die Primärgruppe Familie ist dann nicht mehr allein entscheidend für die Sozialisationsleistung einer Gesellschaft, sie wird zu einer vermittelnden Sozialisationsinstanz unter anderen, ist ihrerseits wesentlich durch übergreifende Gesellschaftsstrukturen bestimmt und von vielen ihr ehemals zugeordneten Funktionen entlastet.

Jugend als soziales Phänomen

Die Erscheinungsformen von Jugend hängen also weitgehend von ökonomischen und sozio-kulturellen Bedingungen ab. Sicher haben sie auch mit biologischen Prozessen zu tun. Entwicklungen des körperlichen Wachstums und des physischen Reifens beeinflussen das soziale Erscheinungsbild von Jugend. Aber aus historischer Sicht interessieren vor allem die sozio-kulturellen und ökonomischen Gründe, warum es trotz relativ gleichbleibender biologisch-physiologischer Voraussetzungen im Lauf der historischen Entwicklung zu bedeutenden Veränderungen des Phänomens ,,Jugend" gekommen ist.

Daß allerdings auch scheinbar ,,natürliche" Aspekte des ,,Jugendlichseins" dem historisch-sozialen Wandel unterworfen sind, zeigt sich bereits, wenn man nach dem zeitlichen Beginn des Jugendalters fragt. Der Zeitpunkt der Geschlechtsreife hat sich in den letzten Jahrhunderten stark verschoben. Lag um 1850 das Durchschnittsalter bei Eintritt der Geschlechtsreife noch über 17 Jahren, beträgt es heute für Knaben 14,0 und für Mädchen 13,2 Jahre.

Dieser frühere Eintritt der Pubertät ist in den modernen Industrienationen eine allgemeine Erscheinung. Man bringt sie mit der verbesserten Ernährungslage in Zusammenhang. Es dürften jedoch auch psychosoziale Momente eine Rolle spielen. Unterschiede ergeben sich nach dem jeweiligen Modernisierungsgrad einer Gesellschaft und innerhalb derselben zwischen Stadt und Land und nach sozialen Schichten.

In West- und Mitteleuropa hat die gesellschaftliche Entwicklung dazu geführt, daß das Heiratsalter weit über dem Alter der Geschlechtsreife liegt. Die Zeit zwischen beginnender Geschlechtsreife und sozial-ökonomischer Heiratsfähigkeit ist in etwa jene Phase im Lebenszyklus, die wir als ,,Jugend" bezeichnen. Betrachtet man diese Jugendphase in ihrer historischen Entwicklung, sind enorme zeit-, regional- und schichtspezifische Unterschiede und Veränderungen festzustellen. Sie sind ungleich stärker durch die sozial und wirtschaftlich bedingten Unterschiede im Zeitpunkt der Erreichung des Erwachsenenstatus bestimmt als durch die vergleichsweise geringfügigen Veränderungen der biologischen Geschlechtsreife, die den Beginn der Jugendphase markieren.

Für diese Kurzdarstellung ist K. Mannheims Definition des Generationsbegriffs grundlegend. Seine Begriffserklärung ermöglicht es überhaupt erst, von ,,Jugend in der Familie" zu sprechen. Danach ist die Einheit einer Generation ,,zunächst gar keine auf konkrete Gruppenbildung hinstrebende soziale Verbundenheit", der Generationszusammenhang basiere vielmehr auf einer ,,verwandten Lagerung der einer Generation zurechenbaren Individuen im sozialen Raum". Wenn wir nun hier von „Jugend in der Familie" sprechen, so meinen wir jene „verwandte Lagerung" der Jugendlichen in ihren Herkunftsfamilien, aus der ähnliche intergenerative Probleme und altersspezifische Situationen und deshalb verwandte Verhaltens-, Gefühls- und Denkweisen entstehen. Insofern fassen wir hier den Jugendlichen nicht primär in der konkreten Gruppe der Gleichaltrigen. Im wesentlichen geht es hier um den „vereinzelten" Jugendlichen in der Familie bzw. um deren Bedeutung für seine soziale Prägung in den verschiedenen Phasen der historischen Entwicklung.

Dabei ist aber zu bedenken, daß die Möglichkeit zur Bildung der hier nicht behandelten Formen von Jugendgruppen außerhalb von Haus und Familie wesentlich durch die Stellung des Jugendlichen in der Familie bzw. der Hausgemeinschaft bestimmt war. Der Jugendliche stand in vorindustrieller Zeit entweder unter elterlicher Gewalt oder als Lehrling, Geselle und Dienstbote unter der hausherrlichen Gewalt des Handwerksmeisters und des Bauern. Je nach der Stärke dieser innerhäuslichen Abhängigkeit bestimmte sich seine Möglichkeit, außerhalb von Haus und Familie Gemeinschaftsformen der Jugend anzugehören. Je lockerer die Bindung des Jugendlichen in der Hausgemeinschaft war, desto eher konnte er sich außerhalb in soziale Gruppen der ungefähr Gleichaltrigen integrieren. Genossenschaftliche Selbstbestimmung von Jugend hat stets ein gewisses Maß an familialer Unabhängigkeit zur Bedingung.

Mädchen haben diese Möglichkeit zu außerhäuslicher Gruppenbildung in vorindustrieller Zeit kaum gehabt, da sie in ihren Arbeits- und Kommunikationsmöglichkeiten weitgehend auf die Sphäre des Hauses beschränkt waren. Die Arbeitsteilung zwischen Mann und Frau in der Agrargesellschaft band die Frau stark an den häuslichen Bereich und erlaubte im wesentlichen nur dem Mann gesellschaftliche und politische Kommunikation außerhalb des Hauses. Die Frau blieb durch die Aufgaben im Haus (Kinder, Küche, Vieh etc.) und durch eine darauf aufbauende Ideologie der weiblichen Unzuständigkeit für „öffentliche" Dinge von sozialen und politischen Gruppenbildungen weitgehend ausgeschlossen. So gab es auch keine analogen Gemeinschaftsformen der weiblichen Jugend zu den dörflichen Burschenschaften. Die Mädchen des Dorfes standen unter dem Schutz dieser Burschenschaften. In mancher Hinsicht, so im sittlich-sexuellen Bereich und in Fragen von Partnerwahl und Heirat, übte die männliche Jugend Kontrollrechte über sie aus.

Es fand also eine deutliche geschlechtsspezifische Prägung der Jugendlichen innerhalb der Familie bzw. der Hausgemeinschaft statt. Die Mädchen blieben auf den häuslichen Bereich beschränkt und übten so frühzeitig die Rolle der Hausfrau und Mutter ein, die sich fleißig um die Angelegenheiten des Hauses und der Familie kümmert, aber die sozialen und wirtschaftlichen Außenkontakte weitgehend dem Mann überläßt.

Im folgenden soll die historische Entwicklung dieser häuslichen bzw. familiären Bedingungen für den Jugendlichen vor allem unter dem Aspekt seiner Abhängigkeit und der wachsenden Möglichkeiten zur Bildung spezifisch jugendlicher Verhaltens- und Denkweisen dargestellt werden.

Eine streng chronologische Darstellung scheint dabei weder möglich noch sinnvoll. Stellen wir uns daher die Frage, unter welchen strukturellen Voraussetzungen und unter welchen funktionalen Aspekten Jugendliche in der Familie vorzufinden sind, dann werden im langfristigen historischen Vergleich zwei grundsätzliche Möglichkeiten sichtbar: Einmal finden wir in allen traditionellen Gesellschaften bzw. Gesellschaftsbereichen die hauswirtschaftlich organisierte Familie als Ort des Lernens und Dienens für den Jugendlichen, zum anderen ist die Familie in industrialisierten Gesellschaften meist „nur" mehr der Ort des Wohnens und der Regeneration für den Jugendlichen.

Die Familie bzw. die Hausgemeinschaft oder der Haushalt sind überall dort Ort der Lehr- oder Dienstzeit, wo die produktiven Aufgaben noch nicht in den außerfamilialen Raum verlagert sind, also in der bäuerlichen Familie, in der Handwerker- und Handelsfamilie der vorindustriellen Zeit und in abgeschwächtem Ausmaß auch in den gewerblichen Familienbetrieben der Gegenwart.

In all diesen Familienformen finden wir im wesentlichen eine

Identität des familialen, in unserem modernen Verständnis „privaten" Bereichs und der „beruflichen" Sphäre. Betrachten wir etwa die bäuerliche Familie in vorindustrieller Zeit, so stellt sie sich als eine Einheit von Familie, Haushalt und Wirtschaftsunternehmen dar. Dementsprechend finden wir den Jugendlichen in ihr auch primär durch die Erfordernisse der Hauswirtschaft bestimmt.

Der Jugendliche in der bäuerlichen Hausgenossenschaft

Pauschal kann gelten, daß der Jugendliche in vorindustrieller Zeit innerhalb der bäuerlichen Erwerbsgemeinschaft „Familie" vorwiegend als Arbeitskraft gesehen und entsprechend den Erfordernissen dieser Wirtschaftseinheit eingesetzt wurde. Dies bedingte, daß – wie in allen einfachen, „geschlossenen" Gesellschaften – keine gesonderten Institutionen und Techniken der Sozialisation entwickelt zu werden brauchten. Bewußte „Erziehung" war in der Abgeschlossenheit des Einzelhofes oder des Dorfes weder notwendig noch möglich, da die vom Jugendlichen zu übernehmenden Einstellungen, Verhaltensweisen und Fertigkeiten durch unmittelbares Erleben im Rahmen der Hausgemeinschaft bzw. des Dorfes vermittelt wurden.

Entsprechend dieser eklatanten Abhängigkeit der psycho-sozialen Entwicklung des Jugendlichen vom Rollen- und Interaktionsangebot der bäuerlichen Familie bzw. des „ganzen Hauses" war die Chance des einzelnen, spezifische Eigeninteressen zu entwikkeln und individuelle Anlagen und Berufswünsche zu entfalten, kaum gegeben. Bedenken wir nämlich die äußerst geringe Zahl der „Berufe" im ländlichen Bereich der vorindustriellen Zeit, läßt sich abschätzen, daß die Wahlmöglichkeiten und damit auch die Berufs- und Rollenwünsche äußerst homogen und arm an Alternativen waren. Dies bedeutet, daß die Chance des Jugendlichen zur individuellen Ausrichtung des eigenen Lebens als denkbar gering anzunehmen ist.

Beginnen wir eine genauere Betrachtung bei den Jugendlichen aus unterbäuerlichen Schichten, also aus Häusler-, Inwohner- und Taglöhnerfamilien, so ist deren soziale Situation adäquat zu den kulturellen und wirtschaftlichen Ressourcen ihrer Herkunftsfamilien als unterprivilegiert zu bezeichnen. Häusler- und Inwohnerkinder stellten die Hirten für die Weide und für die Almen, die Sennen und Sennerinnen und einen großen Teil der Dienstboten. Ihre Eltern schickten sie so früh wie möglich aus dem Haus, denn ihre Versorgung stellte meist ein wirtschaftliches Problem dar und ihre Arbeitskraft wurde (im Unterschied zur bäuerlichen Familie) kaum im elterlichen Haushalt gebraucht.

Außerehelich geborene Kinder und jene, die von ihren Eltern an andere Familien abgegeben wurden, bildeten zusammen mit den Waisenkindern den oft sehr hohen Anteil der sogenannten „Zuchtkinder". Allerdings treffen wir in den Hauslisten aus vorindustrieller Zeit, die diesen Aussagen zugrunde liegen, keine „Zuchtkinder" in jugendlichem Alter. Dies deshalb, weil Ziehkinder mit jenem Alter, das auch für einen Teil der Bauernkinder den Beginn des Gesindedienstes mit sich brachte, in den Status von Dienstboten wechselten.

Auch ein großer Teil der Bauernkinder verließ frühzeitig den elterlichen Hof, um sich als Dienstboten zu verdingen. Wurden sie von den Eltern als Arbeitskräfte benötigt, blieben sie mitunter sehr lange im Haus. Dort, wo die Erbrechtsverhältnisse den ältesten Sohn als Erben vorsahen, führte dessen Sonderstellung mitunter soweit, daß dieser schon vor der Hofübernahme heiraten durfte. Wenn der künftige Hoffolger auch nur selten dieses Privileg der frühzeitigen Heirat in Anspruch nehmen konnte, so ist doch allgemein anzunehmen, daß er von früher Jugend an in seine Rolle hineinwuchs und seine Geschwister die mit ihr verbundenen Vorrechte akzeptierten. Die zur Hoffolge bestimmten ältesten Söhne gewöhnten sich also schon innerhalb der Gruppe der Geschwister und Dienstboten an den Umgang mit sozial schwächeren, weil jüngeren und daher noch nicht oder in geringerem Maße arbeitsfähigen Geschwistern. Es ist anzunehmen, daß dies für die Prägung des künftigen Leiters der bäuerlichen Hauswirtschaft, insbesondere für die Verinnerlichung des patriarchalischen Führungsanspruchs neben dem direkten Erleben der väterlichen Autorität von weitreichender Bedeutung war.

In anderen Gegenden finden wir das Tüchtigstenerbrecht, das heißt, der dem Altbauer bzw. mitunter auch dem Grundherrn am geeignetsten erscheinende Sohn sollte den Hof übernehmen. Wir können annehmen, daß auf diese Weise entstehende Konkurrenzverhältnisse zwischen den Geschwistern emotional-affektive Beziehungen, wie wir sie heute kennen, nur in geringem Maße entstehen ließen, zumal die unterlegenen Geschwister in vielen Fällen den elterlichen Hof zu verlassen hatten, um sich als Dienstboten zu verdingen.

Dies gilt in ähnlicher Weise auch für jene Fälle, in welchen der künftige Hoffolger nicht frühzeitig zu bestimmen war, wie bei geltendem Jüngstenerbrecht oder bei gänzlichem Fehlen verbindlicher Hoffolgeregelungen.

Mit Sicherheit werden derartige Prestige- und Funktionsunterschiede bei Jugendlichen in unterbäuerlichen Verhältnissen als sehr gering anzunehmen sein. Hier fehlte weitgehend ererbbarer Besitz und auch die Notwendigkeit, einen künftigen Erben durch Gewährung bestimmter Vorrechte bzw. durch die Übertragung von Teilverantwortung besonders zu prägen. Zudem war die Anzahl der Jugendlichen in Haushalten von Inwohnern und Häuselleuten aufgrund ihres früheren Ausscheidens aus dem elterlichen Haushalt, bzw. aufgrund des Fehlens jugendlicher Dienstboten geringer als in bäuerlichen Familien.

Psychosoziale Aspekte der Sozialisation im Bauernhaus

Die Bestimmtheit der sozialen Beziehungen in den ländlich-bäuerlichen Familien durch die wirtschafts- und arbeitsorganisatorischen Erfordernisse der Hauswirtschaft ließ emotional-affektive Beziehungen, die für uns heute erst den typisch „familiären" Charakter einer Kleingruppe ausmachen, in geringerem Maße entstehen.

So können wir auch annehmen, daß bereits die Beziehung zwischen Mutter und Kind in der Regel nicht so gefühlsintensiv war wie heute. Bis in die Mitte des 19. Jahrhunderts waren in breiten Volksschichten kaum Zärtlichkeit und liebevolle Vertrautheit zu finden. Der Mangel an Fürsorge und schlechte hygienische Bedingungen bewirkten eine äußerst hohe Kindersterblichkeit, und diese wiederum ließ wohl keine starken Gefühlsbindungen an das Kind zu. Schlechte Ernährung und das fehlende Bewußtsein für die existentielle Notwendigkeit der „Nestwärme" lassen auf denkbar ungünstige Voraussetzungen für die „emotionale Fundierung" und den Aufbau der Ich-Identität des Kindes schließen, und auch die weitere psycho-soziale Prägung des Jugendlichen ist unter diesem Aspekt der relativen Gefühlsarmut zu sehen. Insofern sind für den Jugendlichen in der ländlichen Familie der vorindustriellen Zeit als auch in ländlichen Rückzugsgebieten der Gegenwart kaum Mutterfixierungen und Neurosenbildung durch übermäßige Gefühlsbindungen anzunehmen, wie sie in der modernen Kleinfamilie heute häufig anzutreffen sind.

Die Beziehungen zwischen Eltern und jugendlichen Kindern waren für Hoffolger und weichende Erben von sehr unterschiedlicher Qualität. Das Verhältnis zwischen Bauern und künftigen Erben dürfte aufgrund des meist langen Wartens auf die Hofübergabe einerseits zu einer starken psycho-sozialen Prägung des Sohnes durch den Vater und anderseits zu latenten Generationskonflikten geführt haben. Dies wird auch in den Ausgedingeverträgen sichtbar, die die Altersversorgung des Altbauern sichern sollten und deren oft detaillierte Regelungen auf ein vielfach sehr gespanntes Verhältnis zwischen den Generationen schließen lassen.

Für die meisten der nicht erbenden Söhne blieben die leiblichen Eltern insofern von geringerer Bedeutung, als jene ja frühzeitig das Elternhaus verließen und sich bei fremden Bauern als Dienstboten verdingten. Ähnliches trifft auch für jene Töchter zu, die nicht im Elternhaus verblieben und ihre Jugend in „fremdem Haus" als Dienstmägde verbrachten.

Bedenkt man den oft jährlichen Wechsel des Gesindes, wird klar, daß es für die Mehrzahl der Jugendlichen im ländlichen Bereich keine langfristige Abhängigkeit von ein und derselben Vaterperson, wohl aber eine sehr lange – und in späteren Zeiten mitunter lebenslängliche – Abhängigkeit von kontinuierlich wechselnden Dienstherren gab. Psychoanalytische Erklärungsmodelle, wie die Freudsche Lehre vom Ödipuskonflikt sind also auf diese historischen Familienverhältnisse nur modifiziert anwendbar. Die leiblichen Eltern aus den unteren Schichten der ländlichen Bevölkerung hatten ja nur geringen Einfluß auf die Entwicklung ihrer früh aus dem Haus gehenden Kinder. Hingegen kam den bäuerlichen Hausvorständen und Hausfrauen sowohl für die Persönlichkeitsprägung ihrer im Haus bleibenden Kinder als auch für jene der meist jugendlichen Dienstboten große Bedeutung zu.

Der frühe Eintritt des Jugendlichen in den Arbeitsprozeß bedingte eine frühzeitige Aneignung zweckgerichteten, den Arbeitserfordernissen entsprechenden Verhaltens. Dies führte zu einer weitgehenden Identität der Welt des Jugendlichen und der des Erwachsenen und bewirkte so die Selbstverständlichkeit der Wertsysteme. Die vorgegebenen sozialen Verhältnisse wurden weitgehend akzeptiert und die wenig differenzierte Umwelt förderte ein starres Festhalten an überlieferten Denk- und Verhaltensweisen. Das weitgehende Fehlen gegenstruktureller Sozialisationsinstanzen (z.B. von Schule) verhinderte das Entstehen konkurrierender Wertmuster und alternativer Orientierungsmöglichkeiten.

Tendenzen zur partnerschaftlichen Familie

Die industrielle Durchdringung einst geschlossener ländlich-bäuerlicher Lebensräume hat bis zur Gegenwart einige dieser emanzipationsfeindlichen Sozialstrukturen und Bewußtseinsinhalte abgebaut. Mit den Wert der Erfahrung mindernden produktionstechnischen Neuerungen und gesamtgesellschaftlichen Veränderungen wurde der bäuerliche Patriarchalismus zunehmend seiner ökonomischen Notwendigkeit entledigt. Die ,,Landflucht" und die Konkurrenz nicht-bäuerlichen Erwerbsmöglichkeiten auf dem Lande haben dem Jugendlichen zu einer relativen Verbesserung seiner Stellung verholfen.

Die spezifischen Sozialisationsbedingungen der bäuerlichen Familie reichen nicht mehr aus, die durch Rationalisierung und Verbesserungen der bäuerlichen Wirtschaftsweise geforderten Kenntnisse und Leistungsorientierungen zu vermitteln. Das Pflicht- und

Berufsschulwesen relativiert überlieferte Werthaltungen und Sozialisationsmechanismen, die eine Anpassung an die gewandelten Verhältnisse erschweren.

Individuelle Planung durchdringt die bislang traditionalen und gruppenorientierten Bereiche der Berufs- und Partnerwahl, des generativen Verhaltens und der Erziehung der Kinder. Besonders die Sozialisation des Nachwuchses, in der traditionalen bäuerlichen Gesellschaft vornehmlich „familienorientiert", wird allmählich stärker „kinderorientiert". Die zunehmende Bemühung um die kindlichen Anlagen, die verstärkte Erziehung zu personaler Selbständigkeit anstelle zu früherer Gruppenbestimmtheit und die zunehmende Achtung der Intimsphäre des heranwachsenden Jugendlichen verdeutlichen den Wandel seiner Situation in der Familie.

Trotzdem sind Reste emanzipationsfeindlicher, gruppenegoistisch-autoritärer Bewußtseinsstrukturen nicht zu übersehen. So bleibt zumindest für einen Teil der bäuerlichen Jugend die Beschränkung der Freiheit bei der Wahl des Ehepartners und des Berufs durch die Sachzwänge der Hauswirtschaft weiter bestehen. Benachteiligungen der bäuerlichen Jugend durch die Arbeitsbelastung im auf die Familienmitglieder reduzierten Betrieb, die Schwierigkeiten des jungen Bauern, eine Frau zu finden, die bereit ist, die oft enormen Arbeitsbelastungen der Bäuerin in Kauf zu nehmen etc., all dies sind nur die bekanntesten Probleme, die sich auch heute für den Jugendlichen aus dem Charakter der bäuerlichen Familie als Wirtschaftseinheit ergeben.

Der Jugendliche in der Handwerkerfamilie

Wenden wir uns nun der Jugend in der Handwerkerfamilie zu, so finden wir insofern eine strukturelle Ähnlichkeit zur bäuerlichen Jugend, als hier die Familie des Handwerksmeisters für den Lehrjungen und teilweise auch für den Gesellen in ähnlicher Weise Ort der Lehrzeit war.

Allerdings lassen sich auch bedeutende Unterschiede finden. So waren Söhne und Töchter des Handwerksmeisters bei weitem nicht so häufig in den Betrieb des Vaters einbezogen wie in der bäuerlichen Familie. Mädchen wurden in den meisten Handwerksbetrieben nicht zur direkten Mitarbeit herangezogen, selbstverständlich halfen sie aber im Haushalt mit.

Soweit das Handwerk innerhalb der Familie weitergegeben wurde, war nicht die Vater-Sohn-Folge dominant. Häufig wurde das Gewerbe über die Tochter an einen Schwiegersohn oder über die Meisterwitwe an deren zweiten Mann weitergegeben.

Söhne in jugendlichem Alter waren in Handwerkerhaushalten nur selten anwesend. Ein Verbleiben im elterlichen Haushalt über die Lehr- und Gesellenzeit, wie wir es in der Bauernfamilie zumindest für den Hoferben gefunden haben, dürfte kaum vorgekommen sein. Sofern die Söhne des Meisters überhaupt den Beruf des Vaters ergriffen, erlernten sie ihn bei anderen Meistern. Die Berufsausbildung ,,in fremdem Haus" war also die Regel. Ähnlich wie der bäuerliche Dienstherr gegenüber den Dienstboten nahm daher auch der Handwerksmeister gegenüber Lehrjungen und Gesellen quasi Vaterstelle ein. Wahrscheinlich ist dieses handwerkliche Lehrverhältnis aufgrund seiner längeren Dauer enger und intensiver zu denken als das doch sehr häufig wechselnde Dienstverhältnis des jugendlichen Gesindes im Bauernhaus. Dabei war der oft schon in ,,kindlichem" Alter eintretende Lehrjunge stärker in die Familie des Meisters integriert und dessen hausväterlicher Gewalt unterworfen als der lockerer eingebundene Geselle.

Handwerkslehre und Gesellenzeit

Die Handwerkszünfte des Mittelalters regelten Arbeitsweise, -qualität und -zeit, um die wirtschaftliche Unabhängigkeit und Sicherheit ihrer Mitglieder zu garantieren. Sie legten damit aber – zumindest ab dem ausgehenden Mittelalter – individuelle Initiativen lahm und diskreditierten Fortschritt als unlauteren Wettbewerb. Dieser konservative Grundzug der Zünfte blieb durch eine selbständige Rechtssprechung, eine eigene Verwaltung und gruppenspezifische Geselligkeitsformen gesichert. Es ist klar, daß diese genossenschaftlich-konservative Lebensverfassung eine spezifische Einstellung zur Jugend und ein entsprechendes Sozialisationssystem entstehen ließ, das den Weitererhalt dieser ständischen Verfassung zu garantieren versuchte. Die Handwerkslehre ist unter diesem übergeordneten Aspekt zu sehen. Über ihren Ablauf sind wir durch die überlieferten Zunftdokumente gut informiert.

Der feierlichen Aufnahme in das Gewerbe ging meist eine Vereinbarung der Eltern des Lehrlings oder seiner Bürgen mit dem Lehrherrn voraus, um die Lehrzeit, das etwaige Lehrgeld, die Bedingungen der Bekleidung und Verköstigung sowie die Dauer einer Probezeit zu vereinbaren (sie schwankte zwischen 2 Wochen und einem Vierteljahr).

Vom Zeitpunkt der Aufnahme in die Zunft gehörte der Lehrling zum Haushalt des Meisters und hatte sich vollkommen der „Hauszucht“ zu unterwerfen. Wie vaterähnlich die Rolle des Meisters gegenüber dem Lehrling war, geht daraus hervor, daß der Lehrbub ohne Erlaubnis seines Meisters nicht ausgehen durfte, des Nachts nicht aus dem Haus bleiben und nicht „spielen, saufen oder sonsten ungebührlich sich verhalten“ durfte. So heißt es auch in einer Handwerksordnung aus dem 18. Jahrhundert: „Alle Hantierung und Gewerb kan nur, als sie sol, in Eren behalten werden, wenn der lerjung fruhe anfengt Gottesfurcht zu üben und seinem meister gehorsam zu sin als were er sin Vater ...“

Der Meister hatte dem Lehrjungen ja nicht nur Kenntnisse und Fertigkeiten des Handwerks zu vermitteln, sondern allgemein die Erziehung im Sinne des Zunfthandwerks zu einem „ehrlichen Gesellen“ zu überwachen. Zu diesem Zweck waren sein eigenes standesgemäßes Verhalten und ein „gesunder ehelicher Hausstand“ Voraussetzung, was deshalb auch häufig in den Handwerksordnungen gefordert wurde.

Immer wieder war es notwendig, die Meister zu größerer Milde gegenüber ihren Lehrjungen zu ermahnen. Andererseits gehörte es zu den Pflichten des Meisters, den Lehrbuben vor den Übergriffen der Gesellen zu schützen: „Der Meyster soll schützen den lerjung gegen Scheltung, Orlappenzuppen und Püffe der Gesellen ... Meyster, gedenkt diener Pflichten! Der Lerjung ist dir übergeben vom Handwerk zur Sorge über Seele und Lip als die Ordnungen vorschreiben ... und du mußt Rechenschaft geben über disen Lerjung und solst in darumb halten als din eigen Kind." (Handwerksordnung 18. Jh.).

Das Alter der eintretenden Lehrjungen betrug mindestens 10 und höchstens 18 Jahre. Am verbreitetsten war die Lehrzeit von drei Jahren, doch finden sich auch kürzere Lehrzeiten, so von einem Jahr bei den Glasern und von zwei Jahren bei den Bierbrauern.

Während im 16., 17. und 18. Jahrhundert Handwerksmeister nur selten mehr als drei Lehrjungen und Gesellen hatten, ist gegen Ende des 18. und im 19. Jahrhundert eine starke Zunahme der Lehrlings- und Gesellenzahlen in den einzelnen Meisterhaushalten zu verzeichnen. So finden wir etwa in den Volkszählungslisten der Stadt Stein aus dem Jahre 1857 unter anderem einen Schuhmachermeister mit nicht weniger als acht Gesellen im Haushalt. In der Wiener Vorstadt Schottenfeld hatte zur selben Zeit ein Drechslermeister zwar nur einen Gesellen, dafür aber 11 Lehrjungen im Alter zwischen 12 und 17 Jahren.

Dieses Beispiel der „Lehrlingszüchterei" verdeutlicht die ökonomische Bedeutung des Jugendlichen als billige Arbeitskraft für das unter den Konkurrenzdruck der wachsenden Industrie geratene Handwerk. Die familiale Integration des Lehrlings und Gesellen darf nicht darüber hinwegtäuschen, daß es sich hier in erster Linie um Arbeitsverhältnisse drastischer Abhängigkeit und Ausbeutung gehandelt hat und nicht um „familiäre" Beziehungen im heutigen Sinn.

Die Identität von Familie und „Beruf", von Leben und Arbeit garantierte den Übergang der Kindheit in eine frühzeitig arbeitsorientierte Jugend. Sozialpsychologisch interessant erscheint diesbezüglich die Tatsache, daß zwar bei Beginn der Lehrzeit wie auch bei Beginn des Gesindedienstes am Bauernhof neue Autoritätspersonen an Stelle der leiblichen Eltern traten, das familiale Organisationsmuster und die familiale Rolle des Jugendlichen aber nahezu unverändert weiterbestand und somit eine gewisse sozialstrukturelle Kontinuität für den Heranwachsenden gewahrt blieb.

Die Herauslösung des Jugendlichen aus dem Haushalt des Handwerksmeisters erfolgte allmählich durch die Entstehung neuer Arbeits- und Produktionsformen im 17. und 18. Jahrhundert. Die Umformung vieler Meisterbetriebe in manufakturelle Betriebsformen machte die weitere Integration der Lehrjungen und Gesellen in den Haushalt des Meisters immer weniger möglich. Zudem nahm die Unzufriedenheit unter Lehrjungen und Gesellen infolge der erschwerten Zulassung zum Handwerk, der Verlängerung der Lehrzeit und der wachsenden Beschränkung der Meisterstellen immer mehr zu. Praktisch waren bereits im 15. Jahrhundert viele Handwerke geschlossene „Erbhandwerke". Sie begünstigten den Sohn des Meisters oder dessen Schwiegersohn und schlossen andere Bewerber faktisch von der Meisterschaft aus.

Das 16. und 17. Jahrhundert brachte eine zunehmende Verschlechterung der sozialen Lage der Gesellen hinsichtlich der Möglichkeit des Aufstiegs zur Meisterschaft. Eine immer größere Zahl der Gesellen war zu lebenslänglichem Gesellendasein verurteilt. Das Gesellenwandern war zwar schon im Mittelalter üblich gewesen, wurde aber im Laufe des 16. und 17. Jahrunderts zu einem richtigen „Wanderzwang", der dem Nachwuchs die Erlangung der Meisterwürde erschweren sollte.

Die schon früh bezeugten Heiratsverbote für Gesellen lagen sowohl im Interesse der Meister, die, solange sie den Gesellen im eigenen Familienverband erhielten, wohl kaum in der Lage bzw. bereit waren, ihm einen Lohn zu zahlen, der ausreichend gewesen wäre, eine eigene Familie zu erhalten. Aber auch die Gesellenverbände waren vermutlich gegen die Verheiratung von Gesellen, da diese die Verantwortung für Frau und Kind und ein fester Wohnsitz wohl abgehalten hätten, sich zu solidarisieren und z. B. bei gemeinsamen Aktionen des „Verrufens" oder „Scheltens" eines Meisters diesen zu verlassen und weiterzuwandern.

Hatte das städtische Gesinde um die Mitte des 17. Jahrhunderts noch ähnlich den ländlichen Dienstboten den Charakter einer Altersklasse, so nahm die altersmäßige Streuung in der Folge immer mehr zu. Der Gesindestatus wurde von einer Übergangsphase des Lernens und Dienens immer mehr zu einer Stellung auf Dauer, für viele zu einer auf Lebenszeit.

Die Herauslösung von Handwerksgesellen, Lehrlingen und Dienstboten aus der hausrechtlichen Abhängigkeit bildete die Voraussetzung zur massenhaften Entstehung von „freien" Lohnarbeitern, die ihre Arbeitskraft nun frei von haus-, zunft- oder standesrechtlicher Einbindung auf dem Markt anbieten konnten.

Die „Privatisierung" der Familie und ihre Folgen für den Jugendlichen

Wenden wir uns nun der Jugendproblematik in der modernen, von der Produktionsfunktion entlasteten Familie zu. Durch Urbanisierung und Industrialisierung hat eine Verlagerung der Arbeit in den außerfamilialen Bereich stattgefunden. Im Unterschied zur Situation des Jugendlichen in der Familie als Ort der Lehr- und Dienstzeit, wie wir sie im bäuerlichen Bereich und im Handwerk gefunden haben, wurde die Familie für den Jugendlichen „nur" mehr zum Ort des Wohnens und der Regeneration.

Im wesentlichen sind zwei Komponenten für die Entstehung der modernen Jugendsituation in einer von Produktionsfunktionen weitgehend entlasteten Familie zu nennen: die Entstehung der Lohnarbeit und des Dienstleistungssektors als Grundlage für die Arbeitsmöglichkeiten „außer Haus" sowie die zunehmende Bedeutung des Schulwesens, das den jugendlichen Menschen immer länger in familialer Abhängigkeit hielt. Ersteres bewirkte für den Jugendlichen eine geringere innerfamiliale Abhängigkeit in sozialer und wirtschaftlicher Hinsicht, letzteres verlängerte immer mehr die Jugendphase im Elternhaus.

Bedenken wir das frühe Ausscheiden der Kinder aus den Handwerker- und Bauernfamilien und den zeitigen Beginn der Lehre bzw. des Dienstes im „fremden Haus", so wird deutlich, daß die Verschulung und das durch sie bewirkte längere Verbleiben der Jugendlichen bei ihren Eltern eine Intimisierung der Familie – insbesondere eine emotionale Aufladung der Eltern-Kind-Beziehungen zur Folge haben mußte. Dieser Zusammenhang wird auch darin erkennbar, daß die moralisch-pädagogische Literatur schon im 17. und 18. Jahrhundert auf die Pflicht der Eltern hinzuweisen begann, für ihre Kinder persönlich die Schule bzw. den Lehrer zu wählen. An die städtischen Magistrate wurde die Forderung herangetragen, mehr Schulen zu bauen, damit die Kinder und Jugendlichen in der Nähe des Elternhauses zur Schule gehen könnten usw. Es besteht also ein deutlicher Zusammenhang zwischen der beginnenden Verschulung und der wachsenden Aufmerksamkeit für die Bedürfnisse und Probleme des Jugendlichen in seiner Herkunftsfamilie.

Im Gegensatz zur Verlängerung der jugendlichen Abhängigkeit vom Elternhaus durch die kontinuierliche Ausdehnung der Schulphase bewirkte die zunehmende Möglichkeit zur Erwerbstätigkeit außer Haus die weitgehende Freisetzung des Jugendlichen aus dem rigiden Kontrollsystem des Familienbetriebs. Mit der Trennung von Familie und Arbeitssphäre durch Lohnarbeit, Bürokratie und die Ausdehnung des Dienstleistungssektors verlor die Familie in diesen Bereichen weitgehend die Möglichkeit zur Kontrolle und Sanktionierung des Arbeits- und Freizeitverhaltens des Jugendlichen. Wachsende ökonomische Selbständigkeit und zunehmende sozio-kulturelle Ablösung von den Eltern führten zur Lockerung seiner Position im Handlungs- und Kooperationssystem der Familie.

Waren der Dienstbote und der künftige Hoferbe im bäuerlichen Bereich, aber auch der Lehrling und der Geselle im Haushalt des Handwerksmeisters sowohl in der Prägung ihrer Persönlichkeit als auch in der Gestaltung ihres Arbeits- und Freizeitverhaltens an die alles kontrollierende Autorität des Lehrherrn bzw. des Dienstgebers gebunden, reduziert sich die Figur des Familienoberhauptes für den außer Haus arbeitenden Jugendlichen um die „berufliche" Autorität, denn der Vater wird nicht mehr als Leiter des Familienbetriebes bzw. als Dienst- oder Lehrherr erlebt.

Konflikte in der Familie

Die Ablösung des Jugendlichen von seiner Familie setzt besonders dort ein, wo die Anziehungskraft spezifisch jugendlicher Freizeitinhalte den elterlichen Einfluß zunehmend reduziert. So entwikkeln sich beim jugendlichen Arbeiter die sozialen Beziehungen und Orientierungskontakte außerhalb der Familie heute einerseits im Freundeskreis der Arbeits- und Alterskollegen, anderseits durch eine von Film, Fernsehen und Zeitschriftenlektüre bestimmte Vorstellungswelt, die spezifisch „jugendliches" Verhalten und Bewußtsein sehr stark beeinflußt.

Auch das Ausmaß und der Erfolg bestimmter regulativer und disziplinärer Kontrollfunktionen der Eltern nehmen im Verlauf der Jugendzeit ab. Die Konflikte, die daraus entstehen, führen zu einem Rückzug des Jugendlichen aus der altersheterogenen Herkunftsfamilie und zur verstärkten Orientierung an den Angehörigen der eigenen Altersgruppe. Die Jugendlichen solidarisieren sich in formellen und informellen Freizeitgruppen, in der Schule und am Arbeitsplatz durch die gemeinsame Oppositionshaltung gegenüber Eltern, Vorgesetzten und Lehrern sowie gegenüber der Erwachsenengesellschaft im allgemeinen.

„Wertsuche" und Identifizierungsbereitschaft, die aufgrund der strukturell bedingten Rollenunsicherheit beim Jugendlichen entstehen, fördern seine Orientierung im subkulturellen Bereich der jeweiligen Jugendgeneration, wo die erstrebte Anerkennung und ein spezifisches Selbstwertgefühl für ihn leichter zu finden sind.

Versuchen wir wieder den langfristigen historischen Vergleich, so zeigt sich also insofern eine elementare Situationsveränderung für den Jugendlichen in der Familie, als seine Außenbeziehungen, d.h. seine Orientierung und Prägung durch Schule, Betrieb und Gleichaltrigengruppen jene durch Eltern und Familie in zunehmendem Maße überlagern.

Die moderne Kleinfamilie ist keine Erziehungsgemeinschaft im vollen Sinn mehr. Eine bewußte Wertvermittlung ist auf religiös und politisch besonders engagierte Minoritäten beschränkt. Insbesondere in den unteren Bevölkerungsschichten fehlt weitgehend eine Hinführung des Jugendlichen zu kulturellen Inhalten und gesellschaftlicher Orientierung. Zwar lassen sich auch in Unterschichten lebenspraktische Gesprächsthemen, Beratung und rudimentäre Kontrolltätigkeit feststellen, aber sofern sich die Thematik auf politische, weltanschauliche und religiöse Inhalte richtet, ist die Häufigkeit der Gespräche zwischen Eltern und Jugendlichen um so geringer, je niedriger die soziale Schicht ist, der sie angehören.

Die elterliche Verhaltenskontrolle ist bei höheren Schülern viel stärker durchgebildet als bei jugendlichen Arbeitern. Trotzdem werden auch hier konfliktträchtige Themen weitgehend gemieden und es herrschen häufig latente Konfliktsituationen. Dies besonders dort, wo in der Gleichaltrigengruppe oder in der Schule geprägte Wertvorstellungen und Verhaltensweisen des Jugendlichen mit jenen der Eltern kollidieren.

Der Jugendliche in der Familie der modernen Leistungsgesellschaft

Im Gegensatz zu den dargestellten historischen Formen der Bauern- und Handwerkerfamilie ist die heutige Familie nicht mehr in der Lage, allein jene Verhaltens- und Denkweisen bei den Heranwachsenden auszubilden, die für deren berufliches Fortkommen erforderlich sind. In der leistungsorientierten Industriegesellschaft sind die soziale und ökonomische Position des einzelnen, sein Prestige und sein Lebensstandard wesentlich von seinem Leistungsvermögen bestimmt. Da die hierzu notwendigen Eigenschaften aber nur zum geringeren Teil in der Familie zu erlernen sind, entsteht die deutliche Tendenz, gerade im Jugendalter die sozialen Kontakte aus der Herkunftsfamilie heraus zu verlagern. Auf dem Weg in die Leistungsgesellschaft hat der Jugendliche heute vieles zu lernen, was er in seiner Familie nicht lernen kann, was oft sogar den in der Familie erlernten Verhaltensweisen entgegengesetzt ist. (Gefühlsbetontheit kontra Ellbogentechnik usw.).

Trotz der dargestellten Verschiebung jugendlichen Lebens und jugendlicher Statusfindung aus dem Bereich der Herkunftsfamilie sei vor einer all zu pauschalierenden Verwendung des soziologischen Begriffs des „Funktionsverlustes“ gewarnt. Tatsächlich zeigt die historische Entwicklung, daß die industrielle, pluralistische Gesellschaft die Familie vor neue Erziehungs- und Betreuungsaufgaben stellt, die es früher nicht gegeben hat. Zwar ist etwa im Vergleich zu den Ausbildungsfunktionen der Bauern- und Handwerkerfamilie ein Funktionsverlust festzustellen, aber anderseits ist die Bedeutung der emotionalen Sicherung des einzelnen und seiner physischen und psychischen Regeneration von den Strapazen in Schule und Arbeit so angewachsen, daß gleichzeitig von einer Intensivierung bestimmter Funktionen, die auch den Jugendlichen wesentlich betreffen, gesprochen werden muß.

Zugleich bedeutet diese Intensivierung der Gefühlsbindungen aber auch eine Gefahr für den Jugendlichen und die Entwicklung seiner Persönlichkeit. Die fortschreitende Ausdehnung der Schulphase einerseits und die Emotionalisierung der Eltern-Kind-Bindungen anderseits führen in zunehmendem Maße zu „Überorganisation" und „overprotection", d.h., Familienbindungen des Jugendlichen werden in einer Stärke aufrechterhalten, die der Entwicklung einer autonomen Persönlichkeit im Wege stehen. Der Mensch unterliegt einem fortlaufenden Sozialisierungsprozeß, der in der Jugendphase mitunter kontrafamiliale Werte und Regelungen mit sich bringt und eine Umorientierung des gesamten Verhaltens erfordert. Deshalb muß sich das Fortbestehen der Herkunftsfamilie mit rigiden Kontrollmechanismen und starken emotionalen Abhängigkeiten nach Erreichung eines bestimmten Alters negativ auswirken, weil sich der junge Mensch in außerfamilialen Milieus (Schule, Beruf, Freizeit) bewähren muß, will er nicht als „Muttersöhnchen" und „Nesthocker" erscheinen. Zudem erweist sich die Selbständigkeit und Emanzipiertheit des Jugendlichen dadurch, daß er nicht mehr vollkommen in den Entscheidungsprozeß der Eltern eingeschlossen ist, sondern möglichst autonom wird. Erst dann ist er in der Lage, gegenüber seinen Eltern eine relativ souveräne und spannungsfreie Haltung einzunehmen.

Alte und neue Probleme der Jugend

Aus dem langfristigen historischen Vergleich muß die weitgehende Entlastung der Familie von Produktionsfunktionen gerade im Hinblick auf die Situation des Jugendlichen als positiv eingeschätzt werden. Sie erlaubte die teilweise Beseitigung von Beschränkungen der freien Berufs- und Partnerwahl, durch sie konnte eine spezifisch jugendliche Freizeitgestaltung entstehen, und sie ermöglichte dem heranwachsenden Menschen ein größeres Maß an Autonomie.

Überall dort, wo diese Entlastung der Familie nicht stattgefunden hat und es noch echte Familienbetriebe im Sinne der traditionalen Identität von Familie und Wirtschaftseinheit gibt, finden wir auch heute mitunter gravierende Einschränkungen der freien Berufs- und Partnerwahl. So in der bäuerlichen Familie, aber auch in gewerblichen Familienbetrieben. Generationskonflikte stellen sich hier aufgrund der spezifischen familienwirtschaftlichen Bedingungen oft mit besonderer Schärfe. Erbe, Heirat und Betriebsübernahme sind hier noch immer die häufigsten Ursachen für Konflikte zwischen Eltern und Kindern. Den Jugendlichen belasten vielfach die Vorstellungen der Eltern, er habe sich den Bedürfnissen des Familienbetriebes unterzuordnen, einen entsprechenden Ehepartner zu wählen und sich beruflich auf die Betriebsübernahme vorzubereiten. Für „abweichende" Berufswünsche herrscht meist wenig Verständnis. Aus diesen Gründen kann wohl gesagt werden, daß der Jugendliche dort, wo die Familie heute noch Grundlage eines Betriebes ist, in der Regel weniger autonom ist als in völlig „entlasteten" Familien.

Aber auch das Verhältnis zwischen Meister und Lehrling zeigt mitunter historische Verhaltensrelikte. So ist die Ausnützung des Lehrlings zu Tätigkeiten, die mit der Berufsausbildung nichts zu tun haben, beziehungsweise seine Ausbeutung als billige Arbeitskraft zum Teil ein Relikt der historischen Situation des Gesindes im Meisterhaushalt, die als Phase der völligen Abhängigkeit dargestellt wurde. Ohne Zweifel liegt überall dort mangelnde Emanzipiertheit des Jugendlichen in der Familie vor, wo Zwänge der Familienwirtschaft – beziehungsweise das Streben nach wirtschaftlichem Profit – die Bedürfnisse seiner Persönlichkeitsentfaltung in den Hintergrund treten lassen.

In jenen Familien, die nicht mehr Grundlage von Bauernwirtschaften oder Gewerbebetrieben sind, haben die traditionellen Konfliktthemen von Erbe, Heirat und Betrieb naturgemäß kaum mehr Bedeutung. Hier liegen die Ursachen für Spannungen zwischen Eltern und Kindern hauptsächlich in unterschiedlichen Lebensformen und Wertmustern, wie sie durch den sozialgeschichtlich neuen Umstand entstehen, daß der Jugendliche heute meist einen anderen Beruf wählt als sein Vater, eine andere Schulausbildung genießt und andere Freunde und Bekannte hat als seine Eltern.

Mitunter finden sich aber auch Konfliktthemen, die aus der Beibehaltung traditioneller Elternkompetenzen zu erklären sind. So unterliegt beispielsweise das Sexualleben des Jugendlichen in vielen Fällen auch dann noch der elterlichen Kontrolle (oder zumindest elterlichen Kontrollversuchen), wenn er in Schule und Beruf schon weitgehend als eigenverantwortlich angesehen wird. Eine wesentliche Rolle spielt dabei sicherlich das Überleben historischer Vorstellungen von der elterlichen Zuständigkeit für Sexualität und Partnerwahl des Jugendlichen, wie sie z. B. in Bauern- und Handwerkerfamilien aufgrund der sozio-ökonomischen Bedingungen in vorindustrieller Zeit notwendig war. Die sozialstrukturellen Veränderungen im Laufe von Industrialisierung und Urbanisierung, aber auch die wachsenden Möglichkeiten der Empfängnisverhütung haben solche Einschränkungen des Jugendlichen freilich immer weniger notwendig gemacht. Seine Bevormundung im sexuellen Bereich kann deshalb aus historischer Sicht als ,,kulturelle Rückständigkeit" angesehen werden.

Der Jugendliche im Demokratisierungsprozeß

Die Geschichte der Jugend ist – wie wir gesehen haben – die Geschichte ihrer teilweisen Emanzipation aus innerhäuslicher Abhängigkeit und Fremdbestimmung. Die zunehmende Verlagerung der sozialen Kontakte des Jugendlichen aus der Herkunftsfamilie in die Gruppen von Alters-, Schul- und Arbeitskollegen bedeutet den Abbau seiner Autoritätsabhängigkeit und das Entstehen von sozialen Beziehungen, die im Unterschied zu Zwang und Dominanz in der patriarchalischen Familie durch mehr Gleichheit und Kooperation geprägt sind.

Formelle und informelle Jugendgruppen bieten dem Jugendlichen die Möglichkeit, mit anderen auf gleichberechtigter Basis zu verkehren, was bei den Autoritätsbeziehungen der traditionellen Familie nicht oder nur schwer möglich war. Aber auch die innerfamilialen Verhältnisse haben sich durch die dargestellte Entlastung von den Sachzwängen der Hauswirtschaft in diese Richtung verändert.

J. Piaget betont, daß mit Autoritäts- und Gleichheitsbeziehungen verschiedene moralische Einstellungen verbunden sind. Im Umgang mit autoritären Personen werde eine Moral der Unterwerfung, des Gehorsams und der Konformität gelernt. Der Sinn für Gegenseitigkeit und Gerechtigkeit entstehe hauptsächlich in Gleichheitsbeziehungen. Unter diesem Aspekt ist der Funktionsverlust der Familie für den Jugendlichen und dessen zunehmende Orientierung an den Altersgenossen einerseits sowie die Entwicklung der innerfamilialen Verhältnisse zu mehr Partnerschaft anderseits uneingeschränkt zu begrüßen.

Freilich unterliegt die aus der historischen Entwicklung hervorgegangene Subkultur der Jugend einer wachsenden Gefahr der Kommerzialisierung durch die aggressive Zielgruppenwerbung der Wirtschaft. Neue Zwänge der leistungsorientierten Gesellschaft durch repressive Schul- und Ausbildungssysteme sind nicht zu verleugnen. Aber im wesentlichen ist die sichtbar gewordene historische Tendenz zur „Vergesellschaftung" des Jugendlichen eine notwendige Voraussetzung zur Entwicklung demokratischer Verhaltensweisen und damit zur permanenten Demokratisierung der Gesellschaft.

Reinhard Sieder

Ehe, Fortpflanzung und Sexualität

Sexualität als Thema der Geschichtswissenschaft

Die menschliche Sexualität unterscheidet sich von der animalischen hauptsächlich dadurch, daß sie vom Zwang der Periodizität des Geschlechtstriebs fast völlig befreit ist. Beim Menschen ist die Möglichkeit zu sexuellem Verhalten nicht an starre Brunstzeiten gebunden. Sowohl ein Großteil der Libidoschwankungen als auch Unterschiede im Sexualverhalten selbst sind vor allem sozial vermittelt.

Die dadurch gegebene Daueraktualität des menschlichen Geschlechtstriebs erfordert seine Lenkung und Kontrolle. Die Sexualität des Menschen wird weitgehend gesellschaftlich bestimmt, die Anpassung des Menschen an das jeweils bestehende Gesellschaftssystem erfolgt zu einem wesentlichen Teil über die Disziplinierung seiner Sexualität.

Weil das Sexualverhalten des Menschen individuell und kollektiv steuerbar ist, muß es auch nicht notwendig mit Fortpflanzung gekoppelt sein. Allerdings sind wir erst in der letzten Phase unserer Geschichte so weit gekommen, diese prinzipielle Möglichkeit menschlicher Sexualität konsequent und in verhaltensänderndem Ausmaß zu nützen.

Aus dieser zunehmenden Trennbarkeit des eigentlichen Zeugungsverhaltens von „sozialer Sexualität" entstehen die meisten Unsicherheiten im Bewußtsein und Verhalten. Aus der immer besser gelingenden Verhütung ungewollter Fortpflanzung und der Zunahme des soziokulturellen Eigenwerts sexueller Beziehungen ergibt sich auch die Notwendigkeit, überkommene Normen und Verhaltensweisen zu überdenken und zu verändern.

Alle Wissenschaften, die sich mit menschlichem Sexualverhalten befassen, müssen notwendig dessen Geschichte reflektieren. Sie im Detail zu erforschen und darzustellen, ist die Aufgabe des Sozialhistorikers. Er hat die historisch-gesellschaftlichen Entstehungsbedingungen sozialer Normierung von Sexualität und die Bedingungen ihres Wandels zu untersuchen. Er hat zu prüfen, ob sich Normen und Verhaltensweisen entsprechend dem sozialen, wirtschaftlichen und kulturellen Wandel verändert haben oder ob sie der gegebenen gesellschaftlichen Situation nicht mehr adäquat sind. Er hat aber auch danach zu fragen, ob diese „gegebene gesellschaftliche Situation" und die ihr adäquaten Verhaltensweisen ein Optimum an Glückserfüllung für die Menschen erlauben oder ob zum Beispiel der Befreiung der Sexualität von unbeabsichtigten Fortpflanzungsfolgen nicht neue Formen ihrer Verdinglichung gegenüberstehen.

Wie der folgende Überblick über die historische Entwicklung von Ehe und Sexualität in den letzten Jahrhunderten zeigen wird, besteht offenkundig ein Zusammenhang zwischen den Sexualbeziehungen des Menschen und den sozialen und wirtschaftlichen Verhältnissen, in denen er lebt. Fassen wir den Begriff der „Reproduktion" weit genug, um sowohl Fortpflanzung als auch die physisch-psychische Reproduktion des einzelnen und seiner Arbeitskraft einzuschließen, dann können wir alle Formen menschlicher Sexualität als integralen Teil der „sozialen Reproduktion" und die sozialen Verhältnisse, welche die Menschen dabei eingehen, als Teil der Produktionsverhältnisse begreifen, in denen sie täglich arbeiten und leben. Allgemein läßt sich daher vorwegnehmend sagen, daß die Qualität der menschlichen Sexualbeziehungen wesentlich von den allgemeinen Produktionsverhältnissen und vom Stand der Entwicklung der Produktivkräfte abhängt. Im folgenden wird daher darzustellen sein, in welcher Weise die Arbeitsbedingungen in der alteuropäischen Gesellschaft, die bäuerliche Hauswirtschaft oder der Handwerksbetrieb etc. das Sexual- und Fortpflanzungsverhalten der Menschen bestimmten, bzw. welche Zusammenhänge etwa bei der industriellen Arbeiterfamilie zwischen Sexualität und Arbeitswelt bestehen. Wir konzentrieren uns deshalb auf die Beeinflussung der sozialen und sexuellen Geschlechterbeziehung durch die materiellen Bedingungen der Arbeit und die sozialen Beziehungen, welche sich jeweils vor allem aus der gesellschaftlichen Organisation der Arbeit ergeben.

Ehefähigkeit und Partnerwahl in vorindustrieller Zeit

Vor der Industrialisierung und dem massenhaften Entstehen von Lohnarbeitsverhältnissen war die Familie für einen großen Teil der Menschen zugleich die soziale Organisationsform eines Wirtschaftsbetriebs. Die Bauernfamilie, die Handwerkerfamilie, die Familie des adligen Gutsherrn waren sowohl Ort der sozialen Reproduktion als auch der ökonomischen Produktion. Auch alle jene, die selbst keine eigene Familie gründen konnten, lebten und arbeiteten im ,,ganzen Haus" und waren seinen Gesetzen und Abhängigkeiten unterworfen. Die sozialen Beziehungen der Menschen, das Verhältnis der Geschlechter und die Rollen von Mann und Frau waren durch die Erfordernisse und Möglichkeiten der Produktionsform Familie bestimmt. Bei Partnerwahl und Ehe standen daher nicht emotional-affektive Beziehungen im Vordergrund, sondern soziale und ökonomische Motive, die sich aus den Erfordernissen der materiellen Versorgung der Angehörigen und der Weiterführung der Wirtschaft oder des Geschlechts ergaben. Sexuelle Harmonie war in der Regel nicht das ausschlaggebende Motiv.

In allen sozialen Schichten der alteuropäischen Gesellschaft findet sich eine stark institutionalisierte, von Familie, Verwandtschaft und lokaler Öffentlichkeit kontrollierte und beeinflußte Wahl des Ehepartners. Dies erklärt sich vor allem daraus, daß er als Arbeitskraft im Rahmen der Hauswirtschaft, als künftiges Oberhaupt des Familienverbandes bzw. eines Adelshauses oder als ,,Kapitalbringer" über Mitgift und Erbe für die gesamte Familie, ja sogar für die gesamte Verwandtschaft oder die gesellschaftspolitischen Interessen seines Standes von Bedeutung sein konnte. Die daraus bedingte Einschränkung des Kreises potentieller Ehepartner hatte ihre Berechtigung in der sozio-ökonomischen Rolle des künftigen Gatten. Sie setzte eine umfassende schichtspezifische Sozialisation voraus. Die Negierung dieser Schicht- und Gruppengrenzen hätte für alle Familienmitglieder ein wirtschaftliches und soziales Risiko bedeutet.

Über die Einschränkung der individuellen Wahlfreiheit durch die Familieninteressen hinaus versuchten Grund- bzw. Gutsherrn, die Zünfte und später der Staat Einfluß auf Partnerwahl und Heiratsverhalten zu gewinnen. Grund- und Gutsherrn hatten ein Interesse, daß die personelle Zusammensetzung der Bauernfamilien eine effektive Bewirtschaftung der ihnen überlassenen Güter garantierte. Verwitwete Bauern und Bäuerinnen wurden entweder zur raschen Wiederverehelichung angehalten oder zur Aufgabe der Wirtschaftsführung veranlaßt. Die Auswahl des Nachfolgers des verstorbenen Bauern sollte möglichst nach dem Kriterium der wirtschaftlichen Tüchtigkeit erfolgen.

Da aber Grund und Boden als das wichtigste Produktionsmittel in einer dominant bäuerlichen Gesellschaft nicht beliebig vermehrbar ist, blieb einem Teil der Bevölkerung die Gründung einer eigenen Familie zwangsläufig verwehrt. Wollte man eine Ehe schließen, mußte in der Regel die Genehmigung des Grund- oder Gutsherrn eingeholt werden. Mittellosen Personen, die keine Aussicht hatten, in absehbarer Zeit einen Bauernhof oder ein Häusel zu erwerben, wurde deshalb die Eheschließung häufig verboten. Dies betraf im mitteleuropäischen Raum vor allem die Dienstboten und Taglöhner in der ländlichen Gesellschaft und die Handwerksgesellen in der Stadt.

Die Politik, das Heiraten der Dienstboten und Tagwerker zu beschränken, geht bis auf das 16. Jahrhundert zurück. So verboten die Weistumsrechte vieler Tiroler Gemeinden dem Pfarrer, vermögenslose Personen ohne Heiratserlaubnis der Gerichtsherrschaft oder der Gemeinde zu trauen. Für Bayern begegnen wir diesen Bestrebungen erstmals in der Landes- und Polizeiordnung von 1553. Sie sah unter anderem vor, daß Gesindepersonen, die sich trotz dieses Verbots verheirateten, ihrem Herrn entliefen und in einer der sogenannten „Winkelherbergen" Zuflucht suchten, von dort vertrieben werden und wieder auf den Bauernhof, von dem sie entlaufen waren, zurückgebracht werden sollten.

Im 17. Jahrhundert wurde diese Politik verschärft und verheiratetem Gesinde die Herberge und der Taglohndienst verboten. Manche versuchten in den Städten unterzukommen. Die bayerische Landesordnung von 1616 verfügte deshalb, daß unvermögenden Leuten der Aufenthalt in den Städten untersagt werden sollte. Der Sinn dieser Maßnahmen ist klar: Nur die besitzenden Leute sollten eine Familie gründen, alle Besitzlosen aber unter dem Verzicht von Heirat und Familie als Dienstboten dienen.

Erst in der zweiten Hälfte des 18. Jahrhunderts tauchen Bedenken gegen diese Form der Bevölkerungspolitik auf. Man erkannte, daß man den häufig beklagten Dienstbotenmangel nicht beheben könne, wenn man jene Schichten an der Eheschließung hinderte, aus denen sich der Nachwuchs an Dienstboten und Taglöhnern zum größten Teil rekrutierte. Josef II. verfügte deshalb im Leibeigenschaftsaufhebungspatent, daß der Grundherr die Heiratsbewilligung nur dann verweigern dürfe, wenn besondere Gründe vorlägen. Doch in der ersten Hälfte des 19. Jahrunderts nahm man die vom aufgeklärten Absolutismus vielerorts beseitigte Ehehindernisgesetzgebung wieder auf. Für Tirol und Vorarlberg wurde 1820 ein „politischer Ehekonsens" erlassen, der sich auf Personen aus der Klasse der Dienstboten, Gesellen, Taglöhner und Inwohner bezog. Darüberhinaus waren die „politischen Obrigkeiten" befugt, Personen die Eheschließung zu verweigern, „welche an einer Armenversorgung Anteil oder dem Bettel ergeben oder sonst ein unstätes erwerbloses Leben führen". Dieser „politische Ehekonsens" wurde in Österreich erst 1921 aufgehoben, nachdem die ständischen Beschränkungen der Ehefähigkeit schon durch die Bundesverfassung von 1920 beseitigt worden waren.

Wie sich solche Verbote der Eheschließung für mittellose Personen auf deren Liebesverhältnisse und Sexualbeziehungen ausgewirkt haben, entzieht sich einer allgemeingültigen Antwort. Vor- und außereheliche Sexualbeziehungen waren jedenfalls häufig und wurden von der Bevölkerung teilweise als natürlich und selbstverständlich empfunden. Dies hatte seine Ursache in den familienwirtschaftlichen Bedingungen selbst: Die eminente Bedeutung des Kinder-Habens in der Bauernfamilie bewirkte die soziale Verpflichtung der Frau, Kinder zu gebären. Konnte sie keine Kinder bekommen, wurde sie deshalb in manchen Gegenden von ihrem Mann verstoßen, jedenfalls aber war ihr Ansehen geschädigt. Es war daher vielfach üblich, daß der junge Bauer seine künftige Frau schon vor der Ehe auf ihre Fruchtbarkeit prüfte. Wurde sie schwanger, stand einer Heirat nichts mehr im Wege. Diese Form des vorehelichen Geschlechtsverkehrs wurde von den Zeitgenossen das „Ausprobieren" oder „auf Probe liegen" usw. genannt. Es ist klar, daß dieses voreheliche Verhaltensmuster und seine gesellschaftlich anerkannte Funktion auf das nichteheliche Sexualleben insgesamt wirkte. In der Beschreibung des obersteirischen Mürztales durch einen herrschaftlichen Beamten aus dem Jahr 1802 heißt es dazu: „Die Begriffe von Schamhaftigkeit bei einem gefallenen Mädchen sind so schwach, und werden so wenig von anderen Volksmeinungen unterstüzet, daß geschwächte Dirnen öfters prahlerisch, und ihre Kinder in den Armen schaukelnd, jenen spotten, die noch keine Beweise ihrer frühen Fruchtbarkeit vorzuzeigen haben, und ungefallene Mädchen in Gefahr stehen, bei einer Heirath andern nachgesezet zu werden, weil der Bräutigam ihre Unfruchtbarkeit besorget, und eine schon mit Kindern versehene Braut ihm frühzeitig Arbeiter in das Haus bringet. Die unehelichen Kinder werden auch meistens als eigene eheliche von dem Bräutigam angenohmen, wenn er auch, wie es oft der Fall ist, nicht selbst ihr Vater ist, oder schon eigene eheliche Kinder hat."

Dieser Bericht stammt aus einem Gebiet, das durch die Ansiedlung von Eisenindustrie frühzeitig an Dienstbotenmangel litt. Die geschilderte Selbstsicherheit der ledigen Mütter dürfte in ihrer Gewißheit begründet gewesen sein, trotz eines oder mehrerer Kinder eine Anstellung als Dienstmagd zu finden. Der allgemeine Dienstbotenmangel zwang die Bauern zu Toleranz und stärkte die Position der Knechte und Mägde. Dies führte in manchen Gegenden dazu, daß es die Dienstboten durchsetzten, nicht im Haus, sondern im Stadel zu schlafen, um sich ein ungestörtes Geschlechtsleben zu sichern, daß Knechte und Mägde selbst bestimmten, wo sie im nächsten Jahr in den Dienst gehen wollten und dabei trachteten, mit dem Sexualpartner zusammen zu sein: „Weil sich dies doch viele zu sagen nicht gedrauen, aus Furcht, ihr Liebesverständniß möchte der Obrigkeit bekannt, und ebendadurch getrennet werden, so ist es eine wichtige Sorge für den Bauern, durch allerlei geheime Nachfragen auszuforschen, welches Mädchen der Knecht liebe, den er zu erhalten wünschet. Hat er dies erfahren, so ist es dann seine erste Sorge, das Mädchen ... zum Diensteintritt bei ihm zu bereden ..." (Beschreibung des Thales Neuberg im Mürzthale Steyermarks, 1802).

Obrigkeitliche Anordnungen und Dienstbotenordnungen schienen dagegen wenig ausrichten zu können. Bezeichnend ist der Ton, in dem derselbe Beamte der Herrschaft über die „gefallenen" Dienstmägde spricht. Er ist sich der wirtschaftlichen Bedeutung ihrer ledigen Kinder als künftige Dienstboten bewußt und entgegen dem üblichen Gejammer über den Sittenverfall gibt er sich wohlwollend tolerant: „Wenn auch eine schon gefallene Dienstmagd ihre Kinder bei sich hat, so läßt sie doch dieswegen weder dem Bauern an der Arbeit, noch dem Kinde an der Wartung etwas zurück ... Man hatte das Beispiel von einer Magd, die 7 mal schwanger wurde. Sie hat nun schon erwachsene 7 vortreffliche Söhne, die von allen Bauern in den Dienst gesuchet werden. Alle erzog sie selbst bei sich neben ihren Dienstverrichtungen, und ungeachtet diese Kinder doch von dem Bauern nebst ihr ernähret werden mußten, so war sie doch nie in Gefahr, keinen Dienst zu erlangen ..."

Zu dieser Zeit betrug die Illegitimitätsrate in der Steiermark 11,2 Prozent. Sie stieg in den folgenden Jahrzehnten beträchtlich und erreichte im Jahr 1870 mit 27,8 Prozent ihren Höhepunkt. Bis 1910 fiel sie allmählich wieder auf 24,1 Prozent. Eine ähnliche Entwicklung fand in fast allen österreichischen Ländern statt. Als Hintergrund können tiefgreifende Veränderungen im Agrarsektor vermutet werden, die einerseits zu einem erhöhten Arbeitskräftebedarf (durch Nutzung der Brache, die Einführung von Kartoffel-, Mais- und Kleebau und die Intensivierung der Viehzucht) und anderseits zu einer Erweiterung des Nahrungsspielraums führten. Die Einführung des Kartoffelbaus ermöglichte es beispielsweise, bei gleicher Anbaufläche die etwa drei- bis vierfache Bevölkerungszahl zu ernähren. Da sich aber die Arbeitsproduktivität in den österreichischen Ländern in dieser Zeit kaum erhöhte, konnte die sprunghaft ansteigende Agrarproduktion nur durch den Einsatz zusätzlicher Arbeitskräfte zustandekommen. Dies könnte der geschilderten Strategie der Bauern, den außerehelichen Geschlechtsverkehr der Dienstboten nicht zu verhindern, bzw. deren größerer Bereitschaft zu unehelichen Kindern zugrunde liegen. Es ist sehr wahrscheinlich, daß hier die wesentliche Ursache für das Ansteigen der Unehelichenrate in diesen Jahrzehnten liegt.

Mit technischen Innovationen in der zweiten Hälfte des 19. Jahrhunderts, der Einführung neuer Pflüge, Sä-, Dresch- und Häckselmaschinen und der Anwendung der Sense anstelle der Sichel setzte eine gegenläufige Entwicklung ein: Arbeitskräfte konnten eingespart werden. Der Anteil der in der Landwirtschaft beschäftigten Personen ging zurück. Ein Teil der besitzlosen Landbevölkerung wanderte in die neu entstandenen Industriezentren ab. Die Gesindezahlen gingen stärker zurück, als es der landwirtschaftlichen Entwicklung entsprach. Infolgedessen stiegen die Gesindelöhne in den 70er und 80er Jahren. Das Problem des Dienstbotenmangels verschärfte sich erneut. 1882 wurde auf einer Enquete des steirischen Landtags in diesem Zusammenhang festgestellt, daß ledige Dienstbotenkinder auf den großen Bauerngütern der Obersteiermark durchaus erwünscht wären: ,,Die bäuerliche besitzende Bevölkerung behält sogar sehr gerne die in ihrem Haus gebohrenen Dienstbotenkinder selbst in Pflege, als sogenannte Ziehkinder, auch wenn die Mütter später den Dienst verlassen , . . . weil dieselben bei dem meist größeren Hausstande anfangs wenig Kosten machen und später ein an das Haus anhängliches, billiges Dienstpersonale abgeben.“

Das Problem der unehelichen Kinder stellt sich so vor allem als eines des Nahrungsspielraums und des Arbeitskräftebedarfs dar. Außerehelich gezeugte Kinder sind jedenfalls kein Gradmesser der ,,Unsittlichkeit“ und ,,Verwahrlosung der niederen Klassen“, sondern Ausdruck ihres zeitlichen oder prinzipiellen Ausschlusses von der Möglichkeit zur Eheschließung bzw. Ausdruck der Möglichkeit, außerhalb der Ehe als assoziierte Mitglieder der Hausgemeinschaft für sich und ihre Kinder als Dienstboten und Taglöhner das Auslangen zu finden.

Zur Qualität der ehelichen Sexualität in vorindustrieller Zeit

Es ist überaus schwierig, aus vereinzelten Beschreibungen und spröden Daten über die Familienstruktur eine Vorstellung über die Qualität der ehelichen Beziehungen und insbesondere über den Standard der ehelichen Sexualität zu gewinnen. Einer der wenigen Indikatoren ist das Altersverhältnis zwischen den Ehegatten. Hier fällt in vorindustrieller Zeit die große Zahl jener Ehen auf, in denen die Lebensphasen der beiden Ehegatten aufgrund bedeutender Altersunterschiede nicht synchron verliefen. Es handelt sich dabei einerseits um „Versorgungsehen" verwitweter Frauen in Handwerk und Handel, anderseits um Wiederverehelichung im ländlich-bäuerlichen Bereich.

Die Wiederverehelichung einer Handwerkerwitwe mit einem oft jüngeren Gesellen des eigenen Gewerbes stellte für sie in einer Gesellschaft, die noch keine Rentenversorgung kannte, die einzige Form der Altersversorgung dar. Anderseits war die Ehelichung einer Meisterswitwe für den Gesellen, der kein Meistersohn war, meist der einzig mögliche Weg, das Meisterrecht zu erwerben.

Auch im bäuerlichen Bereich waren aufgrund der ökonomischen Notwendigkeit, die zentralen Rollen des Hausherrn und der Hausfrau nach Möglichkeit stets besetzt zu halten, Wiederverehelichungen mit zum Teil bedeutend jüngeren bzw. älteren Partnern durchaus üblich.

In den städtischen Unterschichten, vor allem bei Taglöhnern und weniger angesehenen gewerblichen Berufen wie Maurern, Zimmerleuten, Steinbrechern etc, finden sich ebenfalls große Altersunterschiede zwischen Ehegatten. Mehr als die Hälfte aller Frauen von Zimmerleuten waren 1794 in Salzburg zum Teil wesentlich älter als ihre Männer.

Daß man in solche Verhältnisse nicht ohne weiteres moderne Vorstellungen von Liebe und Erotik hineindenken darf, ist klar. Ein komfortloser, unluxurierter Lebensstil, harte Arbeit und ein langer Arbeitstag waren einer Erotisierung der ehelichen Sexualität vermutlich nicht förderlich. Noch im 19. Jahrhundert soll in Bauernehen kaum geküßt worden sein. Heinrich Rauscher berichtet über die Familienverhältnisse im niederösterreichischen Waldviertel: „Das Verhältnis zwischen den Familienmitgliedern entbehrt der Zärtlichkeiten, man verkehrt vielmehr nüchtern und sachlich miteinander ... Man hat eine gewisse Scheu, seine Gefühle zu zeigen, weil es als ein Zeichen von Schwäche und Zimperlichkeit gedeutet würde. Küsse oder andere Zärtlichkeiten erfahren die Kinder nur im zartesten Alter. Das Verhältnis zwischen den Eheleuten scheint kühl". (Heinrich Rauscher, Volkskunde des Waldviertels, 1926, S. 22)

Und Karl Renner schreibt über die bäuerlichen Verhältnisse im burgenländischen Güssing zu Ende des 19. Jahrhunderts: „Die im Familienleben uns vertrauten Äußerungen der Zärtlichkeit (Küssen, Umarmen, ein Kind auf den Schoß nehmen oder abtäscheln und dergleichen) galt nicht nur zwischen Geschwistern, sondern auch zwischen Eltern und Kindern als ungehörig ..." (Karl Renner, An der Wende zweier Zeiten, 1946, S. 272)

Solche Hinweise deuten auf einen Zusammenhang zwischen der Härte des täglichen Arbeitslebens und der erotischen Qualität der Mann-Frau-Beziehung und des Eltern-Kind-Verhältnisses hin, wobei diese zueinander in einem psychogenetischen Zusammenhang stehen.

Anderseits dürfte gerade im bäuerlichen Bereich durch den Umstand, daß fast immer ledige Personen als Dienstboten, Taglöhner und Inwohner am Bauernhof lebten, zumindest für den Mann eine gewisse Kompensation seiner in der Ehe oft nicht befriedigbaren sexuellen Bedürfnissen möglich gewesen sein. Für die sozial meist schwächere Frau aber war außereheliche Sexualität, ganz abgesehen von den sozialen Risiken, denen sie sich ausgesetzt hätte, schon aufgrund ihrer häufigen Schwangerschaften und Stillzeiten kaum möglich. Es ist anzunehmen, daß sie selbst kaum Anspruch auf Befriedigung ihrer sexuellen Wünsche erhob.

Die Trennung von Ehe und Liebe in den privilegierten Schichten

Konträr zu den Verhältnissen im bäuerlichen und gewerblichen Bereich war es um Ehe und Sexualität in den gehobenen Schichten bestellt. Sie waren in ihrem Lebensstil nicht durch Nahrungsknappheit und harte Arbeit beschränkt. Vor allem im Adel setzte sich früh eine hedonistisch-ästhetische Auffassung von Liebe durch, die sich jenseits wirtschaftlicher Zwänge und Nöte entfalten konnte. Allerdings betraf dies vor allem die außereheliche Liebe. Im Hof- und Stadtadel entwickelte sich ein ausgeprägter Dualismus von ehelicher, ,,keuscher" und außerehelicher, erotischer Liebe. Liebe wurde nicht als Voraussetzung der Eheschließung angesehen. Sie war ein christliches Verhaltensgebot, das von den Ehegatten befolgt werden sollte, weil sie verheiratet waren. Es wurde davor gewarnt, aus Liebe zu heiraten oder die eheliche Liebe zu übertreiben. Vor allem im französischen und italienischen Hofadel wurden Ehe als ,,vernünftige" ökonomische Ordnung und Liebe als erotisch-sexuelle Beziehung für unvereinbar gehalten. Die wirtschaftliche Privilegiertheit des Adels machte es möglich, Beziehungen neben der Ehe zu haben. Außereheliche Liebschaften beeinträchtigten kaum den Fortbestand der Ehe. Im Grunde fand man sie ganz natürlich: eine adlige Frau ohne Geliebten mußte reizlos sein, ein adliger Herr ohne Mätresse war entweder impotent oder finanziell ruiniert.

Die uneheliche Geburt wurde positiv bewertet, wenn der Vater des Kindes höheren Standes war. Dies war eine Folge des Geblütsdenkens, das die charakterlichen Eigenschaften und den sozialen Rang des adligen Herrn für vererbbar hielt. Dem adligen Herrn blieb es deshalb auch unbenommen, ja es wurde oft als sein Recht angesehen, einem Mädchen niederen Standes, das ihm gefiel, Gewalt anzutun.

Der junge Adlige konnte spätestens auf seiner ,,grand tour" durch die wichtigsten Städte Europas sexuelle Erfahrungen sammeln. Kurtisanen und adlige Witwen brachten ihm die ,,feinen" Manieren im Umgang mit dem weiblichen Geschlecht bei, Stuben- und Dienstmädchen bereicherten seine Erfahrung. Nur die adligen Ehekandidatinnen waren ihm verwehrt, denn sie mußten unberührt in die Ehe treten.

Soldaten und Studenten besaßen seit jeher besondere sexuelle Vorrechte, Friseure, „Putzmacherinnen“, Schneider und das Dienstpersonal hatten durch ihre ständigen Kontakte mit der adligen Oberschicht häufig eine sich unter deren Einfluß ausbildende Eheauffassung und Sexualmoral. Dies führte zu einer gewissen Angleichung der Umgangsformen, aber auch zu einer Desorientierung im sozialen und sexuellen Verhalten, denn die großzügigeren Auffassungen des adligen Liebeslebens entsprachen nicht ihrer eigenen materiellen Lage.

Die Entwicklung zur Liebesehe und die Aufwertung ehelicher Sexualität

Im Zuge von Urbanisierung und Industrialisierung bildeten sich immer mehr Unterhaltsmöglichkeiten und Berufe aus, die außerhalb des Hauses bzw. der Wohnung und damit getrennt von der Familie ausgeübt wurden. Diese Trennung von Wohnung und Arbeitsplatz bewirkte eine Privatisierung der Familie. Immer mehr Menschen lebten in ihren Häusern und Wohnungen ausschließlich mit ihren engsten Familienangehörigen zusammen. Daraus ergab sich eine Intensivierung und vermutlich auch eine Emotionalisierung der familiären Beziehungen. Um die Mitte des 18. Jahrhunderts mehrten sich auch die Stimmen, die in der Ehe eine „Gemütsverbindung“ sahen. Der Dualismus von Ehe und Sinnlichkeit wurde zuerst in den Ehen der gebildeten Schichten überwunden. Die Liebe wurde moralisiert und die bürgerliche Geldehe verurteilt. In der Zeit der Romantik hat dieser neue Ehe- und Familienbegriff seine deutlichste Ausprägung erfahren. Zum ersten Mal bildete sich „Familiensinn“ als typische Grundhaltung breiterer Bevölkerungsschichten heraus. Die Wohnung wurde immer stärker zu einem nach außen geschlossenen, intimen Bereich. Damit war eine Aufwertung der emotionalen und sexuellen Beziehung zwischen den Ehepartnern verbunden. Anderseits ergab sich daraus eine restriktivere Bindung des einzelnen im sexuellen Bereich und eine wachsende Diskriminierung vor- und außerehelicher Beziehungen.

Die zunehmende Rollendifferenzierung in einer immer komplexer werdenden Gesellschaft bedeutete eine wachsende Abhängigkeit der Menschen voneinander. Daraus entstand in steigendem Maße die Notwendigkeit zu Selbstzwang und Selbstkontrolle, um dieses immer enger werdende Zusammenleben nicht zu gefährden. Der ,,beherrschte Mensch" wurde zum verbindlichen Modell und zum Ziel der Erziehung. Die Triebhaftigkeit und Spontaneität des einzelnen mußten aus der Öffentlichkeit in die Familie zurückverwiesen werden. In ihr begann sich eine eigene Intimsphäre der Eltern zu bilden, die ihr Sexualleben und ihre Körperlichkeit in wachsendem Maß vor ihren Kindern verbargen.

Erst mit dieser Abgrenzung eines ehelichen Intimbereichs und der Monopolisierung sexuell-erotischer Beziehungen in der Ehe konnte emotionales und sexuelles Defizit zu einer Gefahr für den Weiterbestand einer Ehe werden. Mit den wachsenden subjektiv-emotionalen und sexuell-erotischen Anforderungen an den Ehepartner stieg die Anfälligkeit der Ehe für Störungen vielfältiger Art.

Vor der Trennung von Familie und Arbeit war die Familie eine soziale und ökonomische Einheit, die nur als ganze den äußeren Kontrollen der dörflichen und städtischen Öffentlichkeit, des Grund- und Gutsherrn etc. ausgesetzt war. Mit der Verbreitung der Lohnarbeit setzten verstärkt äußere Kontrollen der Einzelperson ein, die sich nun hauptsächlich als ,,Gesetzmäßigkeiten" des Arbeitsmarkts darstellen. Mit der Trennung von Produktion und Reproduktion entfielen auch die familienwirtschaftlichen Mechanismen der internen Kontrolle.

Wesentliche Veränderungen ergaben sich daraus für die soziale Plazierung der Frau. Mit der Abtrennung der Produktion vom häuslichen Rahmen reduzierten sich ihre Möglichkeiten zur Teilnahme an der Produktion. Durch ihre Gebärfunktion und die ihr zugewiesene Aufzucht der Kinder blieb sie weiterhin an das Haus gebunden. Durch die Trennung ihres Aktionsfeldes von der Sphäre der Produktion erhielt ihre Arbeit als ,,Hausarbeit" neue

Gestalt. War sie im Bauernhof, im Geschäft des Handwerkers, in der hausindustriellen Produktion und im Kleinhandel etc. direkt an der Produktion von Gütern und Dienstleistungen beteiligt gewesen, weil sie ihre Aufgaben als Mutter und Ernährerin damit verbinden konnte, wurde sie nun durch die Verlagerung der Produktion aus dem hauswirtschaftlichen Rahmen auf die Aufgaben der „privaten Reproduktion" reduziert. In der Folge wurden neue Normen der Ordnung und Sauberkeit im Haushalt entwickelt. Da im solcherart „privatisierten" Haushalt Gebrauchswerte produziert werden, die kapitalistische Gesellschaft in ihrem Wertsystem aber tauschwertorientiert ist, resultiert daraus bis heute die Geringschätzung dieser Arbeit; und darin wieder liegt eine der Hauptwurzeln für die Unterdrückung der Frau.

In der Ausformulierung der „Geschlechtscharaktere", die der Frau Passivität und Emotionalität, dem Mann Rationalität und Aktivität zuschrieben, erfolgte die ideologische Begründung dieser neuen Form der Arbeitsteilung zwischen Mann und Frau.

Im 19. Jahrhundert verstärkte sich das öffentliche Interesse an der Familie. Dies zeigt sich auch in der politischen Sprache der Zeit: Volk, Staat, ja sogar der industrielle Betrieb wurden vielfach als „Familie" begriffen. Die Familie galt als Grundpfeiler der bürgerlichen Gesellschaft. Staat und Kirche interessierten sich verstärkt für das Sexualleben des einzelnen und die „Sittlichkeit" des Volkes. Die Liebe, von der Romantik erstmals als konstitutiv für die Ehe angesehen, erhielt sittlich-verpflichtenden Charakter. Das Interesse des absoluten Staates an Ehe und Familie spiegelt sich wider in der nun erneut proklamierten „Heiligkeit" der Familie. Im Brockhaus des Jahres 1834 heißt es: „Die Familienverbindung ist die natürlichste, älteste und heiligste unter den Menschen". Man huldigte der Idylle des glücklichen Familienlebens, die Familie wurde als konfliktlos gedacht. Die Frau wurde nachdrücklich in die Familie verwiesen. Politische Handlungsfähigkeit sprach man ihr weitgehend ab: „Das Weib existiert nicht für sich, sondern nur in und mit der Familie." (W. H. Riehl, 1854)

Erst in der zweiten Hälfte des 19. Jahrhunderts verstärkten sich die Emanzipationstendenzen gegen dieses repressive Familiensystem. Der einsetzende Kampf um die Rechte der Frau und der Kinder begann den Mythos von der ,,heiligen Familie" zu zerstören. Seit der Jahrhundertwende haben Psychoanalyse und Psychotherapie damit begonnen, die Konflikte und seelischen Krankheiten, die in Familie und Ehe entstehen, in das gesellschaftliche Bewußtsein zu heben.

Ehe und Sexualität in der frühen Industriearbeiterschaft

Freilich gilt die eben in groben Zügen skizzierte Entwicklung nur für jene sozialen Schichten, die in relativem Wohlstand auch in der Lage waren, sich eine Sphäre der familialen Privatheit zu sichern. Sie trifft nicht auf die frühen Arbeiterverhältnisse in der ersten Phase der Industrialisierung zu, deren schlechte Wohn- und Arbeitsbedingungen eine Privatisierung und Emotionalisierung nicht erlaubten. Hier finden wir auch die bürgerlichen Sexualnormen in viel geringerem Maß. Wilhelm Reich sprach in diesem Zusammenhang von der ,,psychischen Robustheit" und ,,sexuellen Naturwüchsigkeit" des Proletariats.

Dabei ist zu bedenken, daß im Vergleich zu heutigen Verhältnissen die Zahl der verheirateten Arbeiter sehr niedrig war. 1869 waren in Wien 86 Prozent der selbständig Erwerbstätigen, aber nur 36 Prozent der Arbeiter verheiratet oder verwitwet. Ein Teil der Arbeiterschaft lebte vorübergehend oder auf Dauer in ,,wilden" Ehen. Dies wird verständlich, wenn man bedenkt, daß 55,1 Prozent der Wiener Arbeiter damals keine eigene Wohnung besaßen sondern in Untermiete oder in kasernenartigen Arbeiterquartieren der Unternehmer wohnen mußten oder gar nur als ,,Bettgeher" für einige Stunden ein Bett mieten konnten.

Durch die notwendige regionale Mobilität der arbeitsuchenden Menschen und ihre Zuwanderung in neu entstehende Industrieorte lösten sich die Arbeiter häufig aus dem traditionellen, meist ländlichen Verwandtschaftszusammenhang. Seine Hilfeleistungen bei Krankheit und Arbeitslosigkeit blieben nun aus. Das frühkapitalistische Entlohnungssystem zwang auch Frauen und Kinder in die Fabriken. Säuglinge wurden in den Arbeitspausen gestillt, Kinder verwahrlosten auf der Gasse, Kranke blieben oft unversorgt. Erst nach und nach wurden staatliche Sozialeinrichtungen erkämpft, die ehemals von den Familienangehörigen besorgte Aufgaben übernahmen, und Gesetze geschaffen, die die schärfsten Formen der Ausbeutung einzudämmen vermochten. Erst mit der Erkämpfung sozialpolitischer Einrichtungen setzte eine Verbesserung in den Familienverhältnissen der Arbeiterschaft ein. Mit der Übernahme kleinbürgerlicher Lebensformen als Folge der materiellen Besserstellung erfolgte auch in der Arbeiterklasse eine weitgehende Monopolisierung der Sexualität in der Ehe.

Sexualität in der Konsumgesellschaft: Neue Zwänge, neue Freiheiten

Wir haben in allen Ständen und Schichten der alteuropäischen Gesellschaft persönliche Abhängigkeitsverhältnisse in haus- und familienrechtlich verfaßten Sozialformen gefunden: Im ,,Rahmenhaushalt" der Grund- und Gutsherrschaft, im Bauern-, Handwerker- und Handelshaus usw. Überall fand nicht nur wirtschaftliche Machtausübung, sondern auch Herrschaft über die Lebensweise der Menschen und damit auch über ihre Liebes- und Sexualbeziehungen statt. Der Bauer forderte ,,Tugendhaftigkeit und Fleiß" von seinen Dienstboten und sollte ihren sittlichen Lebenswandel überwachen. Lehrlinge und Gesellen unterstanden auch in ihren Verhaltensweisen außerhalb der Arbeit der umfassenden hausväterlichen Gewalt ihres Meisters. Das alteuropäische Produktionssystem versuchte im Rahmen der Familienwirtschaft die Arbeits- und Lebenshaltung der Menschen umfassend zu regeln. Die Autorität des adligen Herrn, des Bauern oder des Meisters sollten für die Einhaltung der gruppenspezifischen Normen und der Arbeitsdisziplin sorgen. So beschreibt der schon zitierte Beamte der obersteirischen Herrschaft Neuberg den Leistungsdruck, der von der Hausgemeinschaft und der dörflichen Öffentlichkeit ausgeübt wurde: ,,Alles kömmt ... auf den Bauern oder den Maier an, welcher als erster zur Arbeit greift. Ist dieser flink und anhaltend, so sind es alle nach seiner, und der es nicht ist, dem wird von allen übrigen gespottet, er geräth in Verachtung, und erhält bei Zusammenkünften, Spielen und Mahlzeiten überall wo nicht fortgesetzten Spott, doch die letzte Aufmerksamkeit und Vorsorge ... Ist der Vorarbeiter aber selbst träg, so sind es alle Mitarbeiter, ohne sich darüber viel zu schämen; denn es ist Niemand, der sie auslachet."

Dieses System der Disziplinierung funktionierte also über die Hierarchie der kleinen, überschaubaren Gruppe. Dementsprechend drohte bei nicht angepaßtem Verhalten „Verachtung", „ausgelacht" oder „verspottet" zu werden bzw. „sich schämen" zu müssen, also vor allem Prestigeverlust in der Gruppe und in der dörflichen Öffentlichkeit.

Durch Vergesellschaftung und Rationalisierung der Produktion im Verlauf der Industrialisierung konnte diese direkte Kontrolle des einzelnen immer weniger greifen. Die den industriellen Produktionsformen adäquaten Arbeitsqualitäten konnten infolge der immer weniger überschau- und überwachbaren Manufakturen, Fabriken und Verwaltungsapparate nach einer Übergangsphase (mit Fabrikaufsehern u. ä.) nicht mehr in Form dieser Außenkontrolle durchgesetzt werden. Sie mußten in der Psyche des einzelnen verankert werden – als verinnerlichte und damit individuell kaum mehr sabotierbare Leistungsideologie.

So wie der hochentwickelte Kapitalismus vom einzelnen nicht nur die Arbeitskraft nimmt, sondern ihn zur Hebung des Güterbedarfs auch als Konsumenten braucht, erfolgt nun auch die Gestaltung der sexuellen Verhältnisse in zwiespältiger Weise. Einerseits wird Sexualität als Ware geboten: Die Vergnügungsindustrie vom Kino bis zum Sex-Shop schlägt Profit aus der sexuellen Frustration ihrer Kunden. Die Werbung macht sich die Reizbarkeit des Publikums zunutze, indem sie möglichst viele ihrer Artikel mit Sexuellem in Verbindung bringt. Andererseits sind die reklamehaften Vorbilder eines ästhetischen Lebensstils in luxuriösen Verhältnissen für den von der Arbeit müden Durchschnittsbürger nicht zu erreichen. Die harte, nervenzerschleißende Arbeitswelt diszipliniert und reduziert das Sexualleben der Menschen. Die Angehörigen der aufstiegswilligen Mittelschicht verbrauchen ihre Energien zum Großteil im täglichen Kampf um den beruflichen Erfolg. Die

Arbeiterschaft leidet an abstumpfenden Arbeitsbedingungen in vielen Betrieben. Phantasielosigkeit und Verkümmerung des Sexuallebens sind eine häufige Folge.

Auf diese Weise wird der einzelne auch im sexuellen Bereich unter Leistungsdruck gestellt: Eine durch die kommerzielle Verwertung sexueller Wünsche und Sehnsüchte produzierte Vorstellungswelt faßt sexuelles Erleben in verdinglichten und quantifizierenden Kategorien. Sie ruft damit psychische und physiologische Störungen des Sexuallebens hervor, welche die vorindustrielle Gesellschaft in dieser Form wohl kaum gekannt hat.

Durch die gesellschaftliche Entwicklung ist heute in Mitteleuropa praktisch allen Menschen die Gründung einer Familie und damit eheliche Sexualität möglich. Gesetzliche Hindernisse bestehen im wesentlichen nur noch für Eheschließungen zwischen engen Verwandten und Minderjährigen. Auch die wirtschaftlichen Zwänge für Partnerwahl, Heirat und Wiederverehelichung haben stark abgenommen. Sie finden sich heute vor allem noch dort, wo es gilt, den Familienbesitz zu sichern oder wo die Familie noch wirtschaftliche Produktionseinheit ist (bei Unternehmen, Gewerbetreibenden und Bauern etc.).

Trotz dieses weitgehenden Wegfalls juristischer und wirtschaftlicher Ehehindernisse darf aber nicht angenommen werden, daß die Wahl des Ehepartners heute frei wäre von wirtschaftlichen und sozialen Determinanten. Zwar kann die Durchsetzung des Ideals der Liebesheirat als wichtiges Moment des sozialen Wandels angesehen werden, doch die Heirat vollzieht sich weiterhin vornehmlich unter sozial, wirtschaftlich und kulturell ähnlich gelagerten Menschen: Der Arbeiter sucht seine Frau meist im Arbeitermilieu, der Akademiker vornehmlich in Akademikerkreisen usw.

Waren in vorindustrieller Zeit vor- und außereheliche Sexualbeziehungen für einen Teil der Bevölkerung die zwanghafte Folge ihrer wirtschaftlichen Abhängigkeit, so haben Untersuchungen in der jüngeren Vergangenheit gezeigt, daß bei vorehelichen Beziehungen in der Regel intendiert ist, daß der Sexualpartner auch der künftige Ehegatte sein wird. Nur in besonderen Fällen konnte ein häufiger Wechsel der Geschlechtspartner beobachtet werden. Sexueller Harmonie zwischen den Ehepartnern wird heute wohl größere Bedeutung zugemessen als früher. Voreheliche Beziehungen werden zunehmend akzeptiert, weil in ihnen sexuelle Harmonie für die künftige Ehe geprüft werden soll.

Die Verringerung der Kinderzahl pro Ehe wirkt sich auf die Qualität des ehelichen Sexuallebens aus. Es kann zunehmend als unabhängig von der Fortpflanzung gesehen werden. Die geringere Anzahl der Schwangerschaften erhöht die sexuellen Möglichkeiten der Paare.

Die Beschränkung der Kinderzahl hat zusammen mit dem gesunkenen Heiratsalter und der gestiegenen Lebenserwartung die Zeit nach der Geburten- und Aufzuchtsphase, die sogenannte Phase der „nachelterlichen Gefährtenschaft", bedeutend verlängert. In vorindustrieller Zeit waren die meisten Ehepaare mit dem Erwachsenwerden des jüngsten Kindes schon ziemlich am Ende der Ehe. Oft starb einer der Gatten bereits vor diesem Zeitpunkt. Heute hingegen sind für die Ehepartner nach dem Ausscheiden des jüngsten Kindes in der Regel noch mindestens 20 bis 30 Jahre gemeinsam zu leben. Diese Zeit stellt für die meisten Ehepaare eine neue und schwierige Erfahrung dar, denn zum erstenmal seit Beginn ihrer Ehe sind sie wieder allein. Damit fällt oft das letzte Motiv weg, das die Ehe bis dahin noch zusammengehalten hat. Die Häufigkeit der Scheidungen in dieser Phase deutet auf die entstandene Brüchigkeit des Konzepts der lebenslangen Ehe, das ursprünglich auf gänzlich anderen demographischen Bedingungen beruhte. Die Erhöhung der Lebenserwartung, sinkendes Heiratsalter und die Veränderung der Erwartungshaltung haben dazu geführt, daß die Anforderungen der lebenslangen Ehe für eine wachsende Anzahl von Menschen nicht mehr einlösbar sind. Es ist deshalb die Frage, ob die gesellschaftliche Organisation von Sexualität und Reproduktion in der Ehe durch den gehobenen Anspruch an Harmonie und Erotik zwischen den Gatten langfristig modifiziert werden wird.

Andererseits zeigen sich Ansätze, die kritischen Phasen der Ehe neu zu konzipieren. Galt es früher z. B. als selbstverständlich, daß die ältere Frau nach dem Ende der Gebärphase in den als asexuell behaupteten Zustand vor der Pubertät zurückzufallen habe, wird dies heute doch zunehmend in Frage gestellt. Die Menopause wird immer weniger als ein einschneidender Zeitpunkt im Leben der Frau betrachtet. Sie hat ja ihre Empfängnisbereitschaft in der Regel schon lange vor diesem biologischen Datum aufgegeben und ist in ihrer sexuellen Energie nicht durch diesen Zeitpunkt begrenzt. Vermutlich ist die Tabuisierung der weiblichen Sexualität nach dem Klimakterium vor allem durch die in ihrer historischen Genese dargestellte Identifizierung von Sexualität und Fortpflanzung bedingt. Die moralische Bindung von sexuellem Erleben an die Fortpflanzungsabsicht, wie sie vor allem die katholische Kirche propagierte, führt bis heute zur häufigen Diskriminierung der sexuellen Wünsche der Frau, sobald sie nicht mehr empfängnisfähig ist.

Die historisch relativ junge Situation der Ehepartner in der fortgeschrittenen Phase der Ehe birgt für die Frau besondere Risiken: Einerseits fühlt sie sich vielfach durch die massive Propagierung meist jugendlicher Schönheitsideale gefährdet. Anderseits werden in ihr durch den Wegfall der Aufgaben in der Aufzucht der Kinder Energien auch in Form neu erwachender Libido frei. Doch vielen Paaren ist in fortgeschrittenem Alter kein befriedigendes Sexualleben mehr möglich. Frauen verlagern ihre sexuellen Energien daher häufig in das übereifrige Bemuttern ihrer erwachsenen Kinder und Enkelkinder oder in den religiösen und sozial-karitativen Bereich. Auch die Tendenz, den alternden Ehemann total zu umsorgen, ist Ausdruck dafür. Man spricht hier von „Altersmatriarchat" und „overprotecting". Es wird dadurch begünstigt, daß der aus dem Arbeitsleben ausgeschiedene Mann durch den Wegfall seiner beruflichen Aufgaben häufig an Selbstwertgefühl verliert und auch körperlich oft früher hilfsbedürftig wird.

Mit dieser groben Skizze haben wir freilich nur einen Teil der Probleme berührt, die sich aus historischer Sicht im Bereich von Ehe und Sexualität stellen. Um den umfassenden Zusammenhang von Produktion, Konsumtion und Sexualität darzustellen, haben wir auf die Behandlung wichtiger anderer Fragen verzichtet. So blieb die historische Entwicklung der Herrschaftsverhältnisse in Familie und Ehe und die konkrete Ausformung des Verhältnisses von Mann und Frau auf den verschiedenen Stufen der historischen Entwicklung deutlich unterbelichtet. Es wurde weder zeitlich noch geographisch ausreichend differenziert. Der Vorteil dieser Darstellungsweise liegt jedoch darin, Sexualität mit den gesellschaftlichen Grundverhältnissen von Produktion und Reproduktion in Verbindung zu setzen und sie so als soziales Phänomen begreifbar zu machen. Erkenntnisse über die sozio-ökonomische Abhängigkeit des jeweils gesellschaftlich „Möglichen" im zwischenmenschlichen und sexuellen Bereich tragen sicher dazu bei, gesellschaftlicher Normierung von Sexualität den Schein der Natürlichkeit, aber auch der Beliebigkeit zu nehmen. Die Überwindung überkommener Normen und Verhaltensweisen, die gegen subjektive Glücksinteressen verstoßen, kann in gesellschaftlich relevanter Weise immer nur in Übereinstimmung mit dem Wandel der gesellschaftlichen Gesamtverhältnisse geschehen. Experimente in den Formen des sozialen und sexuellen Zusammenlebens, die der Entwicklung der gesellschaftlichen Verhältnisse weit voraus sind, werden daher immer Sache von Randgruppen sein. Ihre Bedeutung ist jedoch nicht zu leugnen, denn sie demonstrieren die unterschiedliche Gestaltbarkeit menschlicher Sexualbeziehungen und heben damit deren historisch-gesellschaftlichen Charakter ins Bewußtsein.

Reinhard Sieder

Probleme des Alterns im Strukturwandel der Familie

„Altern": ein historisches Thema?

Daß „Altern" zu Recht ein sozialwissenschaftliches Thema ist, wird nicht bezweifelt, sind doch viele Probleme des Alterns sozialer Natur oder zumindest sozialstrukturell bedingt. Eben deshalb aber wäre „Altern" auch ein historisches Thema, denn soziologische Konzeptionen zum Altenproblem könnten durch eine zusätzliche historische Dimension an Orientierung gewinnen. Eine größtenteils von den Quellen ausgehende Historie aber hat so wichtige Probleme wie jene des Alterns bisher nicht für sich entdecken können, weil es hierzu in besonderem Maße eines problemorientierten historischen Ansatzes bedarf.

Für eine sich als historische Sozialwissenschaft verstehende und dementsprechend problemorientierte Sozialgeschichte böte sich hier – wie bei anderen Themen auch – die Möglichkeit, durch die historische Erweiterung des vergleichsweise schmalen zeitlichen Erkenntnisbereichs der Soziologie langfristigere Tendenzen und Wirkungszusammenhänge sichtbar zu machen, vor deren Hintergrund aktuelle Problemsituationen vielfach besser interpretiert werden könnten; zudem ließe auch hier die Dynamik der historischen Entwicklung sozialpolitische Veränderungsabsichten in der Zukunft selbstverständlicher erscheinen.

Angesichts des Mangels an einschlägigen sozialhistorischen Untersuchungen kann auch in diesem Beitrag nur ein vorläufiger Problemaufriß geboten bzw. der Versuch unternommen werden, die schon in breitem Maße vorhandenen soziologischen Arbeiten für eine sozialhistorische Konzeption zu Problemen des Alterns fruchtbar zu machen.

Zur Gewinnung eines entsprechenden Problemrasters wird der Prozeß des Alterns vor allem unter seinem Aspekt der historischen Rollen- und Verhaltensänderung des alternden Menschen im sozialen Kontext bzw. werden die historischen Veränderungen seiner sozialen Umgebung auf ihre Folgen für den Prozeß des Alterns zu hinterfragen sein.

Untersucht man Probleme des Alterns auf ihre Zusammenhänge mit historischen Veränderungen der Familien- und Haushaltsstruktur, zeigt sich, daß Altern weniger durch das Erreichen eines bestimmten Lebensjahres als von markanten Einschnitten und Veränderungen in den Beziehungen des einzelnen zur sozialen Umwelt und im besonderen zu den Interaktionspartnern in der Familie geprägt ist.

Allerdings wird man sich dabei für die neuere Zeit nicht auf den Kreis der beständig zusammenlebenden Familienmitglieder beschränken dürfen, denn durch die gesellschaftlichen Veränderungen im Zuge von Urbanisierung und Industrialisierung bestehen die Beziehungen der „Alten" zu ihren Kindern zunehmend in sozialen Kontakten bei räumlicher Trennung, in „Intimität auf Distanz" (L. Rosenmayr).

Damit ist schon angedeutet, daß die Institution der Familie sowohl für die in ihr integrierten als auch für die von den Familien ihrer Kinder getrennt lebenden Alten große Bedeutung besitzt. Aus historischer Perspektive hat diese Bedeutung der Familie als sozialer Ort des alternden Menschen freilich abgenommen. Die heute gegebene Situation der Alten in unserer Gesellschaft ist als gegenwärtiger Stand einer historischen Entwicklung zu sehen, die wesentlich mit dem Struktur- und Funktionswandel der Familie zusammenhängt.

Diesen Wandel in einer dichotomischen Gegenüberstellung vorindustrieller und industrieller Familienformen aufzuzeigen, birgt die Gefahr von Pauschalierungen in sich. Allzuoft werden bei solchen Vergleichen die Familienverhältnisse der alten Menschen in vorindustrieller Zeit idealisiert, ohne daß die für einige Bereiche vorliegenden empirischen Fakten dazu Anlaß gäben.

Trotzdem soll auch dieser Beitrag – die genannte Gefahr beachtend – aus Darstellungs- und Raumgründen die Probleme des Alterns in der vorindustriellen und der industriellen Gesellschaft gegenüberstellen. In einem solchen makro-historischen Erklärungszusammenhang wird dementsprechend die Industrialisierung der Angelpunkt sein, um den die wichtigsten Veränderungen in der Situation der alternden und alten Menschen darzustellen sein werden.

Häufig werden sie von einem deutlich negativ wertenden Gesichtspunkt als „Personen-", „Funktions-" und „Autonomieverlust" gefaßt. Unter „Personenverlust" versteht man dabei die räumliche Trennung von Eltern und Kindern mit der Konsequenz einer abrupten innerfamilialen Rollen- und Aktivitätsverminderung. Die Trennung von Familien- und Arbeitssphäre, also der Verlust der familialen Produktionsfunktion, reduziere den innerfamilialen Aufgabenbereich des alternden Menschen. Damit zusammenhängend habe die Familie durch die Abgabe von Funktionen (wie der Kindererziehung) an gesellschaftliche Institutionen (wie Kindergarten und Schule) ihre Autonomie verloren, was besonders für den alten Menschen Funktions- und damit Prestigeverlust bedeute.

Es läge nahe, solchen grob gefaßten strukturellen Veränderungen ausschließlich negative Konsequenzen für den alternden Menschen beizumessen. Aber sowohl der Altersaufbau der Bevölkerung als auch die altersspezifischen Verhaltensweisen haben sich derart gewandelt, daß ein so allgemein typisierender Vergleich von Haushalts- und Familienformen nicht ausreicht, um zu einer zuverlässigen Bewertung der Lebensqualität des alternden Menschen im historischen Wandel zu gelangen.

Veränderungen der Lebensdauer, des durchschnittlichen Alters der erst- bzw. letztgebärenden Frau etc. haben den Familienzyklus und damit die innerfamiliale Lage des alternden Menschen so entscheidend verändert, daß ohne eine konsequente Erforschung diesbezüglich relevanter historischer Daten keine präzisen Aussagen gemacht werden können.

Dementsprechend sollen in diesem Beitrag exemplarisch historisch-demographische Veränderungen der Lebenserwartung, des

Heiratsalters, der Geburtenzahl sowie der Dauer des Verbleibens der Kinder und der Anwesenheit sonstiger Personen im Haus(-halt) auf ihre Konsequenzen für die soziale Situation der alternden und alten Menschen geprüft werden.

Die Erhöhung der Lebenserwartung und ihre Ursachen

Über die Lebenserwartung in vorindustrieller Zeit lassen sich leider nur wenig exakte Daten angeben. Die mittlere Lebensdauer in der agrarischen Gesellschaft Alteuropas wird mit 20 bis 30 Jahren angenommen. Genauere Daten besitzen wir erst für das 19. Jahrhundert.

Die in der Tabelle 1 sichtbar werdende Erhöhung der Lebenserwartung ist nicht ausschließlich – und wohl auch nicht primär – durch medizinische Fortschritte im engeren Sinn bedingt. Die wirtschaftliche Entwicklung, soziale Reformen, die Verbesserung der hygienischen Verhältnisse und des Gesundheits- und Fürsorgewesens sind als entscheidendere Faktoren anzusehen. Dies gilt vor allem im Hinblick auf die Bekämpfung von Seuchen, die in vorindustrieller Zeit alle paar Jahrzehnte zu einem Anstieg der Sterbequo-

Tabelle 1: Entwicklung der mittleren Lebenserwartung in Jahren

	Bundesrepublik Deutschland[1]					
Vollendetes Alter in Jahren	männl. Bevölkerung			weibl. Bevölkerung		
	1871/80	1967/69	Zunahme	1871/80	1967/69	Zunahme
0 (Neugeb.)	35,6	67,4	31,8	38,5	73,5	35,0
5	49,4	64,5	15,1	51,0	70,3	19,3
30	31,4	40,9	9,5	33,1	46,0	12,9
60	12,1	15,1	3,0	12,7	18,8	6,1
80	4,1	5,3	1,2	4,2	6,0	1,8

[1] Quelle: Sozialgeschichtliches Arbeitsbuch. Materialien zur Statistik des Kaiserreichs 1870–1914. Hrsg. von G. Hohorst, J. Kocka, C. A. Ritter, München 1975, 33/34.

Vollendetes Alter in Jahren	Österreich[2] männl. Bevölkerung 1865/75	1971	Zunahme	weibl. Bevölkerung 1865/75	1971	Zunahme
0 (Neugeb.)	30,4	66,6	36,2	33,1	73,7	40,6
5	45,3	63,9	18,6	46,5	70,6	24,1
30	29,7	40,5	10,8	30,5	46,3	15,8
60	11,8	15,2	3,4	11,7	19,1	7,4
80	4,1	5,2	1,1	3,9	6,1	2,2

[2] Quelle: H. Helczmanovszki, Die Entwicklung der Bevölkerung Österreichs in den letzten hundert Jahren nach den wichtigsten demographischen Komponenten, in: H. Helczmanovszki (Hrsg.), Beiträge zur Bevölkerungs- und Sozialgeschichte Österreichs, Wien 1973, 136.

te um 10 bis 20 Prozent geführt hatten. Neben den medizinischen Fortschritten ist diesbezüglich vor allem eine Steigerung der Resistenz der Bevölkerung durch verbesserte Ernährung als Wirkungsfaktor zu nennen, denn Seuchenjahre waren meist Hungerjahre. Mißernten als häufigste Ursachen von Hungersnöten konnten vielfach infolge unterentwickelter Verkehrssysteme nicht durch ‚Fremdversorgung' ausgeglichen werden. Zudem war die Produktivität der agrarischen Nachbargebiete oft zu gering, um städtische Notstandsgebiete mitversorgen zu können. Insofern sind auch die Verkehrsentwicklung und vor allem die Agrarrevolution als Voraussetzungen für das Sinken der Sterblichkeit anzusehen, wie überhaupt die Steigerung des landwirtschaftlichen Ertrages im Verlauf der Agrarrevolution als wesentliche Grundlage für die Entwicklung der Bevölkerungsstruktur im 19. Jahrhundert gelten muß.

Die Verbesserung der hygienischen Verhältnisse wirkte sich vor allem in den Städten aus, in denen durch schlechte Abwässerbeseitigung und Trinkwasserversorgung die Seuchengefahr und die Anfälligkeit für Krankheiten besonders groß war. Zudem waren die Städte durch ihre schon genannte Abhängigkeit von agrarischen Versorgungsräumen besonders krisengefährdet. Dementsprechend war auch die Lebenserwartung ihrer Bevölkerung niedriger als auf dem Land.

Die Abnahme der Sterblichkeit und damit das Steigen der Lebenserwartung begann in Westeuropa im letzten Viertel des 18. Jahrhunderts. Allerdings trifft dies nicht für alle Altersgruppen in gleichem Maße zu: es ist zu differenzieren zwischen geschlechtsspezifischer Sterblichkeit der Frauen und Männer, zwischen Säuglings- und Kindersterblichkeit, zwischen der Sterblichkeit jüngerer Erwachsener und der Alterssterblichkeit.

Die Senkung der Säuglings- und Kindersterblichkeit – vor allem bewirkt durch verbesserte Hygiene – läßt sich an folgenden Zahlen ablesen: 1900 waren in den Alpenländern der österreichisch-ungarischen Monarchie 41% aller Gestorbenen unter zehn Jahre alt, 1910 waren es 35% und bis 1937 hatte sich ihr Anteil in Österreich auf 12% verringert, 1971 betrug er nur noch 3,6%.

Vergleicht man die Steigerung der Lebenserwartung bei Neugeborenen mit jener der Lebenserwartung bei 60jährigen, so zeigt sich, daß jene der Neugeborenen ungleich höher ist als jene der 60jährigen. Die Lebenserwartung in mittlerem und höherem Alter hat sich, verglichen mit der Steigerung bei Neugeborenen, nur geringfügig erhöht. Es ist deutlich zu sehen, daß es sich bei der Erhöhung der allgemeinen Lebenserwartung weniger um die zunehmende Chance von Erwachsenen, besonders alt zu werden, als von Neugeborenen, erwachsen zu werden, handelt.

Die geschilderten demographischen Veränderungen haben bewirkt, daß sich der Anteil der Erwachsenen und damit der alten Menschen an der Gesamtbevölkerung laufend erhöht hat. Zusätzlich wird in jüngerer Zeit diese Entwicklung durch den Geburtenrückgang verschärft. Es ergeben sich also grundsätzliche Verschiebungen im Verhältnis der Altersgruppen.

Da für frühe Zeiten keine Gesamtzahlen zur Verfügung stehen, seien hier zum Vergleich drei ausgewählte Pfarrgemeinden aus dem westösterreichischen Raum angeführt, für die schon für das 17. und 18. Jahrhundert mit Hilfe von sogenannten „Seelenbeschreibungen" diesbezüglich verwendbare Daten gewonnen werden konnten:

Tabelle 2: Altersverteilung der Bevölkerung (in %) in Österreich

Altersgruppen in Jahren	Abtenau[1] 1632	Dorfbeuern[2] 1671	Zell/Ziller[3] 1779	Österr. 1900	Österr. 1951	Österr.[4] 1970
0–15	37,3	34,0	31,3	29,7	22,9	24,4
15–60	57,1	59,1	60,1	60,8	61,4	55,2
60 und darüber	5,5	6,9	8,6	9,4	15,6	20,4

[1] Quelle: Seelenbuch der Pfarre Abtenau 1632, Pfarrarchiv Abtenau, bezieht sich auf 4112 Personen.

[2] Quelle: Catalogus Vivorum 1671, Pfarrarchiv Michaelbeuern, bezieht sich auf 882 Personen.

[3] Quelle: Liber Animarum Parochiae Zellensis, Anno 1779, Pfarrarchiv Zell am Ziller, bezieht sich auf 2581 Personen.

[4] Quelle: Helczmanovszki, Heimold: Entwicklung der Bevölkerung Österreichs, in: H. Helczmanovszki (Hrsg.), Bevölkerungs- und Sozialgeschichte Österreichs, Wien 1973, 134.

Tabelle 3: Altersverteilung der Bevölkerung (in %) in der Bundesrepublik Deutschland[1]

Altersgruppen in Jahren	1871	1900	1950	1970
0–15	34,3	34,8	23,3	23,2
15–65	61,0	60,3	68,2	63,6
65 und darüber	4,6	4,9	9,4	13,2

[1] Quelle: Sozialgeschichtliches Arbeitsbuch. Materialien zur Statistik des Kaierreichs 1870–1914. Hrsg. von G. Hohorst, J. Kocka, C. H. Ritter, München 1975, 24.

Es liegt auf der Hand, daß eine derartige Zunahme der über 60jährigen die Möglichkeit eines Zuwachses jener Familientypen bedingte, in denen mindestens eine Person der Großelterngeneration mit der Elterngeneration zusammenlebte. Ebenso einleuchtend ist, daß dies – verstärkt durch die enorme Akzeleration des gesellschaftlichen Wandels – die Verständigungsschwierigkeiten zwischen den Generationen erst zu einem Massenphänomen werden ließ: Die Generationenspannung wuchs mit der Lebenserwartung. Zusätzlich muß hier bedacht werden, daß in vorindustrieller Zeit der langsamere Fortschritt in der Naturbewältigung (in Haushaltsführung, Bebauungsmethoden etc.) und damit der langsamere Wandel des Bewußtseins nicht annähernd so ausgeprägt generationenspezifische Wert- und Verhaltensmuster entstehen ließ, wie sie heute bestehen.

Die Zunahme der kranken Alten und der Prestigeverlust des alten Menschen

Sinkende Sterblichkeit korreliert mit steigender Morbidität. Während Krankheiten mit unmittelbar tödlichen Folgen zurückgedrängt werden konnten und daher immer mehr Menschen die Chance bekamen, alt zu werden, wurden auch mehr Alte krank. Dies trug wesentlich zum Statusverlust der alten Menschen bei, insbesondere in einer Gesellschaft, für die Leistung, Aktivität und Aggressivität zu immer dominanteren Verhaltensmaßstäben wurden.

Aber auch die Selbsteinschätzung der alten Menschen wurde im Laufe dieser Entwicklung immer deutlicher durch den Zusammenhang Alter-Krankheit bestimmt: Kranksein, nicht kalendarisches Altsein, wurde zur wesentlichen Variable für das „sich alt fühlen".

Durch die zunehmende Morbidität nahm auch die Pflegebedürftigkeit der Alten zu. Die familialen Möglichkeiten der Altenversorgung hingegen wurden durch zunehmende Berufstätigkeit „außer Haus" – insbesondere auch durch die zunehmende außerhäusliche Berufstätigkeit der Frauen – immer geringer.

Allgemein ist zu sagen, daß die Versorgungsfunktion der sogenannten „vorindustriellen Großfamilie" gegenüber ihren alten Angehörigen häufig überschätzt wird. Es scheint aufgrund der bisher referierten demographischen Daten unzulässig, die Altenversorgung in der agrarischen Familie zu generalisieren bzw. die vorindustrielle Familie als Versorgungsinstitution für häufig chronisch kranke Alte zu sehen.

Insofern darf die vorindustrielle Familie auch nicht als Idealtypus familialer Altenversorgung heutigen Verständnisses herangezogen – und zur Legitimierung diesbezüglicher sozialpolitischer Zielvorstellungen benützt werden.

Zum Problem der Verwitwung

Ein weiterer zentraler Aspekt der gegenwärtigen Altenproblematik ist das massenhafte Phänomen alleinstehender alter, meist verwitweter Frauen und ihrer Isolation. Historisch gesehen ist dies ebenfalls eine Folge der steigenden Lebenserwartung, die im Familienzyklus zu einem längeren Lebensabend beider Ehepartner – vor allem aber der Frauen – führte. Um die Veränderung des Anteils der Verwitweten an der Gesamtbevölkerung erkennen zu können, scheint es zweckmäßig, alle Personen unter 15 Jahren auszuschließen. Für die Verhältnisse des 17. und 18. Jahrhunderts werden wieder beispielhaft die westösterreichischen Pfarren Abtenau, Dorfbeuern und Zell am Ziller herangezogen.

Tabelle 4: Geschlechtsspezifischer Anteil (in %) der Verwitweten[1]

	Abtenau 1632	Dorfbeuern 1671	Zell/Ziller 1779	Österreich 1900	1969
Anteil der männl. Verwitweten am Total der männl. Personen	4	3	3,6	5	6
Anteil der weibl. Verwitweten am Total der weibl. Personen	8,7	7,6	10,5	11,6	22,5

[1] Quellen wie bei Tabelle 2

Deutlich zeigt sich, daß schon in vorindustrieller Zeit der Verwitwetenanteil bei den Frauen mehr als doppelt so hoch war als der Verwitwetenanteil am Total der Männer. Allerdings hatte die vorindustrielle Zeit durch die größeren Altersunterschiede zwischen den Ehepartnern einen größeren Anteil an jüngeren Witwen.

Es gab aber auch, wenngleich seltener, Ehefrauen, die wesentlich älter waren als ihre Männer. Solche Alterskonstellationen kamen vor allem in Handwerkerhaushalten vor, wenn durch eine Wiederverehelichung der Witwe bzw. durch die Heirat einer im Haus verbliebenen Tochter mit einem meist jüngeren Gesellen der Betrieb weiter erhalten werden sollte.

In ähnlicher Weise sind die großen Altersunterschiede im agrarischen Bereich hauptsächlich auf den wirtschaftlich begründeten Wiederverehelichungszwang zurückzuführen. Verwitwete Bauern bzw. zum Teil auch verwitwete Bäuerinnen mußten sowohl aufgrund der hauswirtschaftlichen Bedürfnisse als auch aus Gründen der Kinderaufzucht möglichst rasch eine Wiederverehelichung anstreben. Bei einem solchen, von den hauswirtschaftlichen Notwendigkeiten bestimmten Zwang zur Rollenergänzung war freilich der Kreis der potentiellen Ehepartner sehr klein; er beschränkte sich z.B. auf die Gesellen des väterlichen Handwerks. Eben daraus resultierten teilweise die nach heutigem Verständnis oft großen Altersunterschiede zwischen den Ehepartnern.

Die historische Langzeitbetrachtung erweist für die letzten zwei Jahrhunderte einen kontinuierlichen Rückgang der Wiederverehelichung. Dies hat seine Ursache einerseits in der Abnahme des sozialen und ökonomischen Rollenergänzungszwanges und damit in einer Zunahme der Möglichkeit unvollständiger Familien, andererseits im Ansteigen der Lebenserwartung beider Geschlechter und in der Altersangleichung der Ehepartner.

Die daraus resultierende längere Ehedauer und die abnehmende Zahl der Wiederverehelichungen sind für das Altenproblem im Hinblick auf die Qualität der ehelichen Partnerbindung von großer Bedeutung. Beide Faktoren müssen als Voraussetzung für die Intimisierung des Familienlebens in den letzten Jahrhunderten angesehen werden. Es läßt sich leicht einsehen, daß im Zuge dieser Entwicklung durch eine affektive und soziale Aufladung der ehelichen Partnerbeziehungen, aber auch der Beziehungen zwischen den Generationen aus dem Verlust des langjährigen Ehepartners oder eines Elternteils stärkere psychische Belastungen erwachsen als dies für die vergleichsweise kurze Dauer der familialen Bindungen in vorindustrieller Zeit anzunehmen ist.

Altersversorgung in der Mehrgenerationenfamilie

Sinkendes Heiratsalter und steigende Lebenserwartung erhöhten auch die Chance für das Zustandekommen von Mehrgenerationenfamilien; die Zahl der Urgroßeltern, vor allem der Urgroßmütter wird in den modernen Industriegesellschaften immer größer.

Vergleichende Untersuchungen über die Situation der Alten in Dänemark, Großbritannien und USA haben ergeben, daß in allen drei Ländern ein großer Prozentsatz Urgroßeltern zu finden ist: 40% der 65jährigen hatten in den USA Urenkel, 22% in Großbritannien und 23% in Dänemark.

Dieses völlig neue Phänomen wird als Vier-Generationen-Familie oder auch als „modifizierte Großfamilie" („modified extended family") bezeichnet. Es ist dies ein soziales System aus Eltern, Kindern und sonstigen Verwandten, die allerdings meist nicht zusammenleben, aber in häufigem sozialen Kontakt zueinander stehen. Höhere Lebenserwartung, vermindertes Heiratsalter und dementsprechend frühere Geburten der ersten Kinder sind die Faktoren, die eine häufigere Urgroßelternschaft zur Folge haben.

Interessant erscheint diesbezüglich die Stellung der Großeltern im Vier-Generationenverband. Diese dritte Generation besteht häufiger aus beiden Großeltern, als dies noch um die Jahrhundertwende der Fall war. Sie ist relativ jung und benötigt noch kaum die Hilfe ihrer Kinder. Sie kümmert sich daher eher um ihre Enkel, besonders im Fall einer Berufstätigkeit der jungen Mutter. Zudem wird die Hilfe der Großeltern von der vierten Generation beansprucht. Die relativ jungen Großeltern stehen damit zwischen dem Engagement für ihre Enkelkinder und dem für ihre Eltern.

,,Altern" hat hier – in einer neuen sozialen Situation – neue Qualität bekommen, denn in vorindustrieller Zeit bestanden schon für die Bildung von Drei-Generationen-Familien infolge der niedrigen Lebenserwartung und dem höheren Heiratsalter wenig Chancen. Entsprechend selten gab es Familienkonstellationen mit beiden Großelternteilen.

Zusammenfassend läßt sich zu diesem Problemkomplex sagen, daß die Vorstellung von der ,,vorindustriellen Großfamilie" als dem Zusammenleben von ,,Urahne, Großmutter, Mutter und Kind" ein Mythos ist. Soweit in der vorindustriellen Gesellschaft die Generationen einer Familie einander erlebten, wohnten sie freilich häufiger zusammen als heute. Denn obwohl in der industriellen Gesellschaft die Voraussetzungen des niedrigen Heiratsalters und der höheren Lebenserwartung für die Bildung von Drei- und sogar Vier-Generationen-Familien gegeben sind, wohnen die Generationen heute im Regelfall nicht im gemeinsamen Haushalt.

Dies führt zum Phänomen der Neolokalität, also des getrennten Wohnens von Kinder- und Elterngeneration.

,,Neolokalität" und ,,nachelterliche Gefährtenschaft"

Die enorme Zunahme der Neolokalität im 19. und 20. Jahrhundert hat ihre Ursache im Urbanisierungs- und Industrialisierungsprozeß, insbesondere in der Zunahme der Wohnmöglichkeiten und der beruflichen Mobilität.

Im Verlauf der Herausbildung spezifischer Berufe und den dadurch gegebenen vielfältigeren Berufsmöglichkeiten kamen immer mehr Menschen in die Lage, eine Familie gründen zu können. In vorindustrieller Zeit war die Heiratsfähigkeit hauptsächlich auf die Inhaber agrarischer und handwerklicher Vollstellen beschränkt. Der vorindustrielle Bauern- und Handwerkerhaushalt konnte als Produktions- und Konsumtionseinheit normalerweise nur die neugegründete Familie des übernehmenden Kindes oder Schwiegerkindes ernähren bzw. beherbergen.

Neolokalität, also die selbständige Neugründung eines Haushalts durch das heiratende Kind, war somit eine notwendige Folge der zunehmenden Berufs- und Heiratsmöglichkeiten. Zudem wurde auch für die ledigen Kinder die leichtere Erreichbarkeit beruflicher Selbständigkeit immer mehr zum Anlaß, sich wohnungsmäßig von der Herkunftsfamilie zu trennen. Dies gilt in jüngerer Zeit auch für berufstätige Mädchen.

In der Regel kommt es heute nur noch dort zur patrilokalen Ansiedlung des jungen Paares, wo – wie es in vorindustrieller Zeit der Regelfall war – die Haushaltsleitung aus wirtschaftlichen Gründen unmittelbar vom Vater auf den Sohn übergeht, also vor allem im bäuerlichen und teilweise im gewerblichen Bereich. Wir sprechen diesbezüglich von der ,,Perennität" der vorindustriellen bzw. teilweise auch der heutigen Familie, womit der gleitende Übergang von einer Generation zur nächsten (mit verschiedenen Überschneidungsphasen) bezeichnet werden soll.

Das heute in den meisten Familien zur Regel gewordene Ausscheiden der Kinder aus dem Elternhaus ist daher als Konsequenz des historischen Prozesses der Entlastung der Familie von Produktionsfunktionen zu sehen, und unter dem Aspekt der daraus folgenden Abnahme der sozialen Plazierung des einzelnen durch seine Familie sicher als emanzipatorische Tendenz zu bewerten. Dieses häufige Ausscheiden der Kinder aus dem elterlichen Haushalt schafft – im Unterschied zur Perennität – den ,,Familienzyklus" und damit das Phänomen der ,,nachelterlichen Gefährtenschaft".

Wenn alle Kinder aus dem elterlichen Haushalt ausscheiden, kommt es im Familienzyklus zur sogenannten Phase der ,,nachelterlichen Gefährtenschaft". Diese Phase, die heute für die Altersproblematik immer bedeutsamer wird, hat es in vorindustrieller Zeit im agrarischen Bereich durch die genannte Perennität überhaupt nicht, und in der Stadt jedenfalls nicht generell gegeben.

Neben der steigenden Lebenserwartung sind für die Bedeutungszunahme dieser Phase die Faktoren des sinkenden Heiratsalters und der damit entsprechend früher einsetzenden bzw. endenden Aufzuchtsphase zu bedenken. Denn je früher die Kinder aus dem elterlichen Haushalt ausscheiden, desto länger dauert die Phase der nachelterlichen Gefährtenschaft. Es kommt hinzu, daß die Zahl der Kinder sowie die Zeitabstände zwischen den Geburten – verglichen mit vorindustriellen Verhältnissen – geringer geworden sind, da es aufgrund der hohen Kindersterblichkeit und der längeren Laktationsphasen in vorindustrieller Zeit relativ große Altersabstände zwischen den überlebenen Kindern gab. Dementsprechend reichte die Aufzuchtsphase meist bis in die letzten Lebensjahre der Eltern und häufig über den Tod eines Elternteiles hinaus.

Im Laufe der historisch-demographischen Entwicklung wurden immer weniger Kinder in immer kürzeren Abständen geboren. Die Aufzuchtsphase verkürzte sich dementsprechend und die Kinder verließen immer früher den elterlichen Haushalt. Die „nachelterliche Gefährtenschaft" ist als Produkt dieser Entwicklung zu sehen und nur vor dem Hintergrund dieser historischen Entwicklung richtig einzuschätzen. Lösungsvorschläge für die gegenwärtigen Probleme dieser Ehephase, die sich an der vorindustriellen „Großfamilie" orientierten, verkennen die dargestellten Wirkungszusammenhänge.

Die Isolation der Alten: ein historisch neues Problem

Ebenso wie die „nachelterliche Gefährtenschaft" ist deren zentrales Problem, nämlich die Isolation der alternden Menschen, ein – historisch gesehen – relativ junges Phänomen.

Während heute der Großteil der Alten allein wohnt und auf sich gestellt ist, gab es in der vorindustriellen Gesellschaft in bäuerlichen Gebieten kaum alleinstehende Personen bzw. Ehepaare, in der Stadt waren sie bis ins 19. Jahrhundert jedenfalls keine Massenerscheinung. Im Gegenteil, die meisten alten Menschen lebten in sehr großen Haushalten. So ist z. B. für die schon zur Illustrierung von Verhältnissen des 17. Jahrhunderts herangezogene Salzburger Gebirgspfarre Abtenau belegt, daß die meisten Witwer in Zehn-Personen-Haushalten, die meisten Witwen in Acht-Personen-Haushalten lebten.

Diese großen vorindustriellen Hausgemeinschaften waren allerdings keineswegs immer Dreigenerationenfamilien. Ihre Größe resultierte auch nicht primär aus hohen Kinderquoten, sondern aus der Anzahl der im Haus mitlebenden Personen des Gesindes und der

Inwohnergruppen. Nur insofern scheint auch der Begriff der „vorindustriellen Großfamilie" in einem weiteren Sinn berechtigt.

Der Rückgang der Haushalts- und Familiengröße im industriellen Zeitalter ist vor allem durch den Rückgang der Angehörigen dieser beiden Gruppen zu erklären. Die Anzahl der Inwohner im Haushalt ging vor allem im 17. und 18. Jahrhundert, die des Gesindes, nach einem vorübergehenden Anstieg, vor allem seit der Mitte des 19. Jahrhunderts zurück.

Die entsprechenden Veränderungen in den personellen Konstellationen der Haushalte hatten natürlich auch schwerwiegende Folgen für die soziale Situation der alten Menschen. Lebten sie in der vorindustriellen Gesellschaft meist mit einer großen Anzahl verwandter und nichtverwandter Personen zusammen, so findet in industrieller Zeit ein dauerhaftes Zusammenleben – wenn überhaupt – nur mit wenigen Personen statt.

Während durch die industriegesellschaftlich bedingte Reduktion auf die Kernfamilie bzw. durch die im Gefolge der Neolokalität erfolgende Generationenisolierung die alten Menschen nahezu ausschließlich mit Angehörigen der eigenen Altersgruppe zusammenleben, kommunizierten die Alten in vorindustrieller Zeit mit einer vergleichsweise großen Zahl von Haushaltsmitgliedern verschiedensten Alters. Außerdem ist zu bedenken, daß diese inhomogene Personenkonstellation des vorindustriellen Haushalts in hohem Maße fluktuierte; das Gesinde wurde mitunter jährlich gewechselt, Söhne und Töchter verließen vorübergehend das Haus, um sich als Knechte und Mägde zu verdingen, Ziehkinder wurden aufgenommen und schieden wieder aus, ganze Inwohnerparteien wechselten alle paar Jahre von einem Hof zum anderen.

Diesem Bild steht die immer früher eintretende Generationenisolierung in der nachelterlichen Phase der modernen Kleinfamilie mit ihrer langjährigen Fixierung auf wenige Personen der eigenen Altersgruppe gegenüber. Durch die Trennung von Berufs- und Familiensphäre und die dementsprechende Abhängigkeit der sozialen Kontakte von den Institutionen der Arbeitswelt bedeutet das Ausscheiden der Kinder häufig die Isolation der Elterngeneration und insbesondere das Ausscheiden aus der Berufswelt die Durchtrennung der meisten sozialen Kontakte. Die Folge ist, daß eine Gewöhnung des alternden Menschen an das Zusammenleben mit Nichtverwandten in der Familie nicht stattfinden kann, woraus die weitverbreitete Skepsis gegenüber gesellschaftlichen Institutionen der Altenversorgung vielleicht zum Teil erklärt werden könnte.

Zusammenfassend läßt sich sagen, daß aufgrund der weitgehenden Abgabe familialer Produktionsfunktionen und des damit zusammenhängenden Verlustes der Möglichkeit wohnungs- und nahrungsmäßiger Altenversorgung einerseits sowie durch sozial und ökonomisch bedingte Verschiebungen im Familienzyklus anderseits die familiale Versorgung der aus dem Arbeitsprozeß ausgeschiedenen Generation immer weniger möglich geworden ist. Die ehemals familialen Versorgungspflichten hat daher der Staat mit den Mitteln der zu diesem Zweck von der arbeitenden Generation einbehaltenen Anteile (Steuern, Sozialbeiträge, Rentenversicherung) übernommen.

Insofern es sich bei der historischen Entwicklung von der familialen zur gesellschaftlichen Altenversorgung nicht um eine eigengesetzliche, vom Fortgang der gesellschaftlichen Produktionsweise unabhängige Entwicklung handelt, ist eine von diesen gesamtgesellschaftlichen Tendenzen abstrahierende Erstellung sozialpolitischer Alternativmodelle mit Hilfe idealisierter historischer Versorgungsformen zurückzuweisen.

Freilich wird man die häufige konservativ-ideologische Anwendung des Subsidiaritätsprinzips, das eine Übernahme familialer Versorgungsfunktionen durch gesellschaftliche Institutionen erst im äußersten Notfall für gerechtfertigt hält, nicht kritisieren können, ohne gleichzeitig eine radikale Verbesserung bzw. eine Neuorientierung der bestehenden gesellschaftlichen Einrichtungen der Altenversorgung zu fordern.

Aufgrund der referierten historisch-demographischen und familienzyklischen Veränderungen wird die Notwendigkeit deutlich, umfassendere sozialhistorische Studien zu Problemen des Alterns nicht auf eine wie auch immer abgegrenzte Altersgruppe einzuschränken, sondern – analog zur Forderung nach einer „Soziologie der Altersstufen“ (L. Rosenmayr) eine Sozialgeschichte der Altersstufen anzustreben. Gerade der makrohistorische Vergleich erweist exakt definierte Grenzen des ,,Alters" als unhaltbar, hat doch kalendarisches Alter zeit- und schichtspezifisch unterschiedliche Konsequenzen für die psychische, soziale und ökonomische Situation des Menschen.

,,Altern" ist daher auch und gerade für die sozialhistorische Forschung notwendig als Prozeß zu begreifen. Letztlich hat einer Sozialgeschichte des Alterns eine Untersuchung der intergenerativen Beziehungen bzw. der sozialen Beziehungen zwischen Altersgruppen zugrunde zu liegen. Erst innerhalb einer so umfassenden Konzeption wird hinreichend zu klären sein, warum die Gesellschaft durch Rollen- und Positionszuweisung, durch Rechtsnormen, Traditionen und Werte jeweils zu zeit- und schichtspezifischen Abgrenzungen und Definitionen des ,,Alterns" kommt, die ihrerseits unterschiedliche Verhaltensweisen und Probleme des alternden Menschen bewirken.

Michael Mitterauer

Familienwirtschaft und Altenversorgung

Der Prozeß des Alterns ist als ein unausweichliches Lebensschicksal des Menschen eine anthropologische Konstante. In jeder Gesellschaft der Vergangenheit und Gegenwart wird mit dem physisch bedingten Nachlassen der körperlichen Leistungsfähigkeit die Stellung des alternden Menschen in der Arbeitswelt zum Problem. Die Formen der individuellen und kollektiven Existenzsicherung durch Arbeit sind hingegen einem ständigen Wechsel unterworfen. Dem jeweiligen Stand der Arbeitsorganisation entsprechend verändern sich im historischen Ablauf die Notwendigkeiten, ebenso aber auch die Möglichkeiten, der spezifischen Situation des alten Menschen Rechnung zu tragen.

Aus unserer heutigen Erfahrungswelt einer modernen Industriegesellschaft sind wir die Freistellung des Menschen von beruflicher Arbeit ab einer gewissen Altersgrenze gewohnt. Diese Altersgrenze, mit der der bisher Erwerbstätige in den Ruhestand tritt, stellt eine entscheidende Zäsur in seinem Lebensablauf dar. Sie markiert einen sich deutlich abhebenden neuen Lebensabschnitt mit besonderen ökonomischen und psychologischen Problemen. Das Ausscheiden aus dem Arbeitsprozeß gehört damit zu jenen sozialen Faktoren, die das Alter als eigenständige Phase des individuellen Lebenszyklus für uns heute wesentlich mitkonstituieren.

Daß die Ausgrenzung einer solchen Altersphase durch Ausscheiden aus dem Arbeitsprozeß auch in der Gegenwart – weltweit betrachtet – keineswegs eine Selbstverständlichkeit darstellt, zeigt die internationale Arbeitsstatistik. Während die Zahl der Erwerbstätigen mit über 65 Jahren in einem Industriestaat wie der Bundesrepublik Deutschland etwa 20 Prozent beträgt, liegen die Vergleichswerte für halbindustrialisierte Staaten bei über 60 Prozent, für dominant agrarische Staaten um 70 Prozent. Solche Unterschiede veranschaulichen, in welchem Ausmaß in der Gegenwart der Prozeß der Industrialisierung für die Stellung des alten Menschen veränderte Voraussetzungen schafft. Damit ist zugleich auch die historische Entwicklung heutiger Industrienationen angesprochen, in denen sich seit vorindustrieller Zeit diesbezüglich ein radikaler Wandel vollzogen hat.

Die Altersphase in der Industriegesellschaft

Von den historischen Bedingungen, die in industriellen Gesellschaften allgemein zu einer Abgrenzung zwischen den Lebensabschnitten der Erwerbstätigkeit und des Ruhestandes geführt haben, sind zwei besonders hervorzuheben: Zunächst die Steigerung der Lebenserwartung. Sie erscheint nicht unmittelbar durch die Industrialisierung bedingt, ist aber doch im Gesamtzusammenhang der zu ihr parallel verlaufenden Modernisierungsprozesse zu sehen. Der Anstieg der durchschnittlichen Lebenserwartung hat dazu geführt, daß ein immer größerer Teil der Bevölkerung ein Alter erreicht, in dem der physiologische Vorgang der Seneszenz ihre Leistungsfähigkeit mindert. Während in vorindustrieller Zeit sehr viele Menschen schon als Jugendliche oder noch im Vollbesitz ihrer körperlichen Kräfte starben, hat seither der Prozentsatz alternder Menschen an der Gesamtbevölkerung ständig zugenommen (vgl. oben S. 175). Das Problem der Freistellung von Personen, die aus Altersgründen nicht mehr in der Lage sind, ihrer Erwerbstätigkeit weiter nachzugehen, hat mit der enormen Zunahme des betroffenen Personenkreises eine neue Dimension gewonnen, die generelle gesellschaftliche Lösungen notwendig machte.

Noch wesentlicher erscheint der zweite Faktor, nämlich die radikale Umschichtung der Erwerbsstruktur. Ganz anders als in vorindustrieller Zeit machen in industriellen Gesellschaften die unselbständig Erwerbstätigen die Mehrzahl der Bevölkerung aus. Diese Dominanz der Lohnabhängigen ist – wie noch zu zeigen sein wird – keineswegs bloß eine Folge des Industrialisierungsprozesses selbst. Zwar spielt die Fabrikarbeiterschaft dabei quantitativ eine besonders starke Rolle, doch ist auch hier die Gesamtheit der Modernisierungsprozesse als bedingende Ursache zu bedenken. Mit der rapiden Zunahme der unselbständig Erwerbstätigen versagen die traditionellen Formen häuslicher oder genossenschaftlicher Altersversorgung. Eine staatlich geregelte allgemeine Sozialversicherung wird notwendig. Durch die gesetzliche Regelung kommt es zur Einführung einer generell geltenden Altersgrenze. Das Ausscheiden aus dem Arbeitsprozeß ist jetzt nicht mehr von individuellen Bedingungen der Arbeitsfähigkeit abhängig, sondern von der Erreichung eines bestimmten Lebensalters. Die Freistellung von beruflicher Arbeit gilt nun – soweit es sich um Lohnabhängige handelt – für eine ganze Altersklasse. Durch die Organisation der Arbeitswelt wird ein bestimmtes Lebensjahr zum allgemein verbindlichen Einschnitt im individuellen Lebenszyklus – ein Phänomen, das in vorindustriellen Gesellschaften völlig unbekannt war.

Der alte Mensch in der vorindustriellen Arbeitswelt

In den agrarisch geprägten Sozialordnungen der vorindustriellen Zeit bildet die Hausgemeinschaft bzw. die Familie die vorherrschende Organisationsform der Arbeit, also der Bauernhof, der handwerkliche Familienbetrieb oder das Handelshaus. Eine Regelung im Sinne einer generellen Arbeitsfreistellung von Menschen ab einem bestimmten Lebensjahr ist auf dieser Basis von den Voraussetzungen her gar nicht möglich. Das Problem der abnehmenden Leistungsfähigkeit bzw. überhaupt der Arbeitsunfähigkeit alternder Menschen kann hier nur jeweils im Einzelfall gelöst werden. Kommt es dabei bloß zu einer sukzessiven Entlastung durch Umverteilung der zu erbringenden Leistungen innerhalb der Gruppe, so ergibt sich vom Arbeitsprozeß her kein besonderer Einschnitt im Leben des alten Menschen. Eine solche Zäsur besteht bloß dort, wo im Alter die Rolle innerhalb des Hauses gewechselt wird – wie etwa durch die Übergabe am Bauernhof – oder überhaupt ein Ausscheiden aus der Hausgemeinschaft erfolgt. Von derartigen Umstellungen ist primär der Hausherr als Leiter des Familienbetriebes betroffen, durch die enge Bindung der beiden Rollen bedingt in vermittelter Form auch die Hausfrau. Untersucht man die Bedingungen für den Verlust der Hausherrenposition im Alter in vorindustriellen Sozialordnungen, so darf man sich dabei nicht bloß auf die güterproduzierenden Hausgemeinschaften im engeren Sinn – also die der Bauern und Handwerker – beschränken. ,,Häuser" mit Hausherren an der Spitze bilden ja damals die Grundlage für die gesamte gesellschaftliche Gliederung bis hinauf zum Hof als dem ,,Haus" des Herrschers. In allen diesen ,,Häusern" ist die Position des Hausherrn mit bestimmten Verpflichtungen verbunden, die sich teils auf das Haus selbst beziehen, teils darüber hinausreichen. Die Erfüllung dieser Pflichten erscheint im Alter nicht ohne weiteres gewährleistet, so daß der Frage nach der Stellung des alternden Hausherrn allgemeine Bedeutung zukommt.

Fürsten und Adel

Für den Herrscher ergab sich in vorgeschrittenem Alter die Möglichkeit einer teilweisen Entlastung von seinen Aufgaben durch die Einsetzung eines Mitregenten. Damit war zugleich die Regelung der Nachfolgefrage verbunden. Spezifisch altersbedingte Schwierigkeiten konnten sich in der Erfüllung der Herrscherpflichten vor allem hinsichtlich der persönlichen Führung des Heeres einstellen. Wenn ein Fürst auf Grund seines Alters nicht mehr in der Lage war, einen Kriegszug selbst zu leiten, so bedeutete das jedoch keinesfalls Regierungsuntauglichkeit. Die Formen der Stellvertretung in militärischen wie auch in anderen Belangen, wie sie vor allem durch den präsumtiven Thronerben wahrgenommen wurden, machten die Ausübung von Herrscheraufgaben bis ins hohe Alter funktional möglich. So konnte der Fürst seine Stellung grundsätzlich bis zu seinem Lebensende innehaben. Ein freiwilliger Verzicht auf diese Position blieb seltene Ausnahme.

Sie war im Mittelalter meist damit verbunden, daß sich der abgedankte Herrscher in ein Kloster zurückzog. Diese Tradition läßt sich verfolgen vom Karolinger Karlmann, der 747 in Montecassino eintrat, bis zu Kaiser Karl V., der seinen Lebensabend im spanischen Kloster San Geronimo de Yuste verbrachte. Eine Parallele dazu bildet die Verbannung abgesetzter Fürsten in Klöster, die freilich nichts mit deren jeweiligem Alter zu tun hat. Die freiwillige oder erzwungene Aufnahme in die Mönchsgemeinschaft, die mit dem Verlust der Wehrhaftigkeit einer Entmündigung gleichkam, schloß grundsätzlich die Wiedererlangung der Herrscherwürde aus. Relativ häufig läßt sich bei verwitweten Fürstinnen beobachten, daß sie sich in ein Kloster zurückzogen. Hier kam das Moment einer standesgemäßen Altersversorgung hinzu.

Für den adeligen Hausherrn gilt genauso wie für den Fürsten die grundsätzlich lebenslängliche Dauer seiner Herrenstellung: Auch für ihn ergibt sich im Alter das Problem, wieweit er physisch noch in der Lage ist, seinen militärischen Verpflichtungen nachzukommen. Die Pflicht der Heeresfolge ist ja primäre Aufgabe seines Standes. Im Selbstverständnis der Zeit erscheint seine Herrenstellung funktional in der Gewährung von ,,Schutz und Schirm" begründet. Die Wehrhaftigkeit hat also für seine soziale Position grundlegende Bedeutung. Stellt man die Frage nach eventuellen Auswirkungen geminderter Waffenfähigkeit auf die Stellung des alten Adeligen, so ist zunächst zu bedenken, daß gerade auf Grund der Rolle des Adels als Kriegerstand viele seiner Angehörigen gar kein hohes Alter erreichten. Die relativ geringe Lebenserwartung von Adeligen, wie sie sich in demographischen Analysen feststellen läßt, ist freilich keineswegs nur auf den Tod in der Schlacht oder in privater Fehde zurückzuführen. Eine große Rolle spielten dabei auch die bei Kriegszügen häufig ausbrechenden Seuchen, die oft ganze Heere wegrafften, so etwa im Mittelalter bei Romzügen deutscher Könige. Daß Adelige noch in vorgeschrittenem Alter an militärischen Unternehmungen teilnahmen, läßt sich in Einzelfällen feststellen, ohne daß daraus allgemeine Aussagen abgeleitet werden könnten. In der Regel wird vom alten Adeligen die Lehenspflicht der Heeresfolge nicht mehr verlangt worden sein. Für seine Stellung ergab sich daraus sicher keine Konsequenz. Es war dies ja auch keineswegs die einzige Verpflichtung des adeligen Lehensmannes gegenüber seinem Herren. Seine Pflicht zur Leistung von ,,Rat und Hilfe" konnte er etwa durch Teilnahme an den Landesversammlungen oder durch Mitwirkung im fürstlichen Rat bis ins hohe Alter wahrnehmen. Mit den Veränderungen der Wehrverfassung durch das Aufkommen des Söldnerwesens im Spätmittelalter und vor allem durch die Einrichtung der stehenden Heere seit dem 17. Jahrhundert verloren die alten Verpflichtungen des Adels zur persönlichen Kriegsdienstleistung mehr und mehr an Bedeutung. Für eine vorzeitige Aufgabe der grundsätzlich lebenslänglichen Hausherrenstellung des Adeligen gab es im wesentlichen nur einen Anlaß, nämlich den Eintritt in ein Kloster. Auch bei Adeligen findet sich die Erscheinung, daß sie sich im Alter aus dem Laienstand zurückzogen und in ein Ordenshaus eintraten. Dieser Wechsel des Hauses, der zugleich einen Wechsel des Standes bedeutete, verdient deshalb Interesse, weil sich daraus eine Form der Altersversorgung entwikkelte, die bis heute eine gewisse Rolle spielt.

Versorgung in Kloster und Spital

Schon im Frühmittelalter finden sich Fälle, daß Adelige sich selbst und ihren ganzen Besitz an ein Kloster übergaben, in dessen Gemeinschaft sie damit aufgenommen wurden. Die Sicherung des Unterhalts für den Rest des Lebens war dabei nicht das einzige und wohl nicht das primäre Motiv. Das spirituelle Moment der Weltentsagung im Hinblick auf das ewige Heil stand durchaus im Vordergrund. Die Vorsorge für das Alter war aber mit dieser sogenannten Klosterverpfründung stets prinzipiell verbunden.

Mit dem Aufkommen der Spitäler seit dem 13. Jahrhundert, die ursprünglich ja nicht den Charakter von Krankenhäusern sondern von Versorgungsanstalten hatten, entwickelte sich in Analogie zur Klosterverpfründung die Spitalsverpfründung. Auch das Spital war eine geistliche Gemeinschaft. Mit der Aufnahme in diese Bruderschaft verlor der Pfründer seine bisherige Selbständigkeit. Der Charakter der Altersversorgung durch den Eintritt in die neue Hausgemeinschaft trat nun in den Vordergrund. Für die Aufnahme war nicht mehr die Hingabe des gesamten Besitzes erforderlich, sondern bloß eines Teiles, der als Äquivalent für die erbrachten Leistungen aufgefaßt wurde. Die Verpfründung nahm damit immer mehr den Charakter eines Rechtsgeschäfts an.

Einen entscheidenden Schritt in der weiteren Entwicklung der Institution bedeutete es, als man im Spätmittelalter auf den Eintritt in die geistliche Gemeinschaft des Klosters oder Spitals verzichtete. Auch ohne einen solchen Wechsel des Hauses berechtigte nun die Übergabe eines bestimmten Vermögens zum regelmäßigen Bezug von Naturalien oder Geld als Unterhalt auf Lebenszeit. An die Stelle der Versorgung im Haus trat eine kontinuierliche Rentenleistung. Die Verpfründung entwickelte sich so zum Leibrentenvertrag. Die Versachlichung der ursprünglich rein personal konzipierten Vorsorge für das zeitliche und ewige Heil durch Selbstübergabe mit Leib und Gut erreichte damit ihren Abschluß.

Solche Leibrentenverträge konnten nun nicht nur mit geistlichen Anstalten abgeschlossen werden, sondern ebenso auch mit anderen Einrichtungen, die die Garantie eines dauerhaften Rentenbezugs boten, wie Stadtgemeinden oder Zünften. Die geldwirtschaftliche Umwandlung bedingte, daß neben dem Adel die vermögenden städtischen Oberschichten als Rentennehmer immer mehr in den Vordergrund traten. Die Leibrente entwickelte sich damit zu einer dominant städtischen Versorgungsform, die schließlich von allen jenen Bevölkerungsgruppen genutzt wurde, die über entsprechende Geldmittel verfügten. Mit der Lösung vom personalen Charakter der Verpfründung konnte der Rentenbezug auch dritten Personen zugewendet werden. Vor allem für die Sicherstellung der überlebenden Frau war damit ein geeignetes Instrument gegeben. Diese war so im Alter nicht ausschließlich auf Versorgung im Familienverband von Kindern oder Verwandten angewiesen. Das Alleinleben alter Frauen wurde auf dieser Basis im städtischen Milieu schon relativ früh möglich.

Wie die Leibrente so entwickelten sich auch andere Formen der Altersversicherung auf Grund der spezifischen Voraussetzungen städtischer Geldwirtschaft. Die durch regelmäßige Einzahlungen der Meister unterhaltenen Zunftladen der Handwerkerkorporationen sind in diesem Zusammenhang zu nennen, ebenso die Bruderschaftsladen der Gesellenverbände. Rechtliche Grundlage bildete auch bei diesen Formen die kirchliche Stiftung. Der Bruderschaftsbesitz wurde als kirchliches Sondervermögen eingerichtet, das dann für verschiedene Gemeinschaftszwecke nutzbar gemacht werden konnte. Die Vorsorge für arbeitsunfähige Bruderschaftsmitglieder bzw. für Witwen und Waisen war nun eine dieser Zielsetzungen. Wesentlich erscheint, daß solche Versicherungsformen auch im Alter nur im Falle der Invalidität wirksam wurden. Es handelte sich also nicht wie bei der Leibrente um einen arbeitslosen Ruhegenuß.

Der alte Bauer

Für die geldwirtschaftlichen Möglichkeiten der Versorgung alter Menschen, wie wir sie in der Stadt schon im Mittelalter ziemlich weit entwickelt finden, fehlten der ländlichen Bevölkerung die ökonomischen Voraussetzungen. Die bäuerliche Gesellschaft hat daher eine abweichende Form der Altenversorgung entwickelt, die im Hinblick auf den hohen Anteil der Bauernschaft an vorindustriellen Populationen besondere Beachtung verdient. Diese spezifische Einrichtung begegnet unter sehr verschiedenen Bezeichnungen, etwa Altenteil, Ausgedinge, Auszug, Austrag, Ausnahm, Leibzucht, Leibgedinge, Viertel, ,,narem" (= Nahrung). Hinsichtlich des Inhalts dieser räumlich stark differenzierten Bezeichnungen ergibt sich jedoch weitgehende Übereinstimmung. Beim Altenteil handelt es sich um eine rechtlich geregelte Form der Versorgung des alten Bauern bzw. der alten Bäuerin, mitunter auch noch von deren minderjährigen Kindern, innerhalb des Rahmens der Hausgemeinschaft. Der Altbauer verbleibt also hier grundsätzlich weiter innerhalb des Familienverbandes. Die rechtliche Regelung erfolgt durch den Übergabsvertrag. Der Bauer übergibt sein Haus und damit seine Hausherrenstellung an seinen Nachfolger, meist einen seiner Söhne; dieser sichert ihm bzw. den mit ihm ins Ausgedinge gehenden Angehörigen ausreichende Versorgung zu. Dazu dienen primär regelmäßig zur Verfügung gestellte Lebensmittel, wenn nicht überhaupt Verköstigung am Tische des Bauern vereinbart wird. Die Leistungen an den Altenteiler erfolgen also in der Regel in natura.

Die bäuerliche Wirtschaft ist wesentlich Naturalwirtschaft. Auf dieser Basis ist nur eine Altenversorgung im Haus selbst möglich.

Eine laufende Sicherstellung des Lebensunterhalts in Naturalien erscheint auf weitere Distanzen gänzlich ausgeschlossen. Außerhäusliche Versorgungsformen setzen einesteils Geldleistungen, andernteils Marktnähe voraus, die eine Umsetzung der Geldrente in Lebensmittel ermöglicht. Beides ist im agrarischen Milieu der vorindustriellen Zeit grundsätzlich nicht gegeben. Es ist daher eine ökonomische Notwendigkeit, daß der Altbauer bzw. das Altbauernpaar nach der Übergabe in der Hausgemeinschaft verbleibt. Die Vereinbarung eines Geldauszugs begegnet erst in neuerer Zeit und auch dann nur in stärker verkehrswirtschaftlich erschlossenen Gebieten, so etwa in unmittelbarer Stadtnähe oder in Weinbauerngegenden, in denen sich allgemein geldwirtschaftliche Formen stärker durchzusetzen vermochten.

Neben der Sicherung des Lebensunterhalts regelt der Übergabevertrag die räumliche Unterbringung der Altenteiler. Dafür ergaben sich, den jeweiligen Wohnverhältnissen der bäuerlichen Familie entsprechend, sehr unterschiedliche Möglichkeiten. In Gegenden mit Einzelhof- und Weilersiedlung zogen die Altenteiler vielfach in ein eigenes dafür bestimmtes Häuschen in unmittelbarer Nachbarschaft des Hofs. In Dorfsiedlungen bestand die Möglichkeit, solche Altenteilerhäuschen zu errichten, in der Regel nicht. Mitunter waren hier jedoch bestimmte Räumlichkeiten des Hofes – etwa im nördlichen Niederösterreich das sogenannte „Stübl" – eigens für das Altbauernpaar vorgesehen. Manchmal konnte freilich dem Übergeber nur ein bestimmter Platz innerhalb der gemeinsam von der Familie benutzten Räume zugesichert werden. In manchen Gegenden erhielt der Altenteiler auch einige Grundstücke zur persönlichen Nutzung. Solche Regelungen setzen voraus, daß der Altbauer zur Bearbeitung dieser Gründe noch in der Lage war. Eine totale Ausgliederung aus der bäuerlichen Familie als Produktionsgemeinschaft erfolgte ja auch durch die Hofübergabe grundsätzlich nicht. Soweit der Altbauer dazu bereit und körperlich imstande war, konnte er weiterhin mitarbeiten.

Entstehungsbedingungen des Ausgedinges

Von den spezifischen Arbeitsbedingungen des Bauernhofes her stellt das Ausgedinge keine absolute Notwendigkeit dar. Wo in entsprechendem Maße Knechte und Mägde oder erwachsene Kinder vorhanden waren, konnte der alternde Bauer ihnen Arbeiten übertragen, zu denen er körperlich nicht mehr in der Lage war, ohne deswegen die Hausherrenstellung abzugeben. Es gibt Gegenden, in denen der Bauer bis ins hohe Alter Hausherr blieb und nur ausnahmsweise eine Hofübergabe erfolgte, so etwa in einigen Gebieten Tirols und Salzburgs. In anderen Gegenden wiederum erscheint die Hofübergabe als der Regelfall. Das Alter des Übergebers variiert sehr stark. Mitunter ging der Bauer schon Anfang der 50 ins Ausgedinge, vor allem bei reichen Höfen, die eine solche wirtschaftliche Belastung auf lange Zeit zu tragen vermochten. In der Regel erfolgte die Übergabe jedoch erst nach Erreichung des 60. Lebensjahres. Die abnehmende körperliche Leistungsfähigkeit war aber jedenfalls nicht der einzige Grund, die Leitung der Bauernwirtschaft abzutreten. Ob und wann übergeben wurde, hing von einer Vielzahl von Faktoren ab. Besondere lokale Traditionen spielten dabei eine wesentliche Rolle. Sie führen zu der keineswegs voll geklärten Frage der Entstehung des Ausgedinges.

Die Einrichtung des Ausgedinges läßt sich bis weit ins Mittelalter zurückverfolgen. Eine entscheidende Rolle dürfte bei seiner Entstehung die Grundherrschaft gespielt haben. Grundsätzlich ist ja bei der Entwicklung dieser Institution zu bedenken, daß mit einer freien, von außen unbeeinflußten Vereinbarung zwischen Übernehmer und Übergeber erst dann gerechnet werden darf, wenn dem Bauern freies Eigentum an Grund und Boden zukommt. Das ist letztlich erst mit der Aufhebung des grundherrlichen Obereigentums durch die Grundentlastung der Fall. Freilich gab es schon Jahrhunderte früher weite Gebiete mit freier bäuerlicher Erbleihe, in denen die Grundherrschaft de facto auf die Hofübergabe keinen Einfluß nahm. Die Entstehung des Ausgedinges reicht jedoch in Zeiten zurück, in denen allgemein mit einer starken grundherrlichen Mitsprache beim Besitzwechsel bäuerlicher Höfe gerechnet werden kann. Dementsprechend ist der „Auszug" des alten Bauern seinem Ursprung nach sicher nicht als eine freiwillige Entscheidung anzusehen.

Hofübergabe und Wirtschaftsführung

Ohne jede eigene Entscheidung konnte der Inhaber eines Hofes im Mittelalter zunächst dort ausgewechselt werden, wo die bäuerliche Bevölkerung leibeigen war. Aber auch bei Anerkennung der persönlichen Freiheit des Bauern boten gewisse stark gebundere Leiheformen, wie etwa das Freistiftrecht mit seiner auf ein Jahr begrenzten Vergabe, dem Grundherrn die Möglichkeit einer Neubesetzung bäuerlicher Stellen zu einem ihm genehmen Zeitpunkt. Ein allzu häufiger Wechsel lag freilich nicht in seinem Interesse, weil er eine geordnete Wirtschaftsführung und damit die Abgabenleistungen des Hofes gefährdete. Auch bei solchen stark gebundenen Leiheformen kam es in der Praxis meist zu langfristiger Inhaberschaft und vielfach auch zu Erblichkeit des Gutes. Das „Abstiften" eines Bauern bedeutete in der Regel nicht seine Vertreibung vom Hof. Hatte er gut gewirtschaftet, so wurde ihm weiterhin Wohnrecht und Verköstigung zugestanden, ebenso natürlich seiner Frau bzw. seinen minderjährigen Kindern. Es kam dadurch zu einem Zusammenleben des Altbauern und seiner Familie mit dem Besitznachfolger, der ein Sohn oder ein sonstiger Angehöriger sein konnte, ebenso aber auch ein Nichtverwandter. In Quellen des 17. Jahrhunderts findet man noch sehr häufig Altenteiler, die mit dem Hofinhaber nicht namensgleich sind. Das Verbleiben des Altbauern auf dem Hof ist also keineswegs bloß als Versorgung im Rahmen eines umfassenden Familienverbandes zu denken. Das Zusammenleben alter Menschen gerade mit nichtverwandten Personen spielte in der agrarischen Gesellschaft der vorindustriellen Zeit eine große Rolle.

Ein Interesse des Grundherrn an der Neubestiftung eines Hofes lag vor allem dann vor, wenn der bisherige Inhaber aus Altersgründen nicht mehr zu einer effektiven Wirtschaftsführung in der Lage war. Dazu mußte keineswegs totale Arbeitsunfähigkeit gegeben sein. Schien ein herangewachsener Sohn besser in der Lage, den Hof zu bewirtschaften als sein alternder Vater, so legte dieser Umstand aus der Perspektive des Grundherren einen Wechsel der Inhaberschaft nahe. Auch die Verwitwung des Bauern konnte dazu Anlaß geben. Für die Bauernwirtschaft war ja die Rolle der Hausfrau ökonomisch von zentraler Bedeutung. Ein allzu lange dauerndes Ausgedinge war im Hinblick auf die dadurch entstehende Belastung des Hofes für den Grundherren auch nicht unbedingt wünschenswert. Jedenfalls erscheint überall dort, wo ein starker grundherrlicher Einfluß auf die Besetzung bäuerlicher Stellen bestand, das Ausgedinge als eine weit verbreitete Erscheinung. Und es behielt in diesen Gegenden als bäuerliches Gewohnheitsrecht auch dann seine Bedeutung, wenn diese äußere Beeinflussung zurückging. Andererseits sind bäuerliche Altenteilsregelungen überall dort schwächer entwickelt, wo seit alters Erbrecht vorherrschte. Das Interesse des Altbauern, die Hausherrenstellung möglichst lange beizubehalten, überwog eventuelle wirtschaftliche Nachteile.

Mit der Rationalisierung der grundherrschaftlichen Organisation gewann die Effektivität der bäuerlichen Wirtschaftsführung, vor allem seit der frühen Neuzeit, für den Grundherren zunehmend an Bedeutung. Solche ökonomische Veränderungsprozesse mögen für die Verbreitung des Ausgedinges eine Rolle gespielt haben. Ein äußerer Einfluß ganz anderer Art ging von der Neuordnung der Militärverfassung im 18. Jahrhundert aus. Um eine Freistellung ihrer Söhne von der Militärdienstpflicht zu erreichen, entschieden sich viele Bauern für eine vorzeitige Hofübergabe. Dadurch konnte es sogar zur Einrichtung doppelter Ausgedinge kommen. Schließlich ist für die Zunahme der Altenteilsregelungen das Ansteigen der Lebenserwartung zu bedenken, eine Entwicklung, die insbesondere im 19. Jahrhundert wirksam wurde. In älteren Zeiten ergab sich vielfach gar nicht die Notwendigkeit einer Hofübergabe aus Altersgründen, da der Bauer häufig noch im Vollbesitz seiner körperlichen Kräfte verstarb. Die zurückbleibenden Waisenkinder waren damals ein größeres Problem als die erwachsenen Söhne, die zur Übergabe drängten, um selbständig zu werden und heiraten zu können. Im 19. Jahrhundert verändert sich diesbezüglich die Situation radikal. In manchen Orten läßt sich innerhalb weniger Jahrzehnte eine Verdoppelung der Zahl der Ausgedinge feststellen.

Zusammenleben der Generationen

Erst mit dieser Zunahme der Ausgedinge wird die Mehrgenerationenfamilie allgemein in ländlichen Gebieten zu einer dominanten Erscheinung. Sie ist keineswegs die historische Form der Bauernfamilie schlechthin. Dazu hat sie erst die sozialkonservative Familienforschung des 19. Jahrhundert erklärt, die in ihr ein Modell für die richtige Form der Altenversorgung in der werdenden Industriegesellschaft sah. Volkskunde, Familiensoziologie und Sozialgeschichte haben weitgehend dieses letztlich ideologische Bild übernommen.

Die Verklärung der historischen bäuerlichen Dreigenerationenfamilie als sozialpolitisches Modell der familialen Altenfürsorge hat dazu geführt, daß viele Schattenseiten der Ausgedingeeinrichtung nicht entsprechend gesehen wurden: die Vater-Sohn-Konflikte vor der Übergabe, die Rechtsstreitigkeiten um den Abschluß des Vertrages und seine Einhaltung, die psychologisch schwierige Situation des Altbauern in der Hausgemeinschaft nach Verlust der Hausherrenstellung. Die vielfach sehr kleinlichen Regelungen der Altenteilverträge lassen keineswegs auf ein harmonisches Zusammenleben der Generationen schließen, etwa wenn dem alten Bauern schriftlich zugestanden werden mußte, daß er weiterhin durch den Vordereingang gehen dürfe, welchen Sessel er benützen dürfe usw. Alte Bauernsprichwörter spiegeln drastisch das Empfinden der Betroffenen: „Übergeben und nimmer leben", „Auf der Kinderbank ist für die Alten ein harter Sitz", „Zieh dich nicht eher aus, als du schlafen gehst." Auch die Bezeichnung „Ableben", wie sie im Südburgenland und einigen Gebieten in der Steiermark für das Ausgedinge gebraucht wird, ist Ausdruck dieser Stimmung.

Sicher stehen der Abwertung des Altenteilers im Selbst- und Fremdverständnis auch positive Seiten gegenüber: die Gemeinschaftseinordnung des alten Menschen, die bruchlose Kontinuität mit seiner bisherigen Umwelt, die Vorsorge im Falle der Pflegebedürftigkeit, bis zu einem gewissen Grad auch die Möglichkeit, weiterhin in sinnerfüllender Weise tätig zu sein. Bei den wirtschaftlichen Möglichkeiten der Altenversorgung auf dem Land in älterer Zeit mag das Modell des Ausgedinges wohl ein relatives Optimum dargestellt haben. Es ist aber gewiß nicht als das Vorbild schlechthin für die Lösung der Altenfrage durch ein Zusammenleben der Generationen anzusehen.

Es wäre verfehlt, das Problem der Altersversorgung in einer Agrargesellschaft nur unter Bezugnahme auf den alten Bauern zu betrachten. Das Schicksal der alten Bäuerin war weitgehend von dem ihres Ehegatten abhängig. Wenn dieser den Hof übergab, so ging sie mit ihm ins Ausgedinge. Behielt er den Hof bis an sein Lebensende, so konnte sie nach seinem Tod für sich allein eine Altenteilsregelung treffen. Bestand zwischen der Witwe und dem verstorbenen Gatten ein bedeutender Altersunterschied, was bei Zweit- oder Drittverehelichungen häufig der Fall war, so ergab sich für sie eine sehr lange Altenteilsphase. Soweit ihr ein Miteigentum am Hof zustand, konnte sie jedoch auch ihre Hausfrauenstellung durch eine neuerliche Eheschließung behalten. Die Wiederverehelichung als Form der Witwenversorgung war in vorindustrieller Zeit im bäuerlichen Milieu ebenso wie im städtischen sehr häufig. Dabei konnte es zu beträchtlichen Altersunterschieden zwischen der Bäuerin und dem neuen Bauern kommen.

Gesinde und Inwohner

Die Notwendigkeit der Altersversorgung von Knechten und Mägden bildete in der vorindustriellen Agrargesellschaft lange Zeit kaum ein Problem. Der Gesindestatus stellte eine altersspezifische Durchgangsphase dar. In den ländlichen Quellen des 17. und auch noch des 18. Jahrhunderts finden sich nur sehr wenige Knechte und Mägde im Alter über 30 Jahre. Viele wurden als Bauer oder Bäuerin selbständig. Die übrigen durften zumeist heiraten und lebten dann auf einem Hof als Inwohner. Die Vorstellung eines lebenslänglich ehelosen bäuerlichen Gesindes trifft – jedenfalls nach den Quellen des österreichischen Raums – für ältere Zeiten nicht zu. Mit etwa 40

Jahren war fast die gesamte ländliche Bevölkerung verheiratet oder bereits wieder verwitwet.

Die Inwohner stellten auf dem Land das schwierigste Versorgungsproblem dar. Sie betrieben meist ein kleines Gewerbe oder verdingten sich als Taglöhner, Holzarbeiter, Säumer usw. Als Entgelt für ihr Wohnrecht auf dem Bauernhof halfen sie hier in Zeiten größeren Arbeitskräftebedarfs, also vor allem bei der Ernte. Für die Erhaltung einer Familie war ihre Existenzbasis äußerst schmal. Krisenzeiten bedeuteten für sie eine besondere Gefährdung. Die bäuerlichen Formen der Altenfürsorge waren für sie nicht anwendbar. Bei Arbeitsunfähigkeit wurden sie entweder gnadenhalber auf Dauer in einem Haus aufgenommen oder in der Gemeinde reihum von Hof zu Hof weitergeschickt. Diese ländlichen Armen stellten im 17. und 18. Jahrhundert ein soziales Hauptproblem dar. Man versuchte es einerseits durch Heiratsverbote für unbehauste Leute zu lösen, andererseits aber auch durch Ansiedlung als Häuselleute, wodurch ein Minimum an Nahrungssicherung gewährleistet war. Auch solche Häuselleute konnten im Alter nicht durch die spezifisch bäuerliche Einrichtung des Ausgedinges versorgt werden.

Bei den ländlichen Taglöhnern zeigt sich die Problematik von Lohnarbeit und Altersversorgung zum ersten Mal als ein Massenphänomen. Das gilt übrigens auch für die nicht eigentlich landwirtschaftlich tätigen Lohnarbeiter des ländlichen Raums, etwa die Holzknechte, die Fuhrknechte, die Schiffsknechte, vor allem die Bergknappen, von denen noch besonders zu sprechen sein wird.

Der alte Handwerker

Für die Alten im städtischen Handwerk gab es in vorindustrieller Zeit keine dem bäuerlichen Ausgedinge vergleichbare Lösung. Verschiedene Gründe lassen sich dafür anführen. Zunächst ist darauf hinzuweisen, daß von der körperlichen Belastung her die meisten Gewerbe lebenslänglich ausgeübt werden konnten. Das Problem einer Freistellung des alten Meisters von der Arbeit ergab sich im Handwerksbetrieb also gar nicht in derselben Weise wie am Bauernhof. Weiters ist die abweichende räumliche Situation zu bedenken. In den beengten Wohnverhältnissen einer Stadt der vorindustriellen Zeit war es kaum möglich, gesonderte Räumlichkeiten für den alten Handwerksmeister und seine Frau bereitzustellen. Wesentlich erscheint ferner, daß eine rein naturalwirtschaftliche Versorgung der Alten, die eine Bindung ans Haus erfordert hätte, im Gewerbe weder notwendig noch möglich war. Der Handwerker produziert nicht wie der Bauer die zum Unterhalt erforderlichen Lebensmittel selbst. Er verfügt andererseits durch seine Marktbindung über Geld. Eine außerhäusliche Altenversorgung erscheint hier also durchaus möglich, etwa durch Einkaufen in ein Bürgerspital. Schließlich fehlt im städtischen Gewerbe die Abhängigkeit von einem Grundherren. Der alte Handwerker kann nicht wie der Bauer zur Aufgabe seiner Stellung als Hausherr bzw. Vorstand einer Haushaltung gezwungen werden. Ein eventuelles Ausscheiden aus dem Arbeitsprozeß erfolgt bei ihm ohne jeden herrschaftlichen Druck.

Diesen abweichenden Bedingungen entsprechend kam es im städtischen Gewerbe nur ganz ausnahmsweise zu Familienkonstellationen, die dem Zusammenleben von Alt- und Jungbauernpaar mit dessen Kindern entsprachen. Dreigenerationenfamilien entstanden etwas häufiger dadurch, daß die Witwe des verstorbenen Meisters im Familienverband mitlebte, waren aber insgesamt sehr selten. Für die Verhältnisse im Handwerk charakteristisch ist die Witwenversorgung durch Wiederverehelichung. Ehen junger Gesellen mit alten Meisterinnen kamen sehr häufig vor. Zum Unterschied von der verwitweten Bäuerin konnte die Handwerkerswitwe auch geldwirtschaftlich versorgt werden. Soweit ihr Gatte ihr ein ausreichendes Vermögen hinterlassen hatte, war damit ihr Lebensunterhalt im Alter gesichert. Von der Möglichkeit der Leibrente war schon die Rede, ebenso von Zuschüssen aus Bruderschaftsladen. Schließlich gab es in der Stadt für die verwitwete Frau noch gewisse selbständige Erwerbsmöglichkeiten, etwa durch Nähen, Spinnen, Sticken, Waschen, Putzen oder Wassertragen, die freilich für sich genommen als Altersversorgung kaum ausreichten. Daß Witwen in der Stadt im Alter allein lebten, kam relativ selten vor. Vielfach begegnen sie in den Quellen in gemeinsamem Haushalt mit nichtverwandten Personen. Manchmal wohnten auch zwei oder mehrere Witwen zusammen.

Das Problem alter Gesellen stellte sich im städtischen Handwerk solange nicht, als die Gesellenzeit grundsätzlich durch die Erlangung der Meisterwürde abgeschlossen wurde. Mit der Abschließung der Meisterzünfte seit dem Spätmittelalter mußten freilich Gesellen immer länger warten, bis sie sich verselbständigen konnten. Mitunter erreichten sie dieses Ziel bis zu ihrem Lebensende nicht. Soweit alternde Gesellen nicht vom Meister in seinem Haushalt behalten wurden, mußten sie sich um eine Erwerbsmöglichkeit außerhalb des Handwerks umsehen. Meist verblieb ihnen dann nur die Möglichkeit, als Taglöhner zu arbeiten.

Arbeit um Taglohn war überhaupt eine gerade für alte Menschen spezifische Form, das Leben zu fristen. Wer nicht als Meister oder in analoger Position zu Selbständigkeit gelangte bzw. wer im Alter als Geselle, Diener, Knecht oder Dienstmagd nicht im Hause seines Herren bleiben konnte, der hatte kaum eine andere Möglichkeit, seinen Lebensunterhalt zu sichern. Je mehr der Gesindestatus in der Stadt seinen Charakter als eine altersspezifische Durchgangsphase verlor, desto mehr verbreitete sich diese Erscheinung. Der Taglohn war freilich eine höchst dürftige und unsichere Erwerbsquelle. Alter und Armut wurden hier zu Synonyma.

Vorindustrielle Lohnarbeit

Natürlich gab es in der Stadt der vorindustriellen Zeit auch lebenslänglich gegen Lohnzahlung ausgeübte Tätigkeiten. Lohnarbeit ist ja keineswegs eine Erscheinung, die erst mit der Industrialisierung auftritt. Zu nennen wären in diesem Zusammenhang etwa die Bauarbeiter, die besonders in den fürstlichen Residenzstädten des Barockzeitalters sehr zahlreich waren oder die im Transportgewerbe Beschäftigten wie Fuhrleute, Boten, Säumer, Schiffsleute usw.

Auch die Vielzahl städtischer Bediensteter in untergeordneter Stellung gehört hierher wie etwa die Gerichtsdiener, Nachtwächter oder Torsteher. Für alle diese gegen Lohnzahlung verrichteten Tätigkeiten gilt genauso wie für das Handwerk, daß sie grundsätzlich bis zum Lebensende ausgeübt wurden. Eine besonders geregelte Sicherstellung für das Alter gab es nicht. Die Familie war dazu kaum in der Lage. Trat Arbeitsunfähigkeit ein, so war man auf die öffentliche Wohltätigkeit angewiesen. Die geistlichen und städtischen Versorgungseinrichtungen reichten mit der Zunahme der städtischen Unterschichten im Lauf der Neuzeit meist bei weitem nicht mehr aus. Als Ausweg blieb dann nur der Bettel.

Die Lebenserwartung war in der vorindustriellen Stadt allgemein relativ niedrig, insbesondere in den Unterschichten. Die überlebenden Witwen von Taglöhnern und anderen städtischen Lohnarbeitern stellten daher ein Hauptproblem der Versorgung dar. Eine Sicherstellung durch Wiederverehelichung kam bei ihnen nicht in gleicher Weise in Frage wie bei den Handwerkerswitwen, da sie ja nichts in die Ehe mitzubringen hatten. Von ihren Kindern konnten sie meist auch nicht versorgt werden. Vielfach waren diese ja beim Tod des Vaters selbst noch unterhaltsbedürftig. Zwar gab es in der Stadt für Frauen mehr eigene Verdienstmöglichkeiten als auf dem Land; solche Verrichtungen boten aber auch keine dauerhafte Existenzsicherung.

Am stärksten war die Lohnarbeit in vorindustrieller Zeit im Montanwesen entwickelt. Das Bergwerk bildete schon im Mittelalter eine Form des Großbetriebs inmitten einer Welt, deren Arbeitsorganisation auf dem Familienbetrieb basierte. Die sozialen Verhältnisse der Bergarbeiter sind daher in vieler Hinsicht bereits denen der industriellen Fabrikarbeiterschaft vergleichbar. Das gilt auch für das Problem der Sicherstellung im Fall von Arbeitsunfähigkeit durch Krankheit und Alter. Die Gefahr der Invalidität ist bei den Arbeitsbedingungen des Bergbaus besonders groß. Die Familie, die hier ja keine Produktionsfunktionen ausübt, ist dementsprechend auch außerstande, Schutzfunktionen wahrzunehmen. Übergeordnete genossenschaftliche Organisationsformen müssen diese Aufgabe übernehmen. In Anschluß an Bruderschaftsladen, in die die Bergknappen regelmäßige Beiträge entrichten, entstehen Knappschaftskassen. Diese Versicherungseinrichtungen erreichen auf Grund der besonderen Verhältnisse im Montanwesen schon früh einen Entwicklungsstand, der manche Prinzipien moderner Sozialversicherung um Jahrhunderte vorwegnimmt. Zur Einführung einer fixen Altersgrenze kommt es freilich auch hier erst in der zweiten Hälfte des 19. Jahrhunderts. Bis dahin gilt wie in vielen anderen Bereichen der vorindustriellen Arbeitswelt, daß nur Invalidität im Alter ein Ausscheiden aus dem Arbeitsprozeß begründet.

Industrielle Lohnarbeit

Mit dem Prozeß der Industrialisierung wird die Lohnarbeit zum Massenphänomen. Gegenüber der handwerklichen Produktionsweise hat die großbetrieblich-industrielle Warenproduktion prinzipiell außerhäusliche Erwerbstätigkeit zur Folge. Ihr entspricht die Individualentlohnung ohne Rücksicht auf den Familienstand. Die Lohnhöhe ermöglichte es dem Industriearbeiter nicht, sich durch Vermögensbildung selbst gegen die Gefahr altersbedingter Erwerbsunfähigkeit zu schützen. Auch seitens der Familie war eine ausreichende Versorgung im Alter nicht zu gewährleisten. Ebenso versagten die traditionellen zünftisch-handwerklichen Versicherungsformen, die ausschließlich auf der Basis von Eigenbeiträgen aufgebaut waren. Die Problematik der Alters- und Invaliditätsversicherung mußte grundsätzlich und generell von Seite des Staates gelöst werden. Dazu kam es jedoch erst mit einer bedeutenden zeitlichen Phasenverschiebung gegenüber den durch die Industrialisierung bedingten Veränderungen der Arbeitsorganisation.

Das erste Land, in dem die Altersversicherung gesetzlich geregelt wurde, war das Deutsche Reich. Im Rahmen der von Bismarck initiierten Sozialversicherungsgesetzgebung entstand 1889 das Gesetz zur Alters- und Invalidenversicherung, das 1891 endgültig in Kraft trat. Es beruhte auf dem Grundsatz der Versicherungspflicht. Die Altersgrenze, die einen Rentenanspruch begründete, wurde mit 70 Jahren festgelegt. Erst 1916 kam es analog zur Regelung der Angestelltenversicherung bei den Arbeitern zu einer Herabsetzung auf 65 Jahre. Die Arbeiterwitwe war zunächst nicht in die Versicherung einbezogen. Noch 1911 motivierte das der Gesetzgeber damit, daß man den Witwen der Arbeiter die Erwerbsarbeit „unbedenklich zumuten" dürfe, während die Witwen der Angestellten „sich beliebigen Erwerbsformen nicht so leicht anpassen könnten". Österreich-Ungarn folgte dem deutschen Beispiel wenig später mit einem Arbeiterunfall- und Arbeiterkrankengesetz, jedoch noch nicht mit der eigentlichen Altersversicherung. In England bestanden zwar schon seit längerem ebenso wie in anderen westeuropäischen Ländern vom Staat unterstützte freiwillige Pensionskassen; durch Gesetz wurde hier jedoch erst 1908 der Anspruch alter Leute auf Sozialrente festgelegt. Auch hier galt zunächst die 70-Jahres-Grenze. Frankreich führte 1910 die Versicherungspflicht für alle Lohnarbeiter ein.

Beamte und Angestellte

Die unselbständige Erwerbstätigkeit hat nur eine ihrer Wurzeln im Prozeß der Industrialisierung, freilich die quantitativ bedeutsamste. Eine andere wesentliche Wurzel ist die zunehmende Bürokratisierung. Im öffentlichen Dienst führt sie zur Entstehung der Beamtenschaft, in den Betriebsformen des sekundären und tertiären Erwerbssektors zur Entstehung der Angestelltenschaft. Der Ursprung der staatlichen Bürokratie liegt im Hofdienst. Solange dieser nicht hauptamtlich und nicht auf Lebenszeit versehen wurde, bestand kein Bedarf, die Stellung alter Amtsträger und deren Versorgung besonders zu regeln. Mit dem Ausbau der Zentralbehörden seit der frühen Neuzeit gewann jedoch das Problem immer mehr an Aktualität. Ältere Versuche zu seiner Lösung orientierten sich an Ordnungsmodellen des kirchlichen Ämterwesens. Dem alt und dienstunfähig gewordenen Beamten wurde ein jüngerer beigesellt, der ihm seine Amtspflichten ganz oder teilweise abnahm und mit dem er sich nach näherer Übereinkunft die Einkünfte des Amtes teilte. Mitunter war dieser Gehilfe ein Sohn oder Schwiegersohn oder sonst ein Mann seiner Wahl. Manchmal wurde diesem dann auch eine Anwartschaft auf die Nachfolge zugestanden.

Der Grundsatz des lebenslänglichen und nur unter bestimmten Umständen seitens des Dienstgebers kündbaren Dienstverhältnisses hat sich bei den Beamten erst im Zeitalter des aufgeklärten Absolutismus durchgesetzt. Gleichzeitig wurde auch eine Regelung der Pension als Versorgung bei Alter und Krankheit notwendig. Bei niedrigen Bediensteten hieß sie Pensionierung. Die Fürsorge für die hinterbliebene Witwe war zunächst ein bloßer Gnadenakt des Herrschers, erst langsam entwickelte sich daraus ein Rechtsanspruch. Die Pensionierung des Staatsbeamten erfolgte nicht bei Erreichung einer generell festgelegten Altersgrenze, sondern trat nur bei Arbeitsunfähigkeit durch Krankheit und Alter ein. Auch in diesem Milieu ist eine von Berufsarbeit grundsätzlich entlastete Altersphase zunächst unbekannt.

Vorläufer der Angestellten sind die Handelsdiener der großen Handelshäuser. Die Stellung als Handlungsgehilfe war ursprünglich – wie alle frühen Formen des Gesindestatus – bloß eine altersspezifische Durchgangsphase. Es bestand für ihn durchaus die Chance, selbständig zu werden. Dasselbe gilt auch noch für die Angestellten früher Unternehmer. Die Mechanisierung der industriellen Produktion und die Konzentration der Unternehmen im 19. Jahrhundert bedingten ein starkes Anwachsen der Angestellten. An eine Verselbständigung war jetzt im allgemeinen nicht mehr zu denken. Analog zu den Verhältnissen in der gewerblich-industriellen Produktion entwickelte sich auch hier aus einem altersspezifischen Dienstverhältnis auf Zeit eine Lohnabhängigkeit auf Dauer. Damit wurde eine Regelung der Altersversorgung notwendig. Als erstes Land hat Österreich-Ungarn im Jahre 1906 die Pensionsversicherung der Angestellten gesetzlich angeordnet. Das Deutsche Reich folgte 1911, in kurzen Abständen dann auch andere europäische Länder. In der Pensionsversicherung der Angestellten war die Altersgrenze von 65 Jahren von vornherein festgelegt.

Auswirkungen der unselbständigen Erwerbstätigkeit

Industrialisierung und Bürokratisierung haben die unselbständige Erwerbstätigkeit zur dominanten Erscheinungsform der modernen Arbeitswelt werden lassen. Die Entwicklung in diese Richtung scheint sich fortzusetzen. Die Zahl der Lohn- und Gehaltsempfänger nimmt zu, die der selbständig Erwerbstätigen geht weiter zurück. Der Familienbetrieb, der in vorindustrieller Zeit die beherrschende Organisationsform der Arbeit darstellt, erscheint auf den ständig abnehmenden Agrarsektor beschränkt. Die überwiegende Mehrzahl der Familien ist in der modernen Industriegesellschaft von Produktionsfunktionen entlastet.

Manche der sozialen Probleme alter Menschen in der Gegenwart lassen sich aus dieser historischen Entwicklung erklären. Das Zurücktreten des Familienbetriebs und der Übergang zu außerhäuslichen Formen der Erwerbstätigkeit haben zu einer Trennung von Arbeitsstätte und Wohnung und damit zu einer Privatisierung der Familie geführt. Die Folgen dieser Privatisierung sind für den berufstätigen Mann und die im Haus verbleibende Frau im Alter ganz unterschiedlich. Für den Mann bedeutet das Ausscheiden aus der Öffentlichkeit der Berufswelt und der Eintritt in den Ruhestand eine einschneidende Zäsur. Eine solche Bruchsituation hatte es in der vorindustriellen Arbeitsorganisation nicht gegeben. Dieser abrupte Übergang bringt psychische Probleme mit sich. Die durch die Berufstätigkeit geschaffenen sozialen Kontakte werden unterbrochen. Neue anzuknüpfen ist im Alter schwierig. Ebenso steht der aus dem Berufsleben Ausscheidende vor der schwer zu lösenden Aufgabe, in der familialen Privatheit des Ruhestandes eine neue sinnerfüllende Betätigung zu finden. Für die Frau bedeutet die Privatisierung der Familie von vornherein sehr beschränkte Möglichkeiten personaler Beziehungen. Die sozialen Kontakte des alten Menschen müssen jedoch schon durch die vorausgegangenen Lebensphasen vorbereitet sein. Bestehen für die Hausfrau dazu an und für sich wenig Möglichkeiten, so wird sie im Alter Schwierigkeiten haben, neue Kontakte aufzubauen. Im Hinblick auf die höhere Lebenserwartung der Frau sowie die bei ihr im Durchschnitt längere Phase der Verwitwung liegt hierin eine besonders bedenkenswerte Wurzel des Isolationsproblems.

Mit der allgemeinen Verbreitung der unselbständigen Erwerbstätigkeit hat sich für junge Menschen in zunehmendem Maße die Möglichkeit ergeben, frühzeitig ins Berufsleben einzutreten und sich von den Eltern unabhängig zu machen. Gegenüber den durch den Familienbetrieb geprägten Verhältnissen der vorindustriellen Zeit bedeutet das vor allem, daß das getrennte Wohnen der gleichzeitig lebenden Generationen zum Regelfall wird. Die Neolokalität der Kinder ist jedoch die Voraussetzung dafür, daß es im Ablauf des Familienzyklus zur Phase der ,,nachelterlichen Gefährtenschaft" kommt. Dieser Lebensabschnitt, in dem die Eltern bzw. einzelne überlebende Elternteile allein zurückbleiben, tritt zwar auch schon im städtischen Milieu der vorindustriellen Zeit auf; er wird aber erst in neuerer Zeit zu einer weit verbreiteten Erscheinung. Der Wandel der Erwerbsstruktur ist auch unter diesem Aspekt eine Voraussetzung für das heutige Problem der Vereinsamung alter Menschen.

Eine tiefgreifende Veränderung hat durch den Wandel der Arbeitsverhältnisse die gesellschaftliche Wertung des alten Menschen erfahren. Berufliche Stellung und soziale Geltung stehen in engem Zusammenhang. Bei lebenslänglicher Ausübung einer Erwerbstätigkeit, wie sie bis weit ins 19. Jahrhundert herauf allgemein vorherrschte, ergab sich im Alter keine Abwertung. Im Gegenteil: Faktoren wie größere Erfahrung oder beruflicher Aufstieg zu höheren Positionen konnten in der letzten Lebensphase zu einer Prestigesteigerung führen, etwa beim alten Meister innerhalb seines Handwerks oder bei dem nach Anciennität aufrückenden Beamten. Die Pensionierung bedeutet demgegenüber mit dem Ausscheiden aus der Arbeitswelt einen Verlust an sozialer Geltung. Bei gesellschaftlichen Wertmäßstäben, die an Leistungsfähigkeit und beruflicher Stellung orientiert sind, führt die zunehmende Bedeutung des Ruhestands zu einer Abwertung alter Menschen.

Ordnungsformen der Vergangenheit als sozialpolitisches Leitbild?

Die heutigen Probleme der Alten lassen sich freilich nicht dadurch lösen, daß man versucht, historische Entwicklungen rückgängig zu machen. Ordnungsformen der Vergangenheit, in denen die Stellung der alten Menschen weniger prekär war, können nicht das Modell für Verbesserungsversuche in der Gegenwart abgeben. Der gesellschaftliche Kontext, innerhalb dessen sie ihre Funktion hatten, ist unwiederbringlich Vergangenheit.

Die Trennung von Arbeitsstätte und Wohnung und damit der Kontrast von öffentlicher Berufswelt und familialer Privatheit ist sicherlich ein solches unaufhebbares Resultat historischer Entwicklung. Es stellt sich jedoch die Frage, ob das Verhaltensmuster familialer Intimität, das sich mit dieser Entwicklung ausgebildet hat, notwendig auf den sich verengenden Kreis der Kernfamilie beschränkt bleiben muß. Das Problem der Vereinsamung im Alter könnte an Schärfe verlieren, wenn es in den vorangehenden Phasen des Lebens zu einer Öffnung der sich isolierenden Kleinfamilie käme.

Das Zusammenleben der Generationen am Bauernhof kann gewiß heute nicht mehr gesellschaftlich verbindliches Leitbild der Altenversorgung sein. Es ist jedoch zu fragen, ob nicht das Bewußtsein, daß Altenfürsorge ausschließlich oder primär Verpflichtung der Kinder sei, ein anachronistisches Relikt aus einer Zeit darstellt, in der es kaum andere Versorgungsmöglichkeiten gab als im Rahmen der Familie. Ein Umdenken in dieser Richtung dürfte freilich kein Abschieben individueller Verantwortlichkeit an anonyme Institutionen bedeuten.

Die ständige Zunahme der aus dem Arbeitsprozeß ausscheidenden Pensionisten und Rentner ist gesellschaftliche Realität. Es hilft nicht weiter, wenn man dem Verlust des Altersprestiges nachtrauert, wie es in früheren Zeiten, bedingt durch die Stellung alter Menschen in der Arbeitsorganisation, gegeben war. Zu fragen ist jedoch, ob jene Wertmaßstäbe unserer Leistungsgesellschaft Berechtigung haben, auf Grund derer es heute zu einer Abwertung nicht mehr berufstätiger alter Menschen kommt.

Nicht in der Reaktivierung historischer Vorbilder kann der Sinn einer Beschäftigung mit der Stellung alter Menschen in der Vergangenheit liegen. Es geht vielmehr um ein Verständnis heutiger Altenprobleme aus ihrer Entstehung. Wenn ein solcher Erklärungsversuch dazu Anstoß geben kann, anachronistisch und illegitim gewordene Wertmuster, Verhaltensweisen und Bewußtseinsinhalte in Frage zu stellen, so vermag die historische Analyse damit einen Beitrag zur Bewältigung von Gegenwartsfragen zu leisten.

Ausgewählte Literatur

Aldous, Joan u. Reuben Hill: International Bibliography of Research in Marriage and the Family, 1900–1964, Minnesota 1967.

Aldous, Joan u. Nancy Dahl: International Bibliography of Research in Marriage and the Family, Bd. 2. 1965–1972, Minneapolis 1974.

Anderson, Michael: Family Structure in Nineteenth Century Lancashire. Cambridge 1972.

Anderson, Michael: Family and Class in Nineteenth-Century Cities. Journal of Family History 2, 1977, 139ff.

Anderson, Michael: Sociological History and the Working-Class Family: Smelser Revisited. Social History 3, 1976, 317ff.

Anderson, Michael: Household Structure and the Industrial Revolution; Mid-nineteenth Century Preston in Comparative Perspective, in: Peter Laslett u. Richard Wall (Hrsg.), Household and Family in Past Time, Cambridge 1972, 215ff.

Andorka, Rudolf: The Peasant Family Structure in the Eighteenth and Nineteenth Centuries. Acta Ethnographica Academiae Scientiarum Hungariae 25, 1975, 321ff.

Ankarloo, Bengt: Agriculture and Women's Work: Directions of Change in the West, 1700–1900. Journal of Family History 4, 1979, 111ff.

Arensberg, Conrad M. u. Solom T. Kimball: Family and Community in Ireland. Cambridge ²1968.

Ariès, Philippe: L'enfant et la vie familiale sous l'ancien régime. Paris 1960, ²1973. Englisch: Centuries of Childhood: A Social History of Family Life. New York 1962. Deutsch: Geschichte der Kindheit. München 1975.

Armengaud, André: La famille et l'enfant en France et en Angleterre du XVIe aux XVIIIe siècle. Aspects démographiques, Paris 1975.

Armstrong, W. A.: A Note on the Household Structure of Mid-Nineteenth-Century York in Comparative Perspective, in: Peter Laslett und Richard Wall (Hrsg.), Household and Family in Past Time, Cambridge 1972, 205ff.

Bardis, Panos D.: Family Forms and Variations Historically Considered, in: Harold T. Christensen (Hrsg.). Handbook of Marriage and the Family. Chicago 1964, 403ff.

Baulant, Micheline: La familles en micttes. Annales E. S. C. 27, 1972, 959 ff.
Baumert, Gerhard: Changes in the Family and the Position of Older Persons in Germany. International Journal of Comparative Sociology 1, 1960.
Baumert, Gerhard: Einige Beobachtungen zur Wandlung der familialen Stellung des Kindes in Deutschland, in: Ludwig von Friedeburg (Hrsg.), Jugend in der modernen Gesellschaft, Köln/Berlin 1965, 309 ff.
Baumert, Gerhard u. E. Hünninger: Deutsche Familien nach dem Kriege. Darmstadt 1954.
Begemann, Helmut: Strukturwandel der Familie. Eine sozialtheologische Untersuchung über den Strukturwandel von der patriarchalischen zur partnerschaftlichen Familie. Hamburg 1960.
Berg, J. H. van den: Metabletica. Über die Wandlungen des Menschen. Grundlinien einer historischen Psychologie. Göttingen 1960.
Bergues, H. et al.: La prévention des naissances dans la famille. Ses origines dans les Temps Modernes (Institut national d'études démographiques. Cahiers et Documents 35), Paris 1960.
Berkner, Lutz Karl: The Stem Family and the Developmental Cycle of the Peasant Household: An Eighteenth-Century Austrian Example. American Historical Review 77, 1972, 398 ff.
Berkner, Lutz Karl: Rural Family Organization in Europe: A Problem in Comparative History. Peasant Studies Newsletter 1, 1972, 145 ff.
Berkner, Lutz Karl: Recent Research on the History of the Family in Western Europe. Journal of Marriage and the Family 35, 1973, 395 ff.
Berkner, Lutz Karl: The Use and Misuse of Census Data for the Historical Analysis of Family Structure. Journal of Interdisciplinary History 5, 1975, 721 ff.
Biraben, Jean-Noël: A Southern French Village: The Inhabitants of Montplaisant in 1644, in: Peter Laslett und Richard Wall (Hrsg.), Household and Family in Past Time, Cambridge 1972, 237 ff.
Blayo, Yves: Size and Structure of Households in a Northern French Village Between 1836 and 1861, in: Peter Laslett und Richard Wall (Hrsg.), Household and Family in Past Time. Cambridge 1972, 255 ff.
Blochmann, Elisabeth: Das „Frauenzimmer" und die „Gelehrsamkeit". Heidelberg 1966.
Bock, Gisela u. Barbara Duden: Arbeit aus Liebe – Liebe als Arbeit. Zur Entstehung der Hausarbeit im Kapitalismus, in: Frauen und Wissenschaft. Beiträge zur Berliner Sommeruniversität für Frauen. Berlin 1977, 118 ff.
Borst, Arno: Lebensformen im Mittelalter. Berlin 1973.

Bosl, Karl: Die „familia" als Grundstruktur der mittelalterlichen Gesellschaft. Zeitschrift für bayerische Landesgeschichte 38, 1975, 403ff. Neudruck in: Karl Bosl, Die Gesellschaft in der Geschichte des Mittelalters. Göttingen 1975, 84ff.

Bourdieu, Pierre: Célibat et condition paysanne. Études rurales 5, 1962, 32ff.

Bourdieu, Pierre: Les stratégies matrimoniales dans le système de reproduction. Annales E. S. C. 27, 1972, 1105ff.

Branca, Patricia: Silent Sisterhood: Middle Class Women in the Victorian Home. Pittsburgh 1975.

Branca, Patricia: A New Perspective on Women's Work: A Comparative Typology. Journal of Social History 9, 1975, 129ff.

Branca, Patricia: Women in Europe since 1750. London 1978.

Braun, Lily: Die Frauenfrage. Ihre geschichtliche Entwicklung und ihre wirtschaftliche Seite. Leipzig 1901. Neudruck: Stuttgart 1979.

Braun, Rudolf: Industrialisierung und Volksleben. Erlenbach 1960.

Braun, Rudolf: Sozialer und kultureller Wandel in einem ländlichen Industriegebiet (Zürcher Oberland) unter Einwirkung des Maschinen- und Fabrikswesen im 19. und 20. Jahrhundert. Erlenbach 1965.

Braun, Rudolf: The Impact of Cottage Industry on an Agricultural Population, in: David Landes (Hrsg.). The Rise of Capitalism. New York 1966, 53ff.

Brauneder, Wilhelm: Die Entwicklung des Ehegüterrechts in Österreich. Salzburg 1973.

Bridenthal, Renate u. Claudia Koonz (Hrsg.): Becoming Visible. Women in European History. 1977.

Brooke, Michael Z.: Le Play: Engineer and Social Scientist. London 1970.

Bruckmüller, Ernst: Hausherrschaft und politische Berechtigung. Beiträge zur historischen Sozialkunde 4, 1974, 69ff.

Bruckmüller, Ernst: Kleingruppenformen im ländlichen Raum des Spätmittelalters und der frühen Neuzeit. Beiträge zur historischen Sozialkunde 5, 1975, 26ff.

Brunner, Otto: Das „ganze Haus" und die alteuropäische „Ökonomik", in: Zeitschrift für Nationalökonomie 13, 1950, 114ff. Neudruck in: Otto Brunner, Neue Wege der Sozialgeschichte, Göttingen 1956, 33ff.

Bücher, Carl: Die Frauenfrage im Mittelalter. Tübingen ²1910.

Bullough, Vern: Sexual Variance in Society and History. New York 1976.

Burgess, Ernest et al.: The Family: From Institution to Companionship. New York ¹1945, ³1963.

Caesar, Beatrice: Autorität in der Familie. Ein Beitrag zum Problem schichtenspezifischer Sozialisation. Reinbek bei Hamburg 1972.
Cajanov, A. V.: Die Lehre von der bäuerlichen Wirtschaft. Versuch einer Theorie der Familienwirtschaft im Landbau. Berlin 1923.
Castell, Adelheid Gräfin zu: Forschungsergebnisse zum gruppenspezifischen Wandel generativer Strukturen, in: Werner Conze (Hrsg.), Sozialgeschichte der Familie in der Neuzeit Europas. Stuttgart 1974, 161 ff.
Chombart de Lauwe, P. H.: Famille et habitation, 2 Bde. Paris 1959/60.
Claessens, Dieter: Familie und Wertsystem. Eine Studie zur „zweiten, sozio-kulturellen Geburt" des Menschen und der Belastbarkeit der „Kernfamilie". Soziologische Abhandlungen Heft 4, Berlin ^{3}1972.
Claessens, Dieter u. Ferdinand W. Menne: Zur Dynamik der bürgerlichen Familie und ihrer möglichen Alternativen, in: Günther Lüschen und Eugen Lupri (Hrsg.), Soziologie der Familie, Kölner Zeitschrift für Soziologie und Sozialpsychologie, Sonderheft 14, 1970.
Claessens, Dieter u. Petra Milhoffer (Hrsg.): Familiensoziologie. Ein Reader als Einführung, Frankfurt 1973.
Clark, Alice: The Working Life of Women in the Seventeenth Century. London 1919.
Cloer, Ernst: Ausgewählte systematische Fragestellungen der Geschichte der Kindheit und der historischen Familien- und Sozialisationsforschung. Neue Sammlung 18, 1978, 519 ff.
Coale, Ansley J.: The Decline in Fertility in Europe from the French Revolution to World War II, in: Samuel J. Behrmann et al. (Hrsg.), Fertility and Family Planning: A World View, Ann Arbor 1969, 3 ff.
Cohn, G.: Gemeinderschaft und Hausgenossenschaft. Zeitschrift für vergleichende Rechtswissenschaft 13, 1899.
Coleman, Emily R.: L'infanticide dans le Haut Moyen Age. Annales E. S. C. 29, 1974, 315 ff.
Collomp, Alain: Ménage et famille: Études comparatives sur la dimension et la structure du Groupe domestique. Annales E. S. C. 29, 1972, 777 ff.
Conze, Werner: Sozialgeschichte der Familie. Neuere Literatur-Probleme der Forschung. Vierteljahrsschrift für Sozial- und Wirtschaftsgeschichte 65, 1978, 357 ff.
Cott, Nancy F.: The Bonds of Womanhood: „Woman's Sphere" in New England, 1780–1835. New Haven 1977.
Cowan, Ruth Schwartz: The „Industrial Revolution" in the Home: Household Technology and Social Change in the Twentieth Century. Technology and Culture 17, 1976, 1 ff.

Cuisenier, Jean (Hrsg.): The Family Life Cycle in European Societies (Le cycle de la vie familiale dans les sociétés européennes). Paris 1977.

Czap, Peter Jr.: Marriage and the Peasant Joint Family in the Era of Serfdom, in: David L. Ransel (Hrsg.), The Family in Imperial Russia, Urbana 1978, 103ff.

Davidoff, Leonore: Mastered for Life: Servant and Wife in Victorian and Edwardian England. Journal of Social History 7, 1974, 406ff.

Davis, Natalie Z.: The Reasons of Misrule: Youth Groups and Charivaris in Sixteenth Century France. Past and Present 50, 1971, 41ff.

Davis, Natalie Z.: Women on Top, in: N. Z. Davis, Society and Culture in Early Modern France. Stanford 1975, 124ff.

Davis, Natalie Z.: Ghosts, Kin and Progeny: Some Features of Family Life in Early Modern France. Daedalus 106/2, 1977, 87ff.

Deenen, Bernd van: Die ländliche Familie unter dem Einfluß von Industrienähe und Industrieferne. Sozialpolitische Schriften, Heft 13, Berlin 1961.

Degler, Carl N.: What Ought to Be and What Was: Women's Sexuality in the Nineteenth Century. American Historical Review 79, 1974, 1467ff.

De Mause, Lloyd (Hrsg.): The History of Childhood. New York 1974. Deutsch: Hört ihr die Kinder weinen. Eine psychogenetische Geschichte der Kindheit. Frankfurt am Main 1977.

Demos, John und Virginia Demos: Adolescence in Historical Perspective. Journal of Marriage and the Family 31, 1969, 632ff.

Demos, John: Developmental Perspectives on the History of Childhood. Journal of Interdisciplinary History 2, 1971, 315ff.

Deneke, J. F. V.: Die Altersversorgung der bäuerlichen Familie, in: Soziale Sicherheit für das Landvolk. Schriftenreihe für ländliche Sozialfragen, Heft 15, Hannover 1956, 18ff.

Depauw, Jacques: Amour illégitime et société à Nantes aux XVIIIe siècle. Annales E. S. C. 27, 1972, 1155ff.

Drake, Michael: Population and Society in Norway, 1735–1865. Cambridge 1969.

Dreitzel, Hans Peter: Die gesellschaftlichen Leiden und die Leiden der Gesellschaft. Stuttgart 1968.

Dubnoff, Steven: Gender, the Family, and the Problem of Work Motivation in a Transition to Industrial Capitalism. Journal of Family History 4, 1979, 121ff.

Duby, Georges: Structures de parenté et noblesse. France du nord IXe–XIIe siècles, in: Miscellanea Mediaevalia in memoriam Jan Frederic Niermeyr. Groningen 1967, 149ff.

Duby, Georges: Lignage, noblesse et chevalerie au XIIe siècle dans la région mâconnaise. Annales E. S. C. 27, 1972, 803ff.

Duby, Georges und Jacques Le Goff (Hrsg.): Famille et parenté dans l'Occident médiéval. Rom 1977.

Duden, Barbara: Das schöne Eigentum. Zur Herausbildung des bürgerlichen Frauenbildes an der Wende vom 18. zum 19. Jahrhundert. Kursbuch 47, 1977, 125ff.

Dupâquier, Jacques und Louis Jadin: Structure of Household and Family in Corsica, 1769–1771, in: Peter Laslett u. Richard Wall (Hrsg.), Household and Family in Past Time. Cambridge 1972, 283ff.

Durkheim, Émile: La famille conjugale. Revue Philosophique 90, 1921, 1ff.

Dussourd, Henriette: Au même pot et au même feu. Étude sur les communautés familiales agricoles du centre de la France. Moulins 1962.

Dussourd, Henriette: Les communautés familiales agricoles du centre de la France. Paris 1978.

Egner, Erich: Entwicklungsphasen der Hauswirtschaft. (Göttinger Wirtschafts- und Sozialwissenschaftliche Studien 1). Göttingen 1964.

Egner, Erich: Epochen im Wandel des Familienhaushalts, in: F. Oeter (Hrsg.), Familie und Gesellschaft. Tübingen 1966, 57ff. Neudruck in: Heidi Rosenbaum (Hrsg.), Seminar: Familie und Gesellschaftsstruktur. Frankfurt am Main 1978, 92ff.

Ehmer, Josef: Entstehung und Wesen des bürgerlichen Patriarchalismus. Beiträge zur historischen Sozialkunde 8, 1978, 56ff.

Ehmer, Josef: Wohnen ohne eigene Wohnung. Zur sozialen Stellung von Untermietern und Bettgehern, in: Lutz Niethammer (Hrsg.), Wohnen im Wandel, Wuppertal 1979, 132ff.

Eickelpasch, Rolf: Ist die Kernfamilie universal? Zeitschrift für Soziologie 3, 1974, 323ff.

Eisenstadt, Shmuel N.: Von Generation zu Generation. Altersgruppen und Sozialstruktur. München 1966.

Eisenstein, Zillah R. (Hrsg.): Capitalist Patriarchy and the Case for Socialist Feminism. New York 1979.

Elder, Glen H. Jr.: Family History and the Life Course, in: Tamara K. Hareven (Hrsg.), Transitions. New York 1978, 17ff.

Elias, Norbert: Über den Prozeß der Zivilisation. Soziogenetische und psychogenetische Untersuchungen. 2 Bde. Basel 1939. Neudruck: 1976.

Elschenbroich, Donata: Kinder werden nicht geboren. Frankfurt am Main 1977.

Engelsing, Rolf: Das häusliche Personal in der Epoche der Industrialisierung. Jahrbuch für Sozialwissenschaft 20, 1969, 84ff. Neudruck in: Rolf Engelsing, Zur Sozialgeschichte deutscher Mittel- und Unterschichten. Göttingen 1973, 225ff.

Engelsing, Rolf: Zur Sozialgeschichte deutscher Mittel- und Unterschichten. Göttingen 1973.

Engelsing, Rolf: Der Arbeitsmarkt der Dienstboten im 17., 18. und 19. Jahrhundert, in: Hermann Kellenbenz (Hrsg.), Wirtschaftspolitik und Arbeitsmarkt (Sozial- und Wirtschaftshistorische Studien 1974), 159ff.

Erlich, Vera St.: Family in Transition. Princeton 1966.

Fairchilds, Cissie: Female Sexual Attitudes and the Rise of Illegitimacy: A Case Study. Journal of Interdisciplinary History 8, 1978, 627ff.

Fehr, Hans: Die Rechtsstellung der Frau und der Kinder in den Weistümern. Jena 1912.

Feil, Johannes (Hrsg.): Wohngruppe, Kommune, Großfamilie. Gegenmodelle zur Kleinfamilie. Reinbek bei Hamburg 1972.

Feilzer, Heinrich: Jugend in der mittelalterlichen Ständegesellschaft. Ein Beitrag zum Problem der Generationen. Wien 1971.

Fel, Edit und T. Hofer: Proper Peasants. Chicago 1969.

Filser, Franz: Einführung in die Familiensoziologie mit Quellentexten. Paderborn 1978.

Flandrin, Jean Louis: Contraception, marriage et relations amoureuses dans l'Occident chrètien. Annales E. S. C., 1969, 1370ff.

Flandrin, Jean Louis: Les amours paysannes (XVIe–XIXe siècle). Paris 1975.

Flandrin, Jean Louis: Familles. Parenté, maison, sexualité dans l'ancienne société. Paris 1976. Deutsch: Familien. Soziologie – Ökonomie – Sexualität. Frankfurt 1978.

Flandrin, Jean Louis: Repression and Change in the Sexual Life of Young People in Medieval and Early Modern Times. Journal of Family History 2, 1977, 196ff.

Foucault, Michel: Historie de la sexualité. Paris 1976. Deutsch: Sexualität und Wahrheit – Der Wille zum Wissen. Frankfurt 1977.

Freud, Sigmund: Drei Abhandlungen zur Sexualtheorie und verwandte Schriften. Auswahl und Nachwort von Alexander Mitscherlich. Frankfurt 1972.

Freudenthal, Margarete: Gestaltwandel der städtischen bürgerlichen und proletarischen Hauswirtschaft unter besonderer Berücksichtigung des Typenwandels von Frau und Familie, vornehmlich in Südwest-Deutschland von 1760–1933, phil. Diss. Frankfurt am Main 1933, Würzburg 1934. Auszüge in: Heidi Rosenbaum, Seminar: Familie und Gesellschaftsstruktur, S. 342ff. und 375ff.

Friedan, Betty: Der Weiblichkeitswahn oder die Mystifizierung der Frau. Hamburg 1966.

Friedeburg, Ludwig von (Hrsg.): Jugend in der modernen Gesellschaft. Köln/Berlin 1971.

Fromm, E., M. Horkheimer, H. Mayer, H. Marcuse u. a. (Hrsg.): Studien über Autorität und Familie. Forschungsberichte aus dem Institut für Sozialforschung. Paris 1936.

Gaskin, Katharine: Age at First Marriage in Europe Before 1850. A Summary of Family Reconstitution Data. Journal of Family History 3, 1978, 23ff.

Gaudemet, Jean: Les communautés familiales. Paris 1962.

Gaudemet, Jean: Familie, in: Reallexikon für Antike und Christenheit 7. Stuttgart 1967, 327ff.

Gaunt, David: Household Typology: Problems – Methods – Results, in: Sune Akerman et al. (Hrsg.), Chances and Change. Economic and Social Studies of Historical Demography in the Baltic Area. Odense 1978, 69ff.

Gavazzi, Milovan: Die Erforschung der Mehrfamilien Südosteuropas in den letzten Dezennien, in: Klaus Detlev Grothusen (Hrsg.), Südosteuropa und Südosteuropa-Forschung. Hamburg 1976, 133ff.

Gerhard, Ute: Verhältnisse und Verhinderungen. Frauenarbeit, Familie und Rechte der Frauen im 19. Jahrhundert. Frankfurt 1978.

Gillis, John: Youth and History. Tradition and Change in European Age Relations, 1770 to the Present. New York 1974.

Gilman, Charlotte P.: Mann und Frau. Die wirtschaftlichen Beziehungen der Geschlechter als Hauptfaktor der sozialen Entwicklung. Dresden ^{2}1913.

Glick, Paul C.: The Life Cycle of the Family. Marriage and Family Living 17, 1955, 3ff.

Goldschmidt, Walter u. Evalyn Jakobsen Kunkel: The Structure of the Peasant Family. American Anthropologist 73, 1971, 1058ff.

Goode, William: World Revolution and Family Patterns. Glencoe, Ill. 1963.

Goode, William J.: Soziologie der Familie (Grundfragen der Soziologie 8). Stuttgart 1967.

Goody, Jack (Hrsg.): The Developmental Cycle in Domestic Groups. Cambridge 1958.

Goody, Jack R.: Death, Property and the Ancestors. Stanford 1962.

Goody, Jack: The Evolution of the Family, in: Peter Laslett und Richard Wall (Hrsg.), Household and Family in Past Time. Cambridge 1972, 103ff.

Goody, Jack: Production and Reproduction. A Comparative Study of the Domestic Domain. Cambridge 1976.

Goody, Jack et al. (Hrsg.): Family and Inheritance: Rural Society in Western Europe, 1200–1800. New York 1976.

Goubert, Pierre: Family and Province: A Contribution to the Knowledge of Family Structure in Early Modern France. Journal of Family History 2, 1977, 179ff.

Greenfield, Sidney M.: Industrialization and the Family in Sociological Theory. American Journal of Sociology 67, 1961, 312ff.

Greven, Philip J.: The Average Size of Families and Households in the Province of Massachusetts in 1764 and in the United States in 1790: An Overview, in: Peter Laslett und Richard Wall (Hrsg.), Household and Family in Past Time. Cambridge 1972, 545ff.

Grießmair, Johannes: Knecht und Magd in Südtirol. Dargestellt am Beispiel der bäuerlichen Dienstboten im Pustertal (Volkskundliche Forschungen 1, Veröffentlichungen der Universität Innsbruck 30). Innsbruck 1976.

Habakkuk, H. J.: Family Structure and Economic Change in Nineteenth Century Europe. Journal of Economic History 15, 1955, 1ff.

Habakkuk, H. J.: Marriage Settlements in the Eighteenth Century. Transaction of the Royal Historical Society, 4/22, 1950, 15ff.

Habermas, Jürgen: Strukturwandel der Öffentlichkeit. Untersuchungen zu einer Kategorie der bürgerlichen Gesellschaft, Neuwied/Berlin 1962.

Haensch, Dietrich: Repressive Familienpolitik. Sexualunterdrückung als Mittel in der Politik. Reinbek bei Hamburg 1969.

Haff, Karl: Der umstrittene Sippenbegriff und die Siedlungsprobleme. Zeitschrift für Rechtsgeschichte, Germ. Abt. 70, 1953.

Hajnal, J.: European Marriage Patterns in Perspective, in: David Victor Glass und D. E. C. Eversley (Hrsg.). Population in History. Chicago 1965, 101ff.

Halpern, Joel M.: A Serbian Village. New York [1]1956, [2]1967.

Halpern, Joel M. u. David Anderson: The Zadruga: A Century of Change. Anthropologia 12, 1970, 83ff.

Halpern, Joel M.: Town and Countryside in Serbia in the Nineteenth Century. Social and Household Structure as Reflected in the Census of 1863, in: Peter Laslett und Richard Wall (Hrsg.). Household and Family in Past Time. Cambridge 1972, 401ff.

Hammel, Eugene A.: The Zadruga as Process, in: Peter Laslett und Richard Wall (Hrsg.). Household and Family in Past Time. Cambridge 1972, 335ff.

Hammel, Eugene A. und Peter Laslett: Comparing Household Structure Over Time and Between Cultures. Comparative Studies in Society and History 16, 1974, 73ff.

Hanawalt, Barbara A.: Childrearing Among the Lower Classes of Late Medieval England. Journal of Interdisciplinary History 8, 1972, 1ff.

Hareven, Tamara K.: The History of the Family as an Interdisciplinary Field. Journal of Interdisciplinary History 2, 1971, 399ff.

Hareven, Tamara K.: The Family as Process: The Historical Study of the Family Cycle. Journal of Social History 7, 1974, 322ff.

Hareven, Tamara K.: Die Familie in historischer Perspektive. Laufende Arbeiten in England und den Vereinigten Staaten. Geschichte und Gesellschaft 1, 1975, 370ff.

Hareven, Tamara K.: The Last Stage: Historical Adulthood and Old Age. Daedalus 105, 1976, 13ff.

Hareven, Tamara K.: Modernization and Family History: Perspective on Social Change. Signs 2, 1976, 190ff.

Hareven, Tamara K.: The Family Cycle in Historical Perspective: A Proposal for a Developmental Approach, in: Jean Cuisenier (Hrsg.), The Family Life Cycle in European Societies. Den Haag 1977, 339ff.

Hareven, Tamara K.: Family Time and Historical Time. Daedalus 106/2, 1977, 57ff.

Hareven, Tamara K. (Hrsg.): Family and Kin in Urban Communities 1700–1930. New York 1977.

Hareven, Tamara K.: Transitions: The Family and the Life Course in Historical Perspective. New York 1978.

Hareven, Tamara K.: Historical Changes in the Life Course and the Family, in: J. Milton Yinger u. Stephen J. Cutler (Hrsg.), Major Social Issues: A Multidisciplinary View. New York 1978.

Hartinger, Walter: Bayrisches Dienstbotenleben auf dem Land vom 16. bis 18. Jahrhundert. Zeitschrift für bayerische Landesgeschichte 38, 1975, 598ff.

Hartmann, Heidi: Capitalism, Patriarchy and Job Segregation by Sex. Signs 1, 1976, 137ff.

Haug, Wolfgang Fritz: Warenästhetik, Sexualität und Herrschaft. Gesammelte Aufsätze. Frankfurt 1972.

Hausen, Karin: Familie als Gegenstand Historischer Sozialwissenschaft. Geschichte und Gesellschaft 1, 1975, 171ff.

Hausen, Karin: Die Polarisierung der „Geschlechtscharaktere". Eine Spiegelung der Dissoziation von Erwerbs- und Familienleben, in: Werner Conze (Hrsg.), Sozialgeschichte der Familie in der Neuzeit Europas, Stuttgart 1976, 363ff.

Hausen, Karin: Historische Familienforschung, in: Reinhard Rürup (Hrsg.), Historische Sozialwissenschaft, Göttingen 1977, 59ff.

Hausen, Karin: Technischer Fortschritt und Frauenarbeit im 19. Jahrhundert. Zur Sozialgeschichte der Nähmaschine. Geschichte und Gesellschaft 4, 1978, 148ff.

Heers, J.: Le clan familial au Moyen Age. Paris 1974.

Heinsohn, Gunnar u. Rolf Knieper: Theorie des Familienrechts: Geschlechtsrollenaufhebung, Kindesvernachlässigung, Geburtenrückgang. Frankfurt 1974.

Helczmanovski, Heimold (Hrsg.): Beiträge zur Bevölkerungs- und Sozialgeschichte Österreichs. Wien 1973.

Held, Thomas: Soziologie der ehelichen Machtverhältnisse. Darmstadt 1978.

Hélin, Étienne: Size of Households Before the Industrial Revolution: The Case of Liège in 1801, in: Peter Laslett und Richard Wall (Hrsg.), Household and Family in Past Time. Cambridge 1972, 319ff.

Herlihy, David: Vieillir au Quattrocento. Annales E. S. C. 1969, 1338ff.

Herlihy, David: Mapping Households in Medieval Italy. Catholic Historical Review 58, 1972, 1ff.

Herlihy, David: Life Expectancies for Women in Medieval Society, in: Rosmarie Thee Morewedge (Hrsg.), The Role of Women in the Middle Ages. Albany 1975, 1ff.

Hewitt, Margaret: Wives and Mothers in Victorian Industry. London 1958.

Hill, Reuben u. René König (Hrsg.): Families in East and West. Socialization Process and Kinship Ties. Paris 1970.

Hoffmann, Julius: Die „Hausväterliteratur und die Predigten über den christlichen Hausstand". Ein Beitrag zur Geschichte der Lehre vom Haus und der Bildung für das häusliche Leben, Weinheim 1959.

Homans, George Caspar: English Villagers of the Thirteenth Century. Cambridge 1941.

Hörger, Hermann: Familienformen einer ländlichen Industriesiedlung im Verlauf des 19. Jahrhunderts. Zeitschrift für bayerische Landesgeschichte 41, 1978, 771ff.

Hornstein, Walter: Vom „jungen Herrn" zum „hoffnungsvollen Jüngling". Heidelberg 1965.

Hornstein, Walter: Jugend in ihrer Zeit. Geschichte und Lebensformen des jungen Menschen in der europäischen Welt. Hamburg 1966.

Hufton, Olwen: Women and the Family Economy in Eighteenth Century France. French Historical Studies 9, 1975, 1ff.

Hughes, Diane Owen: Domestic Ideals and Social Behavior: Evidence from Medieval Genoa, in: Charles E. Rosenberg (Hrsg.), The Family in History. Philadelphia 1975, 115ff.

Hughes, Diane Owen: Urban Growth and Family Structure in Medieval Genoa. Past and Present 66, 1975, 3ff.

Hunt, David: Parents and Children in History: The Psychology of Family Life in Early Modern France. New York 1970.

Imhof, Arthur (Hrsg.): Historische Demographie als Sozialgeschichte: Gießen und Umgebung vom 17. zum 19. Jahrhundert. Darmstadt/Marburg 1975.

Imhof, Arthur E.: Ländliche Familienstrukturen an einem hessischen Beispiel, Heuchelheim 1690–1900, in: Werner Conze (Hrsg.), Sozialgeschichte der Familie in der Neuzeit Europas. Stuttgart 1976, 197ff.

Imhof, Arthur E.: Einführung in die historische Demographie. München 1977.

Johansen, Erna M.: Betrogene Kinder. Eine Sozialgeschichte der Kindheit, Frankfurt am Main 1978.

Kaser, M.: Der Inhalt der patria potestas. Zeitschrift für Rechtsgeschichte. Rom Abt. 58, 1938, 62ff.

Kentler, Helmut (Hrsg.): Texte zur Sozio-Sexualität. Opladen 1973.

Kett, Joseph F.: Adolescence and Youth in Nineteenth Century America. Journal of Interdisciplinary History 2, 1971, 283ff.

Khera, Sigrid: An Austrian Peasant Village under Rural Industrialization. Behavior Science Notes 7, 1972, 29ff.

Khera, Sigrid: Social Stratification and Land Inheritance among Austrian Peasants. American Anthropologist 75, 1973, 814ff.

Klapisch, Christiane: Household and Family in Tuscany in 1427, in: Peter Laslett und Richard Wall (Hrsg.), Household and Family in Past Time, Cambridge 1972, 267ff.

Klapisch, Christiane u. Michel Demonet: „A uno pane e uno vino": La famille rurale toscane au début du XVe siècle. Annales E. S. C. 27, 1972, 873ff.

Klein, Viola: The Feminine Character. History of an Ideology. London 1946.

Klomps, Heinrich: Ehemoral und Jansenismus. Ein Beitrag zur Überwindung des sexualethischen Rigorismus. Köln 1964.

Kluckhohn, Paul: Die Auffassung der Liebe in der Literatur des 18. Jahrhunderts und in der deutschen Romantik. Tübingen [3]1966.

Knodel, John: The Decline of Fertility in Germany, 1871–1939. Princeton 1974.

Knodel, John: Law, Marriage and Illegitimacy in Nineteenth Century Germany. Population Studies 20, 1967, 279ff.

Knodel, John: Infant Mortality and Fertility in Three Bavarian Villages: An Analysis of Family History from the Nineteenth Century. Population Studies 22, 1968, 297ff.

Köckeis, Eva: Familienbeziehungen alter Menschen. Kölner Zeitschrift für Soziologie und Sozialpsychologie, Sonderheft 14, 1970, 508ff.

Koebner, Richard: Die Eheauffassung des ausgehenden deutschen Mittelalters. Archiv für Kulturgeschichte, 9, 1911.

Könecke, Otto: Rechtsgeschichte des Gesindes in West- und Süddeutschland. Marburg 1912.

König, René: Die Familie der Gegenwart. Ein interkultureller Vergleich. München 1974.

König, René: Alte Probleme und neue Fragen in der Familiensoziologie. Kölner Zeitschrift für Soziologie und Sozialpsychologie 18, 1966, 1ff.

König, René: Die strukturelle Bedeutung des Alters in den fortgeschrittenen Industriegesellschaften, in: René König, Soziologische Orientierungen. Reden und Aufsätze, Köln 1973, 134ff.

König, René: Materialien zur Soziologie der Familie. Köln [2]1974.

König, René: Soziologie der Familie, in: Handbuch der empirischen Sozialforschung Bd. 7. Stuttgart [2]1976, 1ff.

Könneker, Marie Luise (Hrsg.): Kinderschaukel. Ein Lesebuch zur Geschichte der Kindheit in Deutschland 1860–1930, 2 Bde. Darmstadt 1976.

Kramer, Karl-Sigismund: Das Haus als geistiges Kraftfeld im Gefüge der alten Volkskultur. Rheinland-westfälische Zeitschrift für Volkskunde 11, 1964, 30ff.

Kraus, Antje: ,,Antizipierter Ehesegen" im 19. Jahrhundert. Zur Beurteilung der Illegitimität unter sozialgeschichtlichem Aspekt. Vierteljahrsschrift für Sozial- und Wirtschaftsgeschichte 66, 1979, 174ff.

Kraus, John: The Medieval Household: Large or Small? Economic History Review 9, 1956/7.

Kretschmer, Ingrid u. Josef Piegler: Ausgedinge. Österreichischer Volkskunde-Atlas, Kommentar 2, 1965.

Kreutz, Henrik: Youth and Social Change. A Methodological Review of European Youth Research 1960–1970. Wien 1973.

Kreutz, Henrik: Soziologie der Jugend. München 1974.
Kroeschell, Karl: Die Sippe im germanischen Recht. Zeitschrift der Savigny-Stiftung für Rechtsgeschichte, Germ. Abt. 77, 1960, 1ff.
Kroeschell, Karl: Haus und Herrschaft im frühen deutschen Recht. (Göttinger rechtswissenschaftliche Studien 70), 1968.
Kühn, Arthur: Jugend und sozialer Wandel. Kritische Anmerkungen zu neueren, konflikt-theoretischen Perspektiven in der Jugendsoziologie. Soziale Welt, Bd. 23, 1972, 129ff.
Kula, Withold: La seigneurie et la famille paysanne en Pologne au XVIIIe siècle. Annales E. S. C. 27, 1972, 949ff.
Kurzrock, Ruprecht (Hrsg.): Die Institution der Ehe (Forschung und Information, Schriftenreihe der RIAS-Funkuniversität 24). Berlin 1979.

Lasch, Christopher: The Family and History. New York Review of Books, 13. November 1975, 33ff, 27. November 1975, 37ff, 11. Dezember 1975, 50ff.
Lasch, Christopher: Haven in a Heartless World: The Family Besieged. New York 1977.
Laslett, Peter: Size and Structure of the Household in England Over Three Centuries. Population Studies 23, 1969, 199ff.
Laslett, Peter: The Comparative History of Household and Family. Journal of Social History 4, 1970, 75ff.
Laslett, Peter: The World We Have Lost: England before the Industrial Age. London 1971.
Laslett, Peter u. Richard Wall (Hrsg.): Household and Family in Past Time. Cambridge 1972.
Laslett, Peter: Mean Household Size in England Since the Sixteenth Century, in: Peter Laslett und Richard Wall (Hrsg.), Household and Family in Past Time, Cambridge 1972, 125ff.
Laslett, Peter u. Marilyn Clarke: Houseful and Household in an Eighteenth-Century Balkan City. A Tabular Analysis of the Listing of the Serbian Sector of Belgrade, in: Peter Laslett und Richard Wall (Hrsg.), Household and Family in Past Time, Cambridge 1972, 375ff.
Laslett, Peter: La famille et le ménage: approches historiques. Annales E. S. C. 27, 1972, 847ff.
Laslett, Peter u. Karla Oosterveen: Long-Term Trends in Bastardy in England: A Study of the Illegitimacy Figures in the Parish Registers and in the Reports of the Registrar General, 1561–1960. Population Studies 27, 1973, 255ff. Neudruck in: Peter Laslett, Family Life and Illicit Love in Earlier Generations. Cambridge 1977, 102ff.

Laslett, Peter: Aging and Societal Transition, in: Binstock u. Shanas (Hrsg.), Handbook of Aging and Social Sciences. 1976.

Laslett, Peter: Le cycle familial et le processus de socialisation: charactéristiques du schéma occidental considéré dans le temps, in: Jean Cuisenier (Hrsg.), The Family Life Cycle in European Societies. Paris 1977, 317ff.

Laslett, Peter: Characteristics of the Western Family Considered over Time. Journal of Family History 2, 1977, 117ff. Neudruck in: Peter Laslett, Family Life and Illicit Love in Earlier Generations. Cambridge 1977, 12ff.

Laslett, Peter: The History of Aging and the Aged, in: Peter Laslett, Family Life and Illicit Love in Earlier Generations. Cambridge 1977, 174ff.

Lee, W. Robert: Bastardy and the Socioeconomic Structure of South Germany. Journal of Interdisciplinary History 7, 1977, 403ff.

Lehners, Jean Paul: Haus und Familie im Markt Stockerau am Ende des 17. Jahrhunderts. Unsere Heimat 4, 1974, 222ff.

Lehr, Ursula: Die Situation der älteren Frauen – psychologische und soziale Aspekte. Aktuelle Gerontologie 10, 1977.

Lehr, Ursula u. Hans Thomae: Die Stellung des älteren Menschen in der Familie, in: Hans Thomae und Ursula Lehr (Hrsg.), Altern – Probleme und Tatsachen, Frankfurt 1968, 381ff.

Le Play, Frédéric: Les ouvriers des deux mondes, 4 Bde. Paris 1857–1862.

Le Play, Frédéric: L'organisation de la famille selon le vrai modèle signalé par l'histoire de toutes les races et de tous les temps. Paris 1871.

Le Roy Ladurie, Emmanuel: Les paysans de Languedoc. Paris 1966.

Le Roy Ladurie, Emmanuel: Family Structures and Inheritance Customs in Sixteenth-Century France (= Système de la coutume: structures familiales et coutumes d'hèritage en France au XVIe siècle), in: Jack Goody et al. (Hrsg.), Family and Inheritance. Cambridge 1976, 37ff.

Leuchtenmüller, Birgit: Die innerfamiliale Stellung der Frau im sozialen Wandel. Beiträge zur historischen Sozialkunde 8, 1978, 61ff.

Levine, David: Proletarianization, Economic Opportunity and Population Growth, in: Werner Conze (Hrsg.), Sozialgeschichte der Familie in der Neuzeit Europas. Stuttgart 1976, 247ff.

Levine, David: Family Formation in an Age of Nascent Captialism. 1977.

Linde, Hans: Familie und Haushalt als Gegenstand bevölkerungsgeschichtlicher Forschung. Erörterung eines problembezogenen und materialorientierten Bezugsrahmens, in: Werner Conze (Hrsg.), Sozialgeschichte der Familie in der Neuzeit Europas, Stuttgart 1976, 32ff.

Linde, Hans: Persönlichkeitsbildung in der Landfamilie. Soziale Welt 10,

1959, 297ff. Neudruck (gekürzt), in: Heidi Rosenbaum (Hrsg.), Seminar: Familie und Gesellschaftsstruktur, Frankfurt am Main 1978, 215ff.

Litt, Theodor: Das Verhältnis der Generationen ehedem und heute. Wiesbaden 1947.

Löfgren, Orvar: Family and Household among Scandinavian Peasants: An Exploratory Essay. Ethnologia Scandinavica 1974, 17ff.

Lupri, Eugen: Gesellschaftliche Differenzierung und familiale Autorität, in: Günther Lüschen u. Eugen Lupri (Hrsg.), Soziologie der Familie, Opladen 1970, Sonderheft 14 der Kölner Zeitschrift für Soziologie und Sozialpsychologie, 323ff.

Lüschen, Günther u. René König: Jugend in der Familie. Überblick zur wissenschaftlichen Jugendkunde 3. München ²1966.

Mac Farlane, Alan: The Family Life of Ralph Josselin: A Seventeenth-Century Clergyman: An Essay in Historical Anthropology. Cambridge 1970.

Mackenroth, Gerhard: Bevölkerungslehre. Theorie, Soziologie und Statistik der Bevölkerung. Berlin 1953.

Manheim, Ernst: Beiträge zu einer Geschichte der autoritären Familie, in: E. Fromm Autorität und Familie, Paris 1936, 523ff.

Mannheim, Karl: Das Problem der Generationen. Kölner Vierteljahreshefte für Soziologie 2 und 3, 1928.

Masters, William H. u. Virginia E. Johnson: Die sexuelle Reaktion. Frankfurt 1967.

Mc Bride, Theresa: The Domestic Revolution: The Modernization of Household Service in England and France, 1820–1920. New York 1976.

Medick, Hans: Bevölkerungsentwicklung, Familienstruktur und Proto-Industrialisierung. Sozialwissenschaftliche Informationen 3, 1974, 33ff.

Medick, Hans: Die proto-industrielle Familienwirtschaft, in: Peter Kriedte, Hans Medick und Jürgen Schlumbohm. Industrialisierung vor der Industrialisierung. Göttingen 1975, 90ff.

Medick, Hans: The Proto-Industrial Family Economy: The Structural Function of Household and Family During the Transition from Peasant Society to Industrial Capitalism. Social History 3, 1976, 291ff.

Medick, Hans: Zur strukturellen Funktion von Haushalt und Familie im Übergang von der traditionellen Agrargesellschaft zum industriellen Kapitalismus: die protoindustrielle Familienwirtschaft, in: Werner Conze (Hrsg.), Sozialgeschichte der Familie in der Neuzeit Europas, Stuttgart 1976, 254ff.

Medick, Hans: Strukturen und Funktionen der Bevölkerungsentwicklung im protoindustriellen System, in: Peter Kriedte, Hans Medick und Jürgen Schlumbohm. Industrialisierung vor der Industrialisierung. Göttingen 1978, 155f.

Mehner, H.: Der Haushalt und die Lebenshaltung einer Leipziger Arbeiterfamilie. Jahrbuch für Gesetzgebung, Verwaltung und Volkswirtschaft NF 11, 1877, 301ff. Neudruck (gekürzt), in: Heidi Rosenbaum (Hrsg.), Seminar: Familie und Gesellschaftsstruktur, Frankfurt am Main 1978, 309ff.

Meillassoux, Claude: The Economic Basis of Kinship. The Journal of Peasant Studies, I/1, 1973, 81ff.

Meillassoux, Claude: Femmes, greniers et capitaux. Paris 1975. Deutsch: „Die wilden Früchte der Frau". Über häusliche Produktion und kapitalistische Wirtschaft. Frankfurt am Main 1976.

Menne, Ferdinand W.: Kirchliche Sexualethik gegen gesellschaftliche Realität. Zu einer soziologischen Anthropologie menschlicher Fruchtbarkeit. München 1971.

Menschik, Jutta: Gleichberechtigung oder Emanzipation? Die Frau im Erwerbsleben der Bundesrepublik. 1971.

Metraux, H.: Schweizer Jugendleben in fünf Jahrhunderten. Aaran 1942.

Middleton, C.: Sexual Inequality and Stratification Theory, in: F. Parkin (Hrsg.), The Social Analysis of Class Structure. London 1974, 179ff.

Middleton, C.: Sexual Division of Labour in England. New Left Review 1979, 147ff.

Milden, James Wallace: The Family in Past Time: A Guide to the Literature. New York 1977.

Milhoffer, Petra: Familie und Klasse. Ein Beitrag zu den politischen Konsequenzen familialer Sozialisation. Frankfurt 1973.

Mitterauer, Michael: Zur Familienstruktur in ländlichen Gebieten Österreichs im 17. Jahrhundert, in: Heimold Helczmanovski (Hrsg.), Beiträge zur Bevölkerungs- und Sozialgeschichte Österreichs, Wien 1973, 168ff.

Mitterauer, Michael: Zur Frage des Heiratsverhaltens im österreichischen Adel, in: Heinrich Fichtenau und Erich Zöllner (Hrsg.). Beiträge zur neueren Geschichte Österreichs, Wien 1974, 176ff.

Mitterauer, Michael: Haus und Gemeinde in der mittelalterlichen Gesellschaft. Beiträge zur historischen Sozialkunde 5, 1975, 21ff.

Mitterauer, Michael: Vorindustrielle Familienformen. Zur Funktionsentlastung des „ganzen Hauses" im 17. und 18. Jahrhundert. Wiener Beiträge zur Geschichte der Neuzeit 2, 1975, 123ff. Neudruck in: Michael Mitterauer, Grundtypen alteuropäischer Sozialformen, Stuttgart 1979.

Mitterauer, Michael: Familiengröße – Familientypen – Familienzyklus. Probleme quantitativer Auswertung von österreichischem Quellenmaterial. Geschichte uund Gesellschaft 1, 1975, 226ff.

Mitterauer, Michael: Jugendgruppen, in: Jugend im historischen Wandel. Beiträge zur historischen Sozialkunde 6, 1976, 34ff.

Mitterauer, Michael: Auswirkungen von Urbanisierung und Frühindustrialisierung auf die Familienverfassung an Beispielen des österreichischen Raums, in: Werner Conze (Hrsg.), Sozialgeschichte der Familie in der Neuzeit Europas, Stuttgart 1976, 53ff.

Mitterauer, Michael: Gesindeehen in ländlichen Gebieten Kärntens – ein Sonderfall historischer Familienbildung. Grazer Forschungen zur Wirtschafts- und Sozialgeschichte 3, 1978, 227ff.

Mitterauer, Michael: Grundtypen alteuropäischer Sozialformen. Stuttgart 1979.

Mitterauer, Michael: Faktoren des Wandels historischer Familienformen, in: Helge Pross (Hrsg.), Familie wohin? Reinbek 1979.

Mitterauer, Michael u. Reinhard Sieder: The Developmental Process of Domestic Groups. Journal of Family History 4, 1979, 257ff.

Mitterauer, Michael: Familienformen und Illegitimität in ländlichen Gebieten Österreichs. Archiv für Sozialgeschichte 1979.

Mitterauer, Michael: Zur familienbetrieblichen Struktur im zünftischen Handwerk, in: Wirtschafts- und sozialhistorische Beiträge (Festschrift für Alfred Hoffmann), Wien 1979, 190ff. Neudruck in: Michael Mitterauer, Grundtypen alteuropäischer Sozialformen. Stuttgart 1979.

Modell, John u. Tamara K. Hareven: Urbanization and the Malleable Household: An Examination of Boarding and Lodging in American Families, in: Tamara K. Hareven (Hrsg.), Family and Kin in Urban Communities, 1770–1930. New York 1977, 164ff.

Möller, Helmut: Die kleinbürgerliche Familie im 18. Jahrhundert. Verhalten und Gruppenkultur, Berlin 1969.

Morewedge, Rosmarie Thee (Hrsg.): The Role of Woman in the Middle Ages. Albany 1975.

Mosely, Philip E.: The Peasant Family: The Zadruga, or Communal Joint-Family in the Balkans, and its Recent Evolution, in: Caroline Farrar Ware (Hrsg.), The Cultural Approach to History. New York 1940, 95ff. Neudruck in: Robert F. Byrnes (Hrsg.), Communal Families in the Balkans: The Zadruga, Essays by Philip E. Mosely and Essays in His Honor, Notre Dame – London 1976, S. 19ff.

Mousnier, Roland: La famille, l'enfant et l'éducation en France et en Grande-Bretagne du XVIe au XVIIIe siècle. Paris 1975.

Muchow, Hans Heinrich: Jugend und Zeitgeist. Morphologie der Kulturpubertät, Reinbek 1962.
Muchow, Hans Heinrich: Jugendgenerationen im Wandel der Zeiten. Wien 1964.
Myrdal, Alva und Viola Klein: Die Doppelrolle der Frau in Familie und Beruf. Köln [3]1971.

Nahrstedt, W.: Die Entstehung der Freizeit. Göttingen 1972.
Neidhardt, Friedhelm: Bezugspunkte. Eine soziologische Theorie der Jugend 1970, in: Friedhelm Neidhardt (Hrsg.), Jugend im Spektrum der Wissenschaften, Beiträge zur Theorie des Jugendalters, Bd. 3, München 1970.
Neidhardt, Friedhelm: Die junge Generation, Jugend und Gesellschaft in der Bundesrepublik. Opladen [3]1970.
Neidhardt, Friedhelm: Die Familie in Deutschland. Gesellschaftliche Stellung, Struktur und Funktionen. Opladen [4]1975.
Neumann, Robert P.: Industrialization and Sexual Behavior: Some Aspects of Working Class Life in Imperial Germany, in: Robert Bezucha (Hrsg.), Modern European Social History, Lexington 1972, 270ff.
Niethammer, Lutz: Wie wohnten die Arbeiter im Kaiserreich? Archiv für Sozialgeschichte 16, 1976, 61ff.
Niethammer, Lutz (Hrsg.): Wohnen im Wandel. Wuppertal 1979.
Noonan, John T. jr.: Empfängnisverhütung. Geschichte ihrer Beurteilung in der katholischen Theologie und im kanonischen Recht. Mainz 1969.

Oeter, Ferdinand (Hrsg.): Familie und Gesellschaft. Tübingen 1966.
Offe, Claus: Leistungsprinzip und industrielle Arbeit. 1970.
Ogburn, W. F. u. Nimkoff N. B.: Technology and the Changing Family. Boston 1955.
Ottmüller, Uta: Die Dienstbotenfrage. Zur Sozialgeschichte der doppelten Ausnutzung des Dienstmädchens im deutschen Kaiserreich. Münster 1978.

Parsons, Talcott u. Robert F. Bales: Family, Socialization and Interaction Process. Glencoe 1955.
Pflanz, M.: Sozialer Wandel und Krankheit. Stuttgart 1962.
Pfürtner, Stephan H.: Kirche und Sexualität. Reinbek bei Hamburg 1972.
Piaget, Jean: Theorien und Methoden der modernen Erziehung. Frankfurt 1974.

Pillorget, René: La tige et le rameau, Familles anglaise et française XVIe–XVIIIe siècle. Paris 1979.

Pinchbeck, Ivy: Women Workers and the Industrial Revolution 1750–1850. 1930, ²1969.

Pinchbeck, Ivy und Margaret Hewitt: Children in English Society. London 1969, ²1972.

Plakans, Andrejs: Seigneurial Authority and Peasant Family Life: The Baltic Area in the Eighteenth Century. Journal of Interdisciplinary History 5, 1975, 629ff.

Plakans, Andrejs: Peasant Farmsteads and Households in the Baltic Littoral 1797. Comparative Studies in Society and History 17, 1975, 2ff.

Plakans, Andrejs: Familial Structure in the Russian Baltic Provinces: The Nineteenth Century, in: Werner Conze (Hrsg.), Sozialgeschichte der Familie in der Neuzeit Europas. Stuttgart 1976, 346ff.

Plakans, Andrejs: Identifying Kinfolk Beyond the Household. Journal of Family History 2, 1977, 3ff.

Planck, Ulrich: Die Eigenart der Bauernfamilie und die bäuerliche Familienverfassung. (Auszüge aus: Der bäuerliche Familienbetrieb zwischen Patriarchat und Partnerschaft, Stuttgart 1964) in: Heidi Rosenbaum (Hrsg.), Seminar: Familie und Gesellschaftsstruktur, Frankfurt am Main 1978, 195ff.

Planck, Ulrich: Landjugend im sozialen Wandel. München 1970.

Pleck, Elizabeth: Two Worlds in One: Work and Family. Journal of Social History 10, 1976, 178ff.

Power, Eileen: Medieval Women. Cambridge 1975.

Rabb, Theodore K. und Robert J. Rotberg: Family in History. Interdisciplinary Essays, New York 1973.

Ransel, Davis L. (Hrsg.): The Family in Imperial Russia. Urbana 1978.

Rassem, Mohammed: Entdeckung und Formierung der Jugend in der Neuzeit, in: Jugend in der Gesellschaft. Ein Symposion, München 1975, 98ff.

Reif, Heinz G.: Vom Herrschaftsstand zur regionalen Elite. Sozial- und Bewußtseinsgeschichte des katholischen Adels in Westfalen 1770–1860. Göttingen 1979.

Reulecke, Jürgen u. Wolfhard Weber (Hrsg.): Fabrik, Familie, Feierabend. Wuppertal 1979.

Richards, E.: Women in the British Economy since 1700 – and interpretation. History. The Journal of the Historical Association 59, 1974, 337ff.

Richter, Horst-Eberhard: Eltern, Kind und Neurose. Die Rolle des Kindes in der Familie. Hamburg 1969.

Richter, Horst-Eberhard: Patient Familie. Hamburg 1972.

Richter, Horst-Eberhard, Hans Strotzka, Jürg Willi (Hrsg.): Familie und seelische Krankheit. Reinbek bei Hamburg 1976.

Riehl, Wilhelm Heinrich: Die Familie, Stuttgart 1854.

Rosaldo, Michelle Z. u. Louise Lamphere (Hrsg.): Women, Culture, and Society. Stanford 1974.

Rosenbaum, Heidi: Einleitung, in: Heidi Rosenbaum (Hrsg.), Familie und Gesellschaftsstruktur. Materialien zu den sozioökonomischen Bedingungen von Familienformen. Frankfurt am Main 1974, 7ff., erweiterte Fassung: 1978, 9ff.

Rosenbaum, Heidi: Zur neueren Entwicklung der Historischen Familienforschung. Geschichte und Gesellschaft 1, 1975, 210ff.

Rosenbaum, Heidi: Die Bedeutung historischer Forschung für die Gegenwart – dargestellt am Beispiel der Familiensoziologie, in: A. Lüdtke und H. Uhl (Hrsg.), Kooperation der Sozialwissenschaften Bd. 2. Stuttgart 1977, 178ff.

Rosenbaum, Heidi: Familie und Sozialstruktur. Hannover 1978.

Rosenbaum, Heidi: Familie als Gegenstruktur zur Gesellschaft. Kritik grundlegender theoretischer Ansätze der westdeutschen Familiensoziologie. Stuttgart [2]1978.

Rosenberg, Charles E. (Hrsg.): The Family in History. Philadelphia 1975.

Rosenmayr, Leopold u. Eva Köckeis: Umwelt und Familie alter Menschen. Neuwied/Berlin 1965.

Rosenmayr, Leopold: Sozialbeziehungen im höheren Lebensalter, in: Thomae H. u. U. Lehr, Altern, Probleme und Tatsachen. 1968.

Rosenmayr, Leopold: Jugend, in: René König (Hrsg.), Handbuch der empirischen Sozialforschung Bd. 6, Stuttgart [2]1976.

Rosenmayr, Leopold: Schwerpunkte der Soziologie des Alters, in: René König (Hrsg.), Handbuch der empirischen Sozialforschung Bd. 7, Stuttgart [2]1976, 218ff.

Rosenmayr, Leopold: Die menschlichen Lebensalter in Deutungsversuchen der europäischen Kulturgeschichte, in: Rosenmayr (Hrsg.), Die menschlichen Lebensalter. Kontinuität und Krisen. München 1978.

Rosenmayr, Leopold u. Hilde u.a.: Der alte Mensch in der Gesellschaft. Reinbek bei Hamburg 1978.

Rosser, Colin u. Christopher Harris: The Family and Social Change. London 1965, [3]1974.

Rössler, Wilhelm: Die Entstehung des modernen Erziehungswesens in Deutschland. Stuttgart 1961.

Rowbotham, Sheila: Hidden from History. Rediscovering Women in History From the Seventeenth Century to the Present. New York. 1974.
Rowntree, B. S. u. May Kendall: How the Labourer Lives: A Study of the Rural Labour Problem. London 1913.

Sabean, David: Household Formation and Geographical Mobility: A Family Register Study for a Württemberg Village 1760–1900. Annales de démographie historique 1970, 275ff.
Sabean, David: Famille et tenure paysanne: aux origines de la Guerre des Paysans en Allemagne. Annales E. S. C. 27, 1972, 903ff.
Sabean, David: Aspects of Kinship Behaviour and Property in Rural Western Europe before 1800, in: Jack Goody et al. (Hrsg.), Family and Inheritance, Cambridge 1976, 96ff.
Sabean, David: Verwandtschaft und Familie in einem württembergischen Dorf 1500–1870: einige methodische Überlegungen, in: Werner Conze (Hrsg.), Sozialgeschichte der Familie in der Neuzeit Europas, Stuttgart 1976, 231ff.
Sandgruber, Roman: Gesindestuben, Kleinhäuser und Arbeiterkasernen. Ländliche Wohnverhältnisse im 18. und 19. Jahrhundert in Österreich, in: Lutz Niethammer (Hrsg.), Wohnen im Wandel. Wuppertal 1979, 107ff.
Saraceno, Chiara: Anatomia della famiglia. Strutture sociali e formi familiari. Bari 1976.
Schaub, Walter: Sozialgenealogie – Probleme und Methoden. Blätter für deutsche Landesgeschichte 110, 1974, 1ff.
Schaub, Walter: Städtische Familienformen in sozialgenealogischer Sicht (Oldenburg 1743/1870), in: Werner Conze (Hrsg.), Sozialgeschichte der Familie in der Neuzeit Europas, Stuttgart 1976, 292ff.
Schelsky, Helmut: Wandlungen der deutschen Familie in der Gegenwart. ^{2}1954.
Schelsky, Helmut: Soziologie der Sexualität. ^{10}1960.
Schelsky, Helmut: Die skeptische Generation. Eine Soziologie der deutschen Jugend. Düsseldorf/Köln 1963.
Schmid, Karl: Zur Problematik von Familie, Sippe und Geschlecht, Haus und Dynastie beim hochmittelalterlichen Adel. Zeitschrift für die Geschichte des Oberrheins 105, 1957.
Schmidt, Karl: Gutsübergabe und Ausgedinge. Eine agrarpolitische Untersuchung mit besonderer Berücksichtigung der Alpen- und Sudetenländer. Wien/Leipzig 1930.
Schochet, G. J.: Patriarchalism and Political Theory. Oxford 1975.
Schomerus, Heilwig: Sozialer Wandel und generatives Verhalten. Diskus-

sionsbeitrag zur branchenspezifischen Untersuchung generativen Verhaltens, in: Werner Conze (Hrsg.), Sozialgeschichte der Familie in der Neuzeit Europas. Stuttgart 1976, 173ff.

Schomerus, Heilwig: Die Wohnung als unmittelbare Umwelt. Unternehmer, Handwerker und Arbeiterschaft einer württembergischen Industriestadt 1850–1890, in: Lutz Niethammer (Hrsg.), Wohnen im Wandel. Wuppertal 1979, 211ff.

Schücking, Levin Ludwig: The Puritan Familiy: A Social Study from the Literary Sources, 1929. Neudruck: New York 1970.

Schulte, Regina: Dienstmädchen im herrschaftlichen Haushalt. Zur Genese ihrer Sozialpsychologie. Zeitschrift für bayerische Landesgeschichte 41, 1978, 879ff.

Schwab, Dieter: Artikel „Familie", in: Geschichtliche Grundbegriffe. Historisches Lexikon zur politisch-sozialen Sprache in Deutschland 2, Stuttgart 1975, 253ff.

Schwägler, Georg: Soziologie der Familie. Ursprung und Entwicklung. Tübingen 1970.

Schwägler, Georg: Der Vater in soziologischer Sicht, in: Hubertus Tellenbach (Hrsg.), Das Vaterbild im Abendland 1, Stuttgart 1978, 149ff.

Scott, Joan W. und Louise A. Tilly: Women's Work and the Family in Nineteenth-Century Europe. Comparative Studies in Society and History 17, 1975, 36ff.

Secombe, Wally: Housework under Capitalism. New Left Review 83, 1974, 3ff.

Segalen, Martine: Nuptialité et alliance: le choix du conjoint dans une commune de l'Eure. Paris 1972.

Segalen, Martine: The Family Cycle and Household Structure: Five Generations in an French Village. Journal of Family History 2, 1977, 223ff.

Sennett, Richard: Families Against the City. Middle Class Homes of Industrial Chicago 1872–1890, Cambridge (Mass.) 1970.

Shanas, Ethel u. Gordon F. Streib (Hrsg.): Social Structure and the Family: Generational Relations. Engelwood Cliffs 1965.

Shorter, Edward: Illegitimacy, Sexual Revolution and Social Change in Modern Europe. Journal of Interdisciplinary History 2, 1971, 237ff.

Shorter, Edward: Capitalism, Culture and Sexuality: Some Competing Models. Social Science Quarterly 53, 1972, 338ff.

Shorter, Edward: „La vie intime". Beiträge zu seiner Geschichte am Beispiel des kulturellen Wandels in den bayerischen Unterschichten im 19. Jahrhundert, in: Soziologie und Sozialgeschichte, Sonderheft 16 der Kölner Zeitschrift für Soziologie und Sozialpsychologie, 1972, 531ff.

Shorter, Edward: Sexual Change and Illegitimacy: The European Experience, in: Robert Bezucha (Hrsg.), Modern European Social History, Lexington 1972, 231 ff.

Shorter, Edward: Female Emancipation, Birth Control, and Fertility in European History. American Historical Review 78, 1973, 605 ff.

Shorter, Edward: Der Wandel der Mutter-Kind-Beziehungen zu Beginn der Moderne. Geschichte und Gesellschaft 1, 1975, 256 ff.

Shorter, Edward: The Making of the Modern Family. New York 1975. Deutsch: Die Geburt der modernen Familie. Reinbek 1977.

Sieder, Reinhard: Strukturprobleme ländlicher Familien im 19. Jahrhundert. Zeitschrift für bayerische Landesgeschichte 41, 1978, 173 ff.

Simitis, Spiros u. Gisela Zenz: Seminar: Familie und Familienrecht. 2 Bde. Frankfurt 1975.

Simmons, Leo: Aging in Preindustrial Societies, in: C. Tibbitts (Hrsg.), Handbook of Social Gerontology – Societal Aspects of Aging, Chicago 1960, 62 ff.

Smelser, Neil: Social Change in the Industrial Revolution: An Application of Theory to the British Cotton Industry. Chicago 1959.

Sprandel, Rolf: Verfassung und Gesellschaft im Mittelalter. Paderborn 1975.

Stearns, Peter N.: Old Age in European Society. New York 1976.

Stekl, Hannes: Hausrechtlich Abhängige – das Gesinde. Beiträge zur historischen Sozialkunde 5, 1975, 34 ff.

Stekl, Hannes: Häusliches Personal und „soziale Frage“. Jahrbuch des Vereins für Geschichte der Stadt Wien 34, 1978, 342 ff.

Stone, Lawrence: The Rise of the Nuclear Family in Early Modern England, in: Charles E. Rosenberg (Hrsg.), The Family in History, Philadelphia 1975, 13 ff.

Stone, Lawrence: The Family, Sex and Marriage in England 1500–1800. London 1977.

Sullerot, Evelyne: Histoire et sociologie du travail féminin. Paris 1968.

Tartler, R.: Das Alter in der modernen Gesellschaft. 1961.

Taylor, Gordon R.: Im Garten der Lüste. Herrschaft und Wandlungen der Sexualität. Mit einer Einleitung von Alexander Mitscherlich. Frankfurt 1970.

Tellenbach, Hubertus (Hrsg.): Das Vaterbild in Mythos und Geschichte. Stuttgart 1976.

Tellenbach, Hubertus (Hrsg.): Das Vaterbild im Abendland, 2 Bde. Stuttgart 1978.

Teuteberg, Hans-Jürgen: Die häuslichen Daseinsformen der Arbeiterfamilie. Beiträge zur historischen Sozialkunde 5, 1975, 75ff.

Tews, Hans Peter: Soziologie des Alterns. Heidelberg 1971.

Thurnwald, Richard: Die menschliche Gesellschaft, Bd. 2: Werden, Wandel und Gestaltung von Familie, Verwandtschaft und Bünden im Lichte der Völkerforschung. Berlin 1932.

Tilly, Louise A., et al.: Women's Work and European Fertility Patterns. Journal of Interdisciplinary History 6, 1976, 447ff.

Tilly, Louise A. u. Joan Scott: Women, Work and Family. 1978.

Townsend, Peter: The Family Life of Old People. London 1957.

Townsend, Peter: The Emergence of the Four Generation Family in Industrial Society. Proceedings Bd. 8, 1966.

Tyrell, Hartmann: Probleme einer Theorie der gesellschaftlichen Ausdifferenzierung der privatisierten modernen Kernfamilie. Zeitschrift für Soziologie 5, 1976, 393ff.

Tyrell, Hartmann: Historische Familienforschung und Familiensoziologie. Versuch einer Zwischenbilanz der historischen Familienforschung und Kritik eines Forschungsprogrammes. Kölner Zeitschrift für Soziologie und Sozialpsychologie, 1977, 677ff.

Ussel, Joos van: Sexualunterdrückung. Geschichte der Sexualfeindschaft. Reinbek 1970.

Van de Walle, Etienne: Household Dynamics in a Belgian Village, 1847–1866. Journal of Family History 1, 1976, 80ff.

Vicinus, Martha (Hrsg.): Suffer and Be Still. Women in the Victorian Age. London 1972.

Wall, Richard: Mean Household Size in England from Printed Sources, in: Peter Laslett und Richard Wall (Hrsg.), Household and Family in Past Time, Cambridge 1972, 159ff.

Walter, Emil J.: Kritik einiger familien-soziologischer Begriffe im Lichte der politischen Artihmetik des 18. Jahrhunderts. Schweizerische Zeitschrift für Volkswirtschaft und Statistik 97, 1961, 64ff.

Weber, Marianne: Ehefrau und Mutter in der Rechtsentwicklung. Eine Einführung. Tübingen 1907.

Weber-Kellermann, Ingeborg: Kontinuität und Familienstruktur: W. H. Riehl und das Problem der Geschichtlichkeit von Primärgruppen, in: H. Bausinger und W. Brückner (Hrsg.), Kontinuität? Geschichtlichkeit und Dauer als volkskundliches Problem, Berlin 1969, 143ff.

Weber-Kellermann, Ingeborg: Die deutsche Familie. Versuch einer Sozialgeschichte. Frankfurt 1974.

Weber-Kellermann, Ingeborg: Die Familie auf dem Lande in der Zeit zwischen Bauernbefreiung und Industrialisierung. Zeitschrift für Agrargeschichte und Agrarsoziologie 26, 1978, 66ff.

Wehler, Hans Ulrich (Hrsg.): Historische Familienforschung und Demographie. Geschichte und Gesellschaft 1, Heft 2/3, 1975, 171ff.

Weinstein, Fred u. Gerald M. Platt: The Wish to be Free. Society, Psyche and Value Change. Berkeley 1969.

Westermarck, E. A.: The History of Human Marriage, 3 Bde. New York [5]1922.

Wheaton, Robert: Family and Kinship in Western Europe: The Problem of the Joint Family Household. Journal of Interdisciplinary History 5, 1975, 601ff.

Whyte, Martin King: The Status of Women in Preindustrial Societies. Princeton 1978.

Wikmann, K. R. V.: Die Einleitung der Ehe: Eine vergleichende Ethnosoziologische Untersuchung über die Vorstufe der Ehe in den Sitten des schwedischen Volkstums. Abo. 1937, Acta Academie Aboensis, Humaniora, II.

Winch, Robert F.: Mate Selection. A Study of Complementary Needs. New York 1958.

Winch, Robert F. u. Herbert R. Barringer (Hrsg.): Selected Studies in Marriage and the Family. New York 1962.

Wrigley, Edward Anthony: Reflections on the History of the Family. Daedalus 1977, 71ff.

Wurzbacher, Gerhard (Hrsg.): Der Mensch als soziales und personales Wesen. Beiträge zu Begriff und Theorie der Sozialisation, Stuttgart 1963.

Wurzbacher, Gerhard: Leitbilder gegenwärtigen deutschen Familienlebens. Methoden, Ergebnisse und sozialpädagogische Forderungen einer soziologischen Analyse von 164 Familienmonographien. (Mit einem einführenden Vergleich über die bundesdeutsche Familie 1950–1968). Stuttgart [4]1969.

Young, N. u. P. Willmott: Family and Kinship in East London. London 1957.

Zinnecker, J.: Sozialgeschichte der Mädchenbildung. Weinheim 1973.

Buchanzeigen

Kind und Familie bei C. H. Beck

Jean Liedloff

Auf der Suche nach dem verlorenen Glück

Gegen die Zerstörung unserer Glücksfähigkeit in der frühen Kindheit
Aus dem Englischen übertragen von Eva Schlottmann
und Rainer Taeni.
223.–252. Tsd. Auflage 1991. 220 Seiten. Paperback
Beck'sche Reihe Band 224

Walter Toman

Familienkonstellationen

Ihr Einfluß auf den Menschen
5. Auflage 1991. 273 Seiten. Paperback
Beck'sche Reihe Band 112

Elisabeth Beck-Gernsheim

Die Kinderfrage

Frauen zwischen Kinderwunsch und Unabhängigkeit
2. Auflage 1989. 193 Seiten. Paperback
Beck'sche Reihe Band 362

Heinz Bonorden

Mann wird Vater

Anmerkungen, Berichte, Nachfragen
1989. 169 Seiten. Paperback
Beck'sche Reihe Band 387

Sandra Scarr

Wenn Mütter arbeiten

Wie Kinder und Beruf sich verbinden lassen
3., aktualisierte Auflage 1990. 294 Seiten. Paperback
Beck'sche Reihe Band 334

Judith Ennew / Brian Milne

Kinder, die nicht Kinder sein dürfen

Leben und Überleben in der Dritten Welt
Eva und Thomas Pampuch.
Mit der UNO-Rede Richard von Weizsäckers
1991. 174 Seiten. Paperback
Beck'sche Reihe Band 443

Verlag C. H. Beck München